智慧化物流管理和物流经济

贾圣强 李 平 著

中国纺织出版社有限公司

内 容 提 要

随着社会的发展，物流在生活中的重要性日益提高。本书主要探讨了智慧化物流与物流经济发展方面的内容，包括：智能物流装备管理、供应链中的物流管理、物联网环境下应急物流管理体系与信息系统构建、平台型电商企业物流生态圈构建、5G供应链重构的关键、港口物流与湾区经济发展、区域物流通道促进城市群经济发展、物流与供应链金融发展等内容。

本书可供智慧物流、物流经济等领域的科研人员、管理人员及有关决策部门参考，也可供相关行业从业人员阅读。

图书在版编目（CIP）数据

智慧化物流管理和物流经济 / 贾圣强，李平著. -- 北京：中国纺织出版社有限公司，2023.12
ISBN 978-7-5229-1234-9

Ⅰ.①智… Ⅱ.①贾… ②李… Ⅲ.①智能技术—应用—物流管理 Ⅳ.①F252.1-39

中国国家版本馆 CIP 数据核字（2023）第 234371 号

责任编辑：陈怡晓　孔会云　　责任校对：王花妮
责任印制：王艳丽

中国纺织出版社有限公司出版发行
地址：北京市朝阳区百子湾东里 A407 号楼　邮政编码：100124
销售电话：010—67004422　传真：010—87155801
http://www.c-textilep.com
中国纺织出版社天猫旗舰店
官方微博 http://weibo.com/2119887771
三河市宏盛印务有限公司印刷　各地新华书店经销
2023 年 12 月第 1 版第 1 次印刷
开本：710×1000　1/16　印张：16.5
字数：307 千字　定价：88.00 元

凡购本书，如有缺页、倒页、脱页，由本社图书营销中心调换

前　言

随着我国全面进入小康社会，居民生活水平进一步提高，对物流的需求进一步增强，对物流速度的要求日益提高，物流行业必须也必定会发挥更为重要的支柱和连接作用。为适应物流需求的迅猛发展，提高物流效率和吞吐量，在社会方方面面迈入数字化、智能化的同时，智慧物流应运而生。在发展智慧物流方面，国家不断出台有力政策来鼓励智慧物流发展，加快推进物流产业智能化升级，同时，现代物流服务的高速发展推动了整个物流行业的兴起。物流活动集中的区域是城市，物流是城市经济的重要组成部分。

本书探讨了智慧化物流与物流经济发展方面的内容，具体包括：智能物流与物流经济概述、智慧物流装备管理、智慧化供应链物流管理、物联网环境下应急物流管理、5G 供应链重构的关键技术、智慧化港口物流与湾区经济发展、智慧化物流园区与城市经济发展、物流与供应链金融发展。

本书是郑州工业应用技术学院校级重点（培育）学科（工商管理 1251）、2021 年校级一流本科专业建设点（物流管理 120601）的研究成果。

本著作由郑州工业应用技术学院的贾圣强和李平共同撰写完成。其中贾圣强撰写了第一章、第三章、第五章、第六章共计约 15 万字，李平撰写了第二章、第四章、第七章、第八章共计约 15 万字。

在本书编写过程中，笔者参考了大量中外文献及资料，已在参考文献中罗列。在此向有关作者表示衷心的感谢。由于笔者水平有限，书中不妥和疏漏之处在所难免，请各位读者批评、指正。

贾圣强　李　平

2023 年 5 月

目　录

第一章　智能物流与物流经济概述 … 1
　第一节　智能物流 … 1
　第二节　物流经济 … 3
　第三节　智能物流与物流经济融合发展策略 … 5

第二章　智能物流装备管理 … 7
　第一节　智能物流生态链系统 … 7
　第二节　智能物流装备与分拣技术 … 18

第三章　智慧化供应链物流管理 … 35
　第一节　供应链中的物流运输管理 … 35
　第二节　供应链中的物流配送管理 … 36
　第三节　供应链中的仓储与库存管理 … 47
　第四节　供应链创新管理 … 65
　第五节　供应链中物流需求预测研究 … 97

第四章　物联网环境下应急物流管理 … 129
　第一节　物联网环境下应急物流管理体系的框架 … 129
　第二节　应急物流系统的整体构建与中心选址规划 … 137
　第三节　物联网环境下应急物流信息平台关键技术 … 148
　第四节　物联网环境下应急物流信息系统整体架构 … 155

第五章　5G供应链重构的关键技术 …… 169
第一节　供应链重构的关键技术 …… 169
第二节　供应链重构的主要方式 …… 175

第六章　智慧化港口物流与湾区经济发展 …… 179
第一节　国内典型港口物流的发展模式与启示 …… 179
第二节　国内湾区经济发展研究与启示 …… 182
第三节　基于供应链理念的港口物流发展策略 …… 184
第四节　基于内生增长理论的港口物流与湾区经济发展机理 …… 192

第七章　智慧化物流园区与城市经济发展 …… 195
第一节　智能物流园概述 …… 195
第二节　物流通道的演化过程与构建框架 …… 196
第三节　物流通道的内部运行机制 …… 204
第四节　城市群经济发展与区域物流通道的外部运行机制 …… 210
第五节　成渝城市群经济发展与成渝物流通道的运行 …… 223

第八章　物流与供应链金融发展 …… 239
第一节　物流企业主导的供应链金融 …… 239
第二节　中国物流与供应链领域的投融资 …… 240
第三节　互联网供应链金融管理 …… 248

参考文献 …… 256

第一章

智能物流与物流经济概述

第一节 智能物流

一、智慧物流的概念

智能物流是利用条形码、射频识别技术、传感器、全球定位系统等先进的物联网技术通过信息处理和网络通信技术平台广泛应用于物流业运输、仓储、配送、包装、装卸等基本环节，实现货物运输过程的自动化运作和效率优化管理，提高物流行业的服务水平，降低成本，减少自然资源和社会资源消耗。

智能物流在实施过程中强调的是物流过程数据智慧化、网络协同化和决策智慧化。智能物流在功能上要实现6个"正确"，即正确的货物、正确的数量、正确的地点、正确的质量、正确的时间和正确的价格，在技术上要实现物品识别、地点跟踪、物品溯源、物品监控和实时响应。

二、智能物流的生态系统

智能物流作为数字经济的产物，在技术层面提升了传统物流的服务，并通过技术革新实现了智能化的产业链。以智能仓储和物流无人机等为代表的物流科技从形成到发展，不断吸收智能化技术，呈现出物流网络生态的高效运转，整个产业链进行着智能化与无人化的革新。智能物流生态系统。Moore 在 1993年提出企业生态系统的概念，他认为各主体在生态系统中以生态链为体系结构，分工与协作实现系统的成长与演化。国内学者进一步分析物流生态中的主体则依靠生态链维系，主体间的信息与能量交换实现生存与发展。物流生态系统由产业链内部参与种群与相关的商业环境组成的复杂网络，物流生态种群在外部数字化环境中实现信息的交互与传递，进而实现相互依存。与其他公司或机构的合作活动可以获得互补技术资源（如技能共享）的机会，这些资源促进创新的更快发展、市场准入的改善、规模和范围经济、成本分担和风险扩散。目前，国内外围绕数字创新生态系统开展了一系列研究，强调与数字创新相关的产业主体通过竞争合作关系构成的社会生态系统。在此研究基础上，结合智能物流的独特属性，智能物流生态系统是指建立在数字化操作平台基础下的物流生态，通过吸收智能化技术，在物流系统中加入对人的智能化模仿，使其具有感知能力和推理判断能力，以解决复杂问题。智能物流基于硬件的升级和技术手段的更新，不断提升物流分析和执行的有效性，自动化水平得到巩固和强化。

三、智慧物流的优势

（一）降低物流成本，提高企业利润

智慧物流能大大降低制造业、物流业等各行业的成本，实打实地提高企业的利润。其关键技术如物体标识及标识追踪、无线定位等新型信息技术应用，能够有效实现物流的智能调度管理、整合物流核心业务流程，加强物流管理的合理化，降低物流消耗，从而降低物流成本，减少流通费用、增加利润。而且生产商、批发商、零售商三方通过智慧物流相互协作和信息共享，帮助物流企业更好地节省成本。

（二）加速物流产业的发展，成为物流业的信息技术支撑

智慧物流的建设，将加速当地物流产业的发展，集仓储、运输、配送、信息服务等多功能于一体，打破行业限制，协调部门利益，实现集约化高效经营，优化社会物流资源配置。同时，将物流企业整合在一起，将过去分散于多处的物流资源进行集中处理，发挥整体优势和规模优势，实现传统物流企业的现代化、专业化和互补性。此外，这些企业还可以共享基础设施、配套服务和信息，降低运营成本和费用支出，获得规模效益。

（三）为企业生产、采购和销售系统的智能融合打基础

随着物联网技术的普及，实现物与物的互联互通，将给企业的采购系统、生产系统与销售系统的智能融合打下基础。而网络的融合必将产生智慧生产与智慧供应链的融合，企业物流可完全智慧地融入企业经营之中，打破众多界限，打造智慧企业。

（四）帮助消费者节约成本，轻松、放心购物

消费者最关心的就是产品的质量安全问题。智慧物流通过提供货物源头自助查询和跟踪等多种服务，尤其是对食品类货物的源头查询，能够让消费者买得放心，吃得放心。消费者对产品的信任度高了，自然会促进消费，最终对整体市场产生良性影响。

（五）提高政府部门工作效率

智慧物流通过计算机和网络应用可全方位、全程监管食品的生产、运输、销售，在提高政府部门工作效率，降低工作压力的同时，还可以使监管更彻底、更透明。

（六）促进当地经济进一步发展，提升综合竞争力

智慧物流集多种服务功能于一体，体现了现代经济运作特点的需求，即强调信息流与物质流快速、高效、通畅地运转，从而降低社会成本，提高生产效率，整合社会资源，提高当地综合竞争力。

第二节 物流经济

随着社会的不断发展，人们的生活方式也随之发生改变，尤其是线上购物的兴起，促进了物流产业的发展。未来的物流经济将会呈现更加光明的发展前景，对社会经济具有较深远的影响。

一、物流经济含义

在物流业发展迅速的当今时代，物流经济的地位显著提升，已经成了衡量社会经济发展的重要因素。电商网络平台的不断更新，为物流经济创造了更多的发展机遇。如果物流经济能够跳出传统模式，对配送的时效性进行优化和升级，同时提高其服务质量，将会提高其在社会经济中的地位。如今，物流企业为巩固自己在行业中的优势，纷纷将目光放在资源配置上，最大限度地提升自己的资金利用率，努力形成较为完善的物流链，达到效率和质量的双重标准。

二、发展物流经济的意义

（一）有利于不同区域的经济发展

物流产业能够在各个区域进行流通，帮助拉近区域间的联系，同时为跨区域的经济发展提供坚实保障。物流不仅打通了城市和农村的界限，也打破了更多的地域限制，让商品流通能够更加迅速。随着城市化的不断发展，物流业也需要深入乡村，在较为偏远的地区设置物流点，从而将物流网络变得更为完善，让更多的人可以享受到物流经济。物流平台的增多，对物流业的发展起着激励作用，想要成为客源丰富的物流平台，势必要在更多的区域建立配送服务体系，将更多人纳入物流网络，进而增加物流平台的收入。因为物流产业的出现，不同区域的经

济可以相互促进，从而带动整个社会的经济发展。

（二）有利于推进社会经济的发展

社会经济的发展需要各行各业的共同努力，物流行业作为发展较晚的社会经济组成部分，它的地位越来越重要。物流经济所占社会经济的比重逐年增加，而且仍然有十分强劲的发展势头。随着物流经济的不断创新，物流业不仅承担着运输功能，同时还与电商平台紧密联系起来，形成一体化的物流链条，为人们的生活带来更多的便利。在发展的过程中，物流经济的效益越来越清晰明确，由此很多的政策开始向物流倾斜，助推物流业快速增长，共同促进社会经济的高速平稳发展。

三、物流经济对社会经济的影响

（一）社会经济孕育出物流经济

社会的经济发展速度可以体现出人民的生活水平，如果人民的生活水平较高，则社会经济发展将会取得重大进展。当地人们拥有较多的不同种类的产品，则更能够展现出该社会经济的健康和稳定。物流业的出现可以很好地解决人们拥有产品种类多元化的问题，曾经因为地域限制很多商品只能在小范围内流通，而且流通到其他地区的商品也会呈现极高的价格，让人们望而却步。物流业兴起之后，很多商品能够以原价或者略高于原价进行异地销售，满足人们的日常需要，将更多利润交给消费者，使社会经济呈现健康发展的态势。社会经济中有很多的支柱性经济，物流经济只是其中之一，但它的出现带给社会经济不同以往的影响，帮助社会经济实现更快运转，从而达到促进社会经济的目标。

（二）物流经济帮助社会经济发展

一是物流经济的出现需要吸收大量的劳动力，而社会经济的高速发展，对劳动力的需求逐渐下降，物流经济正好可以解决劳动力就业困难的问题。因为物流经济所需要的劳动力数量十分多，从收件到运输，再到配送都需要大量的劳动力，并且不需要劳动力拥有较高的文化素质，使得很多失业的劳动力可以重新返回工作岗位，为社会解决了一大批人口就业问题，从而为社会经济的发展提供较大的帮助。二是物流经济不是只包括运输环节，还有包装环节发挥着重要作用，所以物流经济还带动了其他行业的发展，尤其是物流包装业的发展。由于物流运输的商品较为多元化，为了确保商品运送的质量问题，需要有较好的快递包装对商品进行安全保护，减少运输中的商品损耗，让商品完好无损的到达消费者手中。物流经济有效发挥了促进作用，带动了相关行业的发展，为社会经济增添了多个经济增长点，有利于社会经济实现长远的发展。

第三节 智能物流与物流经济融合发展策略

在我国，物流行业与人工智能融合下，智能物流建设已取得了不小的成果。各大物流行业纷纷拥抱新技术智能浪潮。在未来，人工智能技术会越来越便捷。美国亚马逊公司推出的预判发货机器人，可以根据用户的个人数据来对顾客进行消费拟定，保障消费者购买的产品在最合适据点，发货实现最及时的物流运输。人工智能技术给物流行业带来的转变是翻天覆地的。目前，国内物流企业在不断地研发中，已经基本实现了无人分拣系统的普及。而无人机集装车等技术也为后续医疗行业物资运输增光添彩。

一、物流供应链智能融合

为推动物流实体经济发展，需要大力加强生产部门与制造部门的合作，与"互联网+"结合，形成聚集枢纽力量。通过国家枢纽服务型建设资源，实施后续的制造融合工作。从物流发展角度入手，鼓励企业对市场建设全效全程的物流供应链模式。进而提升企业对市场需求的把控能力。做到"线上线下+供应一体"的服务模式。与制造业的有效结合，可以增加企业转型进度。利用物流与企业双重合作的定制供应链进行集群化发展。例如加设直达货物列车"线边物流"，扩大快捷物流服务规模。配合政府出台的实体经济与人工智能深度融合平台政策，降低制造与物流行业成本，进而为民众提供便利服务。让物流与生物制药、电子数码产品等高附加值行业合作，提升区域核心竞争力。为加快推动物流与智能技术融合，需要对我国物流发展水平系统评价。及时剔除不适应实体经济发展的因素，修订转化高质量物流评价体系。利用人工智能技术优势，开展云制造信息物流系统体系，建设自主服务智能化、技术装备高端化、物流系统安全化的行业标准。利用云计算存储和智能物流技术研发提高企业响应能力。从效率、质量、贡献等方面入手物流供应链数据服务能力以及运送能力。以符合条件的大型金融机构投入资金作为物流枢纽建设的项目发起基金，引导实体产业和经济利用有效载体扩展市场。

二、增强高质量物流智能建设

目前城市发展并未全面完善，仅试点城市和企业拥有智能的资源共享物流设备。破解物流行业发展的瓶颈，就要发挥条件成熟的城市的带动作用，鼓励推动物流整体联合运转一体化的建设，培育物流活动组织化。形成不落地货物快速投入配送网络。利用人工智能数据，在不涉及安全问题的情况下，运转公共信息资源整合。发展核心供应链，做到对物流信息的订正和整合。加速物流配送网点的建设进度，进行有效匹配"互联互通"的节点建设。其次，利用云计算和物联网技术，缩短不同地区物流发展的差距。做到深度与广度的双重升级。联合新智造人工智能技术实现仓库储存运输云共享。推动水陆空资源交配使用效率，赋能物流在各模块下场景适配。这一建设也为我国数字技术的应用和物流在实体经济的发展带来了机遇与挑战。能否解决物流最后一公里的难题，都需要数字技术在流通过程中，做到智能化、机械化、透明化的运作模式。这代表物流业质量发展对生产以及运输的要求更高，依赖性更强。而物联网人工智能线上普及为物流企业的运作发展提供了良好的技术环境，通过区块链、大数据、5G等高新技术，赋能物流业数字化终端设备的发展。有利于强化企业线上智能联运服务。实现物流业与实体经济融合更优化的供应链结构。整体来看，虽然当下公共物流建设不够专业规范，仅加强了陆地客运站的建设，空中运输基础还有待提升。但从管理市场监管方面，结合了智能技术信息化发展下的供应链调整，让我国在工艺品和大物件物流运输能力有了明显的提高。进而推动了物流企业在实体经济上的转型升级。随着人工智能技术的发展，通过智能化升级管理，未来可能会取代人工，实现对物流的全过程终端设备的调整。进而提高数据分析能力，做到为客户提供全方位的实时物流信息共享服务。全时效反馈升级，准确预测物流储存网线下空间布局变化，实现物流行业高质量发展的良性影响。从物流反馈信息角度看，大数据之间的信息共享推进网络零售业、快递业与工业商务项目的融合发展。保证物流业与实体经济供应链智能建设，物流园区的转型升级依靠大数据预测分析信息环境。融合先进信息技术满足物流政策信息共享，进行实体经济转型升级，调整技术平台的利用。做到降低风险的管理结果，完成物流与人工智能的融合建设。

第二章

智能物流装备管理

第一节 智能物流生态链系统

一、智能物流生态链的典型特性分析

当前,国内学者在物流服务供应链领域、企业生态链领域进行了大量研究。但这些研究都是基于传统的企业运营视角,尚未考虑到物流平台的特性对生态链运营和组织方式的影响。众所周知,平台是允许多个最终用户交易的双边(多边)市场。随着互联网技术的推广,平台被更普遍地认为是促进生产者和消费者进行价值互动的载体。根据经济学对平台经济的分析,产业界的观察和已有文献的总结,发现智能物流生态链中的平台相比传统企业的特性如下。

(一)网络外部性

网络外部性是新经济中的重要概念,指每个用户使用某产品获得的效用或价值与用户的总数量正相关。这也就意味着网络用户数量的增长,将会带动用户总所得效用的几何级数增长。网络外部性包括需求端正、负外部性,供给端正、负外部性,也可以分为直接或间接网络外部性。直接网络外部性是由于消费同一产品的用户数量增加而直接导致商品价值增大的变化;间接网络外部性是随着某一产品使用者数量的增加,该产品的互补品数量增多、价格降低而产生的价值变化。

(二)数据驱动

平台相比于传统企业的一个重要优势是能够获取更多的重要数据。数字化是指运用计算机将我们生活中的图像、声音等其他类型的信息转化为计算机语言的过程。数据驱动是平台识别客户需求、匹配供需和改进业务的基础。

(三)边际成本低

边际成本低体现在网络增加一个成员的成本几乎为零,相比普通企业来说更具有竞争力。很多研究平台的文章都假设平台增加或减少一个使用者不会为平台带来额外的成本。

（四）技术赋能

对于智能物流平台而言，互联网技术的发展使得它们能够定期收集客户信息的"大数据"，与供应商相比，平台更善于预测市场需求。选择生态合作时，平台会与合作企业实时共享许多信息（如需求信息），与此同时，智能物流平台还会利用自身拥有的各种技术（如大数据技术、AI技术）对生态合作企业提供技术支持，即平台的赋能行为。

正是由于上述的特性存在，使得智能物流生态链与传统的物流服务供应链相比，研究内容和研究方式上发生了明显的变化。因此，传统的物流服务供应链研究方法在智能物流生态链问题中并不完全适用，这就迫切需要围绕平台的生态链特性，在充分考虑物流服务特性的基础上，探索智能物流生态链系统形成机理与组织模式，同时对国内智能物流服务经验进行总结提升，使之成为一定条件下具有普遍适用性的管理方法。

二、智能物流生态化指数的构建与应用研究

（一）智能物流生态化指数

构建智能物流生态链已经成为一种具有前瞻性、敏感性，充满智慧的自适应物流系统发展模式，不少企业都在积极开展智能物流生态链的相关实践。在当前企业纷纷开展智能物流生态链建设的大背景下，随着参与者的增加和分工协作的复杂化，能否建立良好的智能物流生态链成为考验物流生态运营商的关键。

智能物流生态化指数是由多个可以反映智能物流生态链发展水平的指标经过分项加权得到的，通过可量化和可获取的指标数据，利用科学的评价方法直观地反映智能物流生态链发展水平的综合性指数。构建智能物流生态化指数，一方面可以准确及时地判断当前智能物流生态运营的整体绩效，另一方面能够发现智能物流生态链运营过程中存在的问题，为核心企业改进智能物流生态化运营提供必要的支持。

然而，在现有的学术研究中，关于智能物流生态化指数的研究非常少，主要侧重于与物流相关的绩效，服务、运价、仓储、公路、电商等领域的相关指数。虽然当前的研究尚未涉及智能物流生态化指数的构建与应用，但如今许多领先的物流企业，如京东物流、菜鸟网络、日日顺物流等，都希望通过构建智能物流生态链，形成智能物流生态体系，从而拥有新的核心竞争力。因此，开展智能物流生态化指数评价，对于理论填充与企业实际应用都十分必要。

本章在分析智能物流生态链目标与功能的基础上，介绍了智能物流生态化指数评价体系，并以具体企业日日顺物流为例研究其在企业实践中的应用。其中，在评价体系中既含有定性指标又含有定量指标的情况下，定量指标的数据为定值

型，定性指标的数据采用区间型，最后基于混合型数值计算的方法得出企业的生态化指数评分。

（二）物流生态化相关理论及物流行业指数

1. 物流生态化相关理论

物流生态化是指物流企业与供应链企业通过信息共享、技术创新等进行协作，逐步形成物流生态链的过程。通过联合上下游的合作伙伴，物流企业能够有效增强抵抗内部和外部干扰的能力。其中，企业成员之间良好的合作关系和利益共享机制是生态化维持的重要因素。而随着技术的不断进步，大数据技术能够实现空间数据的实时感知和理解分析，物联网技术可以实现生态链资源的共享与协同，云计算等技术能够实现对整个物流运营过程的可视化管理等。正确的战略方法和可用的现代数字基础设施能够提高物流生态系统构建的成功概率，促进生态系统中各角色的共生共赢。在实践方面，还有不少学者从具有一定利益关系的组织、群体构成的动态商业生态系统与农业生态系统研究入手，来开展关于物流生态化的研究。Papert 和 Plaum（2017 年）通过为物流公司设计物联网生态系统，帮助企业找到合适的合作伙伴，并建立有效的生态系统。Butala 和 Oost-huizen（2017 年）构建了一个用于不发达地区的生态物流网络模型，以促进该地区的信息资源共享及风险分担，使各成员共同应对商业机遇，获得整体效应。

2. 物流行业相关指数

随着物流产业的发展，为了反映物流产业发展状况，许多行业相关指数也被纷纷发布。以中国为例，中国发布的物流行业相关指数包括中国快递物流服务品牌指数、中国公路物流运价指数、中国物流业景气指数、中国仓储指数、电商物流指数等。

有关物流相关指数的研究，许多国内外学者以评价方法作为指数构建的核心，提出了各种各样的物流行业指数的构建途径与方法。例如，Shaoetal（2009年）应用层次分析法和模糊决策分析法对中国区域物流业的发展趋势进行全面评估，提出了增加物流企业的实力将大幅提升区域物流业竞争力的观点。Jiang 和 Yang（2009 年）运用模糊数学原理评价分析了现代农村物流指数系统的构建情况，详细计算了决策表中的因子重要性与权重系数。Wang 等（2016 年）构建了第三方物流企业的指数评价体系，并总结了企业生存和发展的四个要素，提出了物流速度的概念及计算方法。学者 Ruslan 和 Yuri 提出了改善世界银行公布的物流绩效指数的方法，从质量和数量上代表了 159 个国家物流系统的客观状况。Sule 等人分析了全球竞争指数对物流绩效的影响，进行实证研究，发现基础设施、技术准备、高等教育和创新的提升有利于本国物流绩效的改善。

在以上关于物流行业相关指数的研究中，尚未发现关于智能物流生态化指数的研究。因此，本章在此基础上提出智能物流生态化指数，为企业建设智能物流生态链提供参考。

（三）智能物流生态化指数评价体系的构建

1. 智能物流生态化指数构建过程

智能物流生态化指数评价体系的构建过程主要包含筛选评价指标、统一数据标准、设置指标权重、计算生态化指数 4 个步骤。

2. 评价指标的筛选

依据前文智能物流生态链的功能介绍，构建了一套完整的智能物流生态化评价指标体系，见表 2-1。以数字化集成层、可视化运营层、智能化作业层作为一级评价指标。数字化集成分为战略规划与决策、信息共享与协同、资源整合与开放 3 个二级指标。计划、组织、协调、控制 4 个二级指标组成可视化运营。智能化作业通过智能仓储、智能运输、智能配送 3 个二级指标体现。我们在 10 个二级指标下又细分了 24 个三级指标。此外，还对每个指标的含义进行了解释并对指标属性进行了界定。

表 2-1 智能物流生态化评价指标体系

一级指标	二级指标	三级指标	指标含义	指标属性
数字化集成层 A_1	战略规划与决策 B_{11}	生态链整体的流程优化战略 C_{111}	生态链中的采购、仓储、销售各个流程是否制订了完备的战略	定性
		生态链网络布局随机更新战略 C_{112}	生态链中是否制订了网络布局更新战略	定性
	信息共享与协同 B_{12}	生态链成员数据共享范围 C_{121}	生态链上各企业之间的信息是否能够充分共享	定性
		生态链子系统互联比例 C_{122}	生态链中的采购、销售、物流运输等子系统之间信息互联的程度	定性
		生态链信息智能同步速度 C_{123}	在遇到生产、销售等问题时，公司与供应商、零售商的信息交流是否及时	定性
	资源整合与开放 B_{13}	需求个性化匹配水平 C_{131}	一个季度内接受客户个性化需求订单占总订单的比例	定量
		资源引领客户的程度 C_{132}	一个季度内设计新产品前，充分挖掘顾客需求的程度	定量

续表

一级指标	二级指标	三级指标	指标含义	指标属性
可视化运营层 A_2	计划 B_{21}	运营计划智能制订程度 C_{211}	制订产品完整运营计划时，采用系统自动排程的程度（或者非人工参与的程度）	定量
		需求预测的准确性 C_{212}	实际需求量与计划的偏差量	定量
	组织 B_{22}	分配计划科学性 C_{221}	将计划分配给相应生态链成员后，是否能够高效地完成	定性
		人员及设备的利用程度 C_{222}	生态链运营过程中人员与设备没有资源闲置的情况，即是否达到了资源最大利用率	定性
	协调 B_{23}	运营计划调整速度 C_{231}	一个季度内运营计划的调整次数	定量
		生态链成员目标契合度 C_{232}	生态链上的各个企业为运营目标统一而进行公开集体讨论的总次数	定量
	控制 B_{24}	生态链可视化覆盖范围 C_{241}	生态链的订单、物流、库存情况等相关信息是否可以准确获取并随时监控	定性
		异常事件智能矫正速度 C_{242}	运营过程中，发生异常事件后，是否能够快速获取准确信息并做出相应处理	定性
智能化作业层 A_3	智能仓储 B_{31}	无人仓数量占总仓库比例 C_{311}	无人仓库面积占仓库总面积的比例	定量
		智能化仓储设备所占比例 C_{312}	智能化仓储设备占总仓储设备的比例	定量
		自动化立体仓库的面积占比 C_{313}	自动化立体仓库面积占总仓库面积的比例	定量
	智能运输 B_{32}	安装GPS/北斗导航系统的运输车占比 C_{321}	安装GPS/北斗导航系统的运输车占所有车辆数量比例	定量

续表

一级指标	二级指标	三级指标	指标含义	指标属性
智能化作业层 A_3	智能运输 B_{32}	安装车辆信息数据采集系统的运输车占比 C_{322}	安装车辆信息数据采集系统的运输车占所有车辆数量比例	定量
		运输准时到达率 C_{323}	准时运输任务占所有运输任务的比例	定量
	智能配送 B_{33}	采用智能设备进行配送的比例 C_{331}	采用智能设备进行配送的比例	定量
		准时配送比例 C_{332}	准时配送准订单占所有配送订单的比例	定量
		顾客投诉比例 C_{333}	顾客投诉数量占所有配送订单的比例	定量

3. 指标数据无量纲化

本部分的公式参数如下：I_i（$i=1,2$）分别表示效益型、成本型的下标集。设有 n 个方案，m 个三级指标。Y、R 分别为决策矩阵、规范化决策矩阵。其中三级指标中有 m_1 项定值型指标，m_2 项区间型指标，$m_1+m_2=m$。决策矩阵 $Y=(y_{ij})_{n\times m}=\left[(a_{ij})_{n\times m_1},(a_{ij}^L,a_{ij}^U)_{n\times m_2}\right]$，规范化决策矩阵 $R=(r_{ij})_{n\times m}=\left[(r_{ij})_{n\times m_1},(r_{ij}^L,r_{ij}^U)_{n\times m_2}\right]$。为了方便指标数据的计算，将定值型和区间型数据均进行规范化处理。定值型数据的规范化方法中，效益型指标规范化方法如式（2-1）所示，成本型指标规范化方法如式（2-2）所示。对于定性指标，通过打分的方式用区间型数值表示，最终得到的数据是模糊的，当 y_{ij} 为区间型数据时，y_{ij}^L 与 y_{ij}^U 分别为区间型数据的最小值和最大值，其规范化方法如式（2-3）所示。

效益型指标为：

$$r_{ij}=\frac{y_{ij}}{y_{ij}^U} \quad i\in \mathbf{N},\ j\in I_1 \qquad (2\text{-}1)$$

成本型指标为：

$$r_{ij}=\frac{y_{ij}^L}{y_{ij}} \quad i\in \mathbf{N},\ j\in I_2 \qquad (2\text{-}2)$$

$$r_{ij}^{L} = \frac{y_{ij}^{L}}{\sqrt{\sum_{i=1}^{n}\left(y_{ij}^{U}\right)^{2}}}$$

$$i \in \mathbf{N}; j \in I \quad (2-3)$$

$$r_{ij}^{U} = \frac{y_{ij}^{U}}{\sqrt{\sum_{i=1}^{n}\left(y_{ij}^{L}\right)^{2}}}$$

对于定性指标，可以通过打分的方式将其转化为定量指标，最终得到的数据是模糊的，再按以上方法进行无量纲化处理。

4. 指数模型的构建

由于本章所选择的生态化评价指标中既有定量指标，也有定性指标。所做出的决策矩阵中不仅含有定值型数据，也有区间型数据。本章将结合既有的基于混合型数值决策信息的指标评价方法，通过区间相离度和方案属性偏差最大化思想来客观地得到相应权重向量，从而描述现实决策中确定和不确定数据的真实情况，减少由于决策信息的不准确性带来的影响，客观合理地做出指标评价。评价方法如下：

智能物流生态系统中共有24个三级指标，10个二级指标，以及3个一级指标。设二级中有m_1项定值型指标，m_2项区间型指标。一级指标用A_i表示，A_i的权重用k_i表示。二级指标用B_{ij}表示，B_{ij}的权重用k_{ij}表示。三级指标C_{ij}的权重用k_{ijz}表示。

利用区间相离度和方案属性偏差最大化思想，建立智能物流生态化三级指标权重最优化模型为：

$$\max C_{ijz}(\omega) = \sum_{i=1}^{n}\sum_{j=1}^{m_1}\sum_{z=1}^{p}\sum_{y=1}^{p}$$
$$(|r_{ijz} - r_{ijy}|) k_{ijz} + \sum_{i=1}^{n}\sum_{j=m_1+1}^{m}\sum_{z=1}^{p}\sum_{y=1}^{p}\left(|r_{ijz}^{L} - r_{ijy}^{L}| + |r_{ijz}^{U} - r_{ijy}^{U}|\right) k_{ijz} \quad (2-4)$$

通过此模型能够获得三级指标的最优权重k_{ijz}。

智能物流生态化指数二级指标的最优权重为：

$$k_{ij} = \sum_{i=1}^{n}\sum_{j=1}^{m}\sum_{z=1}^{p} k_{ijz} \quad (2-5)$$

智能物流生态化指数一级指标的最优权重为：

$$k_i = \sum_{i=1}^{n}\sum_{j=1}^{m} k_{ij} \quad (2-6)$$

可得智能物流生态化区间综合属性值为：

$$W = \sum_{i=1}^{n} A_i k_i = \sum_{i=1}^{n} \sum_{j=1}^{m} B_{ij} k_{ij} = \sum_{i=1}^{n} \sum_{j=1}^{m} \sum_{z=1}^{p} C_{ijz} k_{ijz} \quad (2-7)$$

对于区间型数据，设 $a = [a_L, a_U]$，$b = [b_L, b_U]$，建立可能度矩阵 $\boldsymbol{P}_{ab} = \boldsymbol{P}(a \geq b)$ 则：

$$\boldsymbol{P}_{ab} = \frac{\min\{[(a_U - a_L) + (b_U - b_L)], \max[(a_U - b_L), 0]\}}{(a_U - a_L) + (b_U - b_L)} \quad (2-8)$$

对于定值型数据，设 a、b 均为实数，则：

$$\boldsymbol{P}_{ab} = \begin{cases} 1, & a > b \\ 0.5, & a = b \\ 0, & a < b \end{cases} \quad (2-9)$$

基于模糊互补判断矩阵的排序理论，利用式（2-8）求得的可能度矩阵 $\boldsymbol{P}$，按其分量大小对方案进行排序，最终求得：

$$W = \frac{\sum_{b=1}^{n} P_{ab} + \frac{n}{2} - 1}{n(n-1)} \quad i \in \mathbf{N} \quad (2-10)$$

计算智能物流生态化指数。如企业某月份的生态化指数数据作为基准点 100，且该月的生态化指数的实际数值为 W_0，那么其他第 i 个月的智能物流生态化指数值为 $\frac{W_i}{W_0} \times 100$。

（四）智能物流生态化指数评价体系实际应用

前面提出了智能物流生态化指数评价方法，为了说明此方法的实际应用，这里结合日日顺物流的实际数据，进行评价指标体系的实证分析。

1. 智能物流生态链的现状

日日顺物流的智能物流生态链组织模式：日日顺物流是智能物流的生态链运营商，它有效整合了上游的供应商服务能力，还整合了下游的客户服务需求。基于数字化运作管理，日日顺物流在很多环节实现了透明、精益的智能化运作，在人、车、货、仓等物流要素上通过信息系统实现了业务数字化，进而实现对业务全流程的追踪、监管可视化。日日顺物流逐渐形成了包含 240 多个合作伙伴的智能物流生态圈结构，合作伙伴包括品牌商、智慧仓储企业、智慧云配企业、技术开发类企业等。

2. 物流生态化评价数据收集

以日日顺物流的健身器材生态链为例，对其生态指数进行评价。本次生态化评价数据选取的目标时间段为 2019 年 7 月 1 日—9 月 30 日，见表 2-2。

表 2-2 日日顺智能物流生态链指标评价决策矩阵

指标	二级指标	三级指标	量化评估		
			7月	8月	9月
定量指标（定值型）	B_{13}	需求个性化匹配水平 C_{131}	100%	100%	100%
		资源引领客户的程度 C_{132}	70%	75%	78%
	B_{21}	运营计划智能制订程度 C_{211}	30%	30%	30%
		需求预测的准确性 C_{212}	20%	18%	14%
	B_{23}	运营计划调整速度 C_{231}	5	5	4
		生态链成员目标契合度 C_{232}	30%	30%	30%
	B_{31}	无人仓数量占总仓库比例 C_{311}	0	0	0
		智能化仓储设备所占比例 C_{312}	100%	100%	100%
		自动化立体仓库的面积占比 C_{313}	10%	10%	13%
	B_{32}	安装北斗导航系统的运输车占比 C_{321}	100%	100%	100%
		安装车辆信息数据采集系统的运输车占比 C_{322}	100%	100%	100%
		运输准时到达率 C_{323}	92%	94%	97%
	B_{33}	采用智能设备进行配送的比例 C_{331}	0	0	0
		准时配送比例 C_{332}	84%	88%	88%
		顾客投诉比例 C_{333}	13%	10%	9%
定性指标（区间型）	B_{11}	生态链整体的流程优化战略 C_{111}	[4, 5]	[4, 6]	[5, 7]
		生态链网络布局随机更新战略 C_{112}	[3, 4]	[3, 5]	[4, 5]
	B_{12}	生态链成员数据共享范围 C_{121}	[4, 6]	[4, 6]	[5, 7]
		生态链子系统互联比例 C_{122}	[6, 8]	[6, 8]	[7, 8]
		生态链信息智能同步速度 C_{123}	[7, 9]	[7, 9]	[7, 9]
	B_{22}	分配计划科学性 C_{221}	[5, 7]	[5, 7]	[5, 7]
		人员及设备的利用程度 C_{222}	[6, 7]	[6, 8]	[7, 8]
	B_{24}	生态链可视化覆盖范围 C_{241}	[7, 8]	[7, 9]	[7, 9]
		异常事件智能矫正速度 C_{242}	[6, 9]	[7, 9]	[7, 9]

已知各指标的权重信息如下：

$H = \{\omega = (k_{111}, k_{112}, \cdots, k_{333}) \mid 0.05 \leq k_{131} \leq 0.06, 0.04 \leq k_{132} \leq 0.06,$
$0.02 \leq k_{211} \leq 0.04, 0.04 \leq k_{212} \leq 0.05, 0.03 \leq k_{231} \leq 0.04, 0.02 \leq k_{232} \leq 0.03,$

$0.03 \leq k_{311} \leq 0.05$, $0.04 \leq k_{312} \leq 0.05$, $0.04 \leq k_{313} \leq 0.06$, $0.03 \leq k_{321} \leq 0.05$, $0.05 \leq k_{322} \leq 0.06$, $0.03 \leq k_{323} \leq 0.04$, $0.02 \leq k_{331} \leq 0.04$, $0.04 \leq k_{332} \leq 0.05$, $0.05 \leq k_{333} \leq 0.06$, $0.02 \leq k_{111} \leq 0.04$, $0.02 \leq k_{112} \leq 0.04$, $0.04 \leq k_{121} \leq 0.07$, $0.03 \leq k_{122} \leq 0.04$, $0.05 \leq k_{123} \leq 0.06$, $0.02 \leq k_{221} \leq 0.04$, $0.03 \leq k_{222} \leq 0.04$,

$0.03 \leq k_{241} \leq 0.05$, $0.03 \leq k_{242} \leq 0.05$, $\sum_{i=1}^{n}\sum_{j=1}^{m}\sum_{z=1}^{p} k_{ijz} = 1$ }

现利用本章使用的方法进行日日顺智能物流生态化指标评价。

3. 数据标准化

根据定性指标区间数据进行规范化决策，规范化方法如式（2-3）所示。同时对定值型数据进行规范化决策，规范化方法如式（2-1）和式（2-2）所示。通过规范化方法得到的决策矩阵见表2-3。

表2-3 日日顺健身器材的智能物流生态化价值决策矩阵

指标	三级指标	量化评估		
		7月	8月	9月
定量指标（定值型）	需求个性化匹配水平 C_{131}	1	1	1
	资源引领客户的程度 C_{132}	0.897	0.962	1
	运营计划智能制订程度 C_{211}	1	1	1
	需求预测的准确性 C_{212}	0.7	0.778	1
	运营计划调整速度 C_{231}	1	1	0.8
	生态链成员目标契合度 C_{232}	1	1	1
	无人仓数量占总仓库比例 C_{311}	0	0	0
	智能化仓储设备所占比例 C_{312}	1	1	1
	自动化立体仓库的面积占比 C_{313}	0.769	0.769	1
	安装GPS/北斗导航系统的运输车占比 C_{321}	1	1	1
	安装车辆信息数据采集系统的运输车占比 C_{322}	1	1	1
	运输准时到达率 C_{323}	0.948	0.969	1
	采用智能设备进行配送的比例 C_{331}	0	0	0
	准时配送比例 C_{332}	0.955	1	1
	顾客投诉比例 C_{333}	0.692	0.9	1

续表

指标	三级指标	量化评估		
		7月	8月	9月
定性指标（区间型）	生态链整体的流程优化战略 C_{111}	[0.381, 0.662]	[0.381, 0.795]	[0.477, 0.927]
	生态链网络布局随机更新战略 C_{112}	[0.369, 0.686]	[0.369, 0.857]	[0.492, 0.857]
	生态链成员数据共享范围 C_{121}	[0.364, 0.795]	[0.364, 0.795]	[0.455, 0.927]
	生态链子系统互联比例 C_{122}	[0.433, 0.733]	[0.433, 0.733]	[0.505, 0.733]
	生态链信息智能同步速度 C_{123}	[0.449, 0.742]	[0.449, 0.742]	[0.449, 0.742]
	分配计划科学性 C_{221}	[0.412, 0.808]	[0.412, 0.808]	[0.412, 0.808]
	人员及设备的利用程度 C_{222}	[0.451, 0.636]	[0.451, 0.727]	[0.526, 0.727]
	生态链可视化覆盖范围 C_{241}	[0.466, 0.660]	[0.466, 0.742]	[0.466, 0.742]
	异常事件智能矫正速度 C_{242}	[0.385, 0.777]	[0.449, 0.777]	[0.449, 0.777]

利用区间相离度和方案属性偏差最大化思想，建立智能物流生态化二级指标最优化模型为：

$$\max C_{ij}(\omega) = 1.444k_{111} + 1.176k_{112} + 0.892k_{121} + 0.288k_{122} + 0k_{123} + 0k_{131}$$
$$+ 0.412k_{132} + 1.332k_{211} + 1.2k_{212} + 0k_{221} + 0.664k_{222} + 0.8k_{231}$$
$$+ 0k_{232} + 0.328k_{241} + 0.256k_{242} + 0k_{311} + 0.924k_{312} + 0k_{313} + 0k_{321}$$
$$+ 0k_{322} + 0.208k_{323} + 0k_{331} + 0.18k_{332} + 1.232k_{333}$$

用LINGO12.0求解此模型，得到三级指标的最优权重向量为：

$$\omega = \begin{pmatrix} 0.04, 0.04, 0.07, 0.04, 0.05, 0.05, 0.06, 0.02, 0.05, 0.02, 0.04, 0.04, \\ 0.02, 0.05, 0.05, 0.03, 0.05, 0.04, 0.03, 0.05, 0.04, 0.02, 0.04, 0.06 \end{pmatrix}$$

则根据式（2-5）可计算二级指标的最优权重为：

$\omega = $ (0.08, 0.16, 0.11, 0.07, 0.06, 0.06, 0.10, 0.12, 0.13, 0.12)

根据式（2-6）计算出一级指标权重为 $\omega = $ (0.35, 0.29, 0.37)。

根据式（2-7）计算日日顺智能物流 7月、8月、9月生态化总评分为 $W_7 = $ [0.67959, 0.82475]，$W_8 = $ [0.70571, 0.86757]，$W_9 = $ [0.75089, 0.90626]。

根据式（2-8）求得两两比较的可能度矩阵为：

$$P = \begin{pmatrix} 0.5 & 0.388 & 0.246 \\ 0.612 & 0.5 & 0.368 \\ 0.754 & 0.632 & 0.5 \end{pmatrix}$$

以日日顺物流 7 月的智能物流生态化评价指数值为基准点 100，8 月的智能物流评价指数为 121.324，9 月的智能物流生态化指数为 146.324。

4. 智能物流生态化综合评价

2019年7~9月，日日顺智能物流生态化水平整体呈现良好的上升趋势。表明智能物流向着生态化发展的适应能力在不断增强，各指标结构不断趋于合理化，资源的利用率也不断提高，战略决策制订的完善程度及灵活性不断改善。但目前企业的智能物流生态链并没有实现完全的自动化、智慧化。

（五）智能物流生态化指数的启示

智能物流生态化指数是由多个可以反映智能物流生态化发展水平的指标进行分项加权得到的，通过可量化和可获取的指标数据，利用科学的评价方法直观地反映智能物流生态链发展水平的综合性指数。

首先，本章介绍了包含数字化集成、可视化运营、智能化作业3个准则层的智能物流生态化评价体系，并细分了战略规划与决策、信息共享与协同、资源整合与开放、计划、组织、协调、控制、智能仓储、智能运输、智能配送10个二级指标以及24个三级指标。这些指标对于智能物流企业与生态化发展水平的衡量具有重要的参考意义。

其次，本章智能物流生态化指标评价体系拓展了已有的物流行业相关指数的研究，且特别考虑了指标中既存在定值型数据又存在区间型数据的情况，运用基于混合型数值决策信息的评价方法进行指数评价。

最后，本章在实践方面选取了日日顺物流进行智能物流生态化分析，定量计算了2019年7~9月日日顺智能物流生态化的各指标权重。在此基础上进行生态化指数计算，实现了日日顺智能物流生态化的综合评价，并给出相应的建议。其他物流企业可以参考综合评价的过程，并借鉴日日顺在智能物流生态化发展中遇到问题的改进方向。

第二节　智能物流装备与分拣技术

一、自动化仓库

为节约存储空间、提高仓储存取和管理效率、降低人工误差和成本，自动化立体仓库近年来在我国得到了长足发展。自动化仓库主要由堆垛起重机、高层货架和控制系统等主要部件构成。在多层钢结构体货架内设计有货位空间，起重机由控制系统引导，穿行于货架内，完成存、取货工作。在不直接人工干预的情况下，自动化仓库系统可以自动完成物料的存储和取出过程，自动化仓库已被广泛应用于汽车、飞机、机械、家电、食品等制造行业。

(一)自动化仓库基本构成

自动化立体仓库可分为硬件系统和软件系统两部分,其中硬件系统包括多层货架及其货箱、堆垛机、输送搬运机械、电子电气设备等部分。

1. 多层货架及其货箱

贯通式货架、货格式货架、悬臂式货架是自动化立体仓库中常见的货架类型。一个标准货物或容器被称为单元负载。货物载体可以是托板、托盘、专用集装箱托盘、滑板、纸箱、专用盛放架等,货物通过载体存放在货架中。托盘的基本功能是储存物料,方便堆垛起重机对货架内的物料进行取出和储存操作。托盘主要由钢、木或塑料制成;托板一般为金属制成。专用集装箱托盘大多由钢制成,可在各种运输设备上进行周转。专用盛放架由钢或木材制成,可以装载特殊形状的零件或物品。

2. 堆垛机

堆垛机是自动化仓库中较为重要的起重运输设备,可在仓库通道内按工作程序运行和工作,将货物存放至货舱,或将货舱内的货物取出。

3. 输送搬运设备

输送设备属于自动化立体仓库中的辅助性设备,具有连接各个物流站的功能。带式、轮式、辊式、悬挂式、滑板式输送机是常见的输送设备。搬运设备包括自动引导车、叉车、室内起重机、智能物流搬运机器人等地面交通工具。

(二)自动化仓库的基本功能

自动化立体仓库采用自动存取系统,主要可以实现收货、存货、取货、发货、信息查询等5种基本功能,将接收的货物按照一定的顺序存放到自动化立体仓库中,可为企业的仓库区域节省占地面积,提升空间利用率,为企业节省仓储成本。自动化立体仓库通过对货物的信息化管理,能够准确地记录货物所在库位,方便正确取货并保证效率。在接收到取货需求后,自动化仓库自动进行取货作业。仓库管理人员可利用信息查询功能,较为方便地对仓库及物料信息进行自动化管理,实时查询仓库和物料及其运行信息。

二、仓储物流装备

(一)起重机械

1. 起重机械的概念

在物流作业中,起重机械是一种循环式间歇性运动的机械,可用于对货物进行垂直升降和水平移动,完成装卸、转运货物等各种作业任务。起重机械是实现物流作业机械化、自动化的主要装备,可改善搬运条件、减轻工人劳动强度、提高装卸搬运效率，在自动化仓库中起着重要作用。

2. 起重机械的分类

按结构形式，起重机械一般可分为轻小型起重设备、起重机和升降机三类。轻小型起重设备质量与体积较小，适用于作业任务强度与重量较轻的场合，方便携带，代表性设备包括吊具、千斤顶等。起重机较轻小型起重设备更为复杂，能够对货物进行垂直升降和水平移动操作。升降机仅沿导轨升降，做垂直或近似垂直的运动。

3. 起重机械的特点

水平运动和垂直升降运动是起重机械的基本运动形式，不同种类的起重机械，构造及工作原理也不尽相同，但其工作特点基本相同。起重机械一个完整的工作过程为：吊钩提升货物，提升后完成若干水平运动，将货物运送至卸载地点，然后返程开始下一次工作。整个过程称为一个工作循环，一个工作循环完成，紧接着进入下一个工作循环，每一个工作循环都有负载和空载返回行程。可见起重机械的工作过程具有间歇性、重复性特点。在工作过程中，各工作部件常启常停，稳定运动时间较短。起重机械的主要功能是装卸，搬运能力较差，搬运距离较短。起重机械一般较笨重，通用性不强，一般用作港口、车站、物流中心等处的固定设备，而且起重机械的作业方式是从上部空间提升货物，因而工作时高度空间的需求较大。

4. 常用起重机

门式、桥式和悬臂式起重机是应用较为广泛的三种起重机类型。

（1）门式起重机。外形如同门形框架，其主梁下方的两侧各有两条支撑腿，支腿可沿铺设在地面上的轨道运行。门式起重机具有作业范围广、通用性较好、适应性强等特点，在港口码头、仓库等物流场景较为常见。门式起重机按结构分类，可分为桁架结构门式起重机、箱型结构门式起重机等；按悬臂数量分类，可分为无悬臂式起重机、单悬臂式起重机和双悬臂式起重机；按门框形式分类，可分为全门式、半门式；按主梁个数分类，可分为单梁式和双梁式；按支腿形状分类，可分为 C 形门式起重机、L 形门式起重机、O 形门式起重机和 U 形门式起重机等。

（2）桥式起重机。桥式起重机通常横跨于金属架或水泥支柱上，外形似桥，能够在铺设于两侧高架的轨道上运行，因此运行时不受起重机下方空间和环境的干扰。

①起重量。表示起重机在安全工作条件下的最大起重量，即起重机的额定起重量，是评价起重机起重能力的重要参数。一般来说，抓斗、起重电磁铁须包含在起重量参数内，但吊钩、活动滑轮组、钢丝绳不计入起重量。起重量用 G 表

示，单位为 kg 或 t。

②工作类型。工作类型表示起重机的工作繁忙度和载荷变化程度。对于起重机整机而言，繁忙度是指一年中起重机实际运行小时数与总小时数的比值；对于起重机某工作机构而言，是指该机构一年内的运行小时数与总小时数之比。在起重机的一个工作循环中，机构工作时间的百分比被称为负荷持续率。根据起重机工作繁忙度和载荷变化程度，起重机可分为轻型、中型、重型和超重型 4 种类型。起重机工作类型主要指标的平均值见表 2-4。在起重机的选型和维护中，应注重机构的工作类型。

表 2-4 起重机工作类型主要指标平均值

类型	工作繁忙程度		载荷变化程度		机构工作特点
	一年工作小时数/h	机构负荷持续率/%	起重量利用系数	机构每小时开动次数/次	
轻型	1000	15	0.25	<60	无载或轻载，负荷持续率较小，运行次数较少，停歇时间较长
中型	2500	25	0.5	60~120	工作速度较慢，负荷持续率与运行次数中等水平
重型	5000	40	75	120~240	负荷持续率与运行次数较高
特重型	7500	60	1	>300	满载、高速、周转循环接近连续

③起升高度。起升高度是指起重机吊钩上升到最高位置与工作地面或运行轨道之间的垂直距离，常用 H 表示，单位为 m。在我国，起重机起升高度已经标准化，桥式起重机起升高度一般在 12~36m，门式起重机起升高度一般在 11~33m。

④跨度。跨度指起重机两侧轨道中心线之间的距离，表示桥式起重机和门式起重机的工作范围。跨度用符号 L 表示，单位为 m。

⑤轮压。当小车在桥的一端时，起吊额定载荷，此时起重机车轮上的垂直压力即是车轮压力，车轮可承受最大压力参数称为最大轮压。

（3）悬臂式起重机。悬臂式起重机主要利用臂架的边幅绕垂直轴线回转配合升降货物，动作较为灵活，使用较为方便。悬臂式起重机主要可分为固定式、浮式和移动式悬臂起重机 3 种。固定式悬臂起重机仅能在原地工作，常安装在港口码头上，臂架一般可做回转或俯仰运动。浮式悬臂起重机常安装在平底船上，用于港口等场景的货物装卸工作。移动式悬臂起重机可在地面上移动或沿轨道滑行，常用于汽车起重机、履带起重机、轮胎起重机和门座起重机。

汽车起重机机动性较好；缺点是不能负重驾驶，不适合在松软或泥泞的地面环境下工作，在工作时必须放下两侧支撑腿以保持整机稳定。以履带式底盘为基础的履带起重机，优点是稳定性较好，使用较为方便，可载荷行驶，对道路的要求较低；缺点是其行走速度慢，行驶时会损坏路面，不宜长距离行走，一般可用平板拖车运输。轮胎起重机是将起重设备安装于轮胎底盘上的起重机，其稳定性较好，在平坦地面上可不依靠支撑腿进行起吊装卸作业；缺点是其运行速度较慢，较为适合固定作业。门座起重机是港口、车站等处的常用起重设备之一，具有良好的工作性能和独特的结构。门座起重机是随着港口工业的兴起而发展起来的，1890年固定旋臂式起重机首次安装在狭窄码头上运行的半门座式起重机上，码头空间的不断延拓带动了门座起重机的发展，增加了俯仰臂和水平变幅系统在起重机中的运用。第二次世界大战后，港口门座式起重机发展迅速。为方便多台起重机在同一船上并联工作，一般可采用旋转部分与柱体连接的旋转柱式门座式起重机，也可采用滚动轴承式支承回转装置，其转动部分通过大轴承与门架连接，减小了转动部分的尾部直径，而门架结构减小了码头覆盖面，即门架主体对地面的投影。门座起重机也常用于工作条件与港口相近的船台或水电站施工现场等环境中。

门座起重机有上部转动部分和下部运行部分，转动部分安装在门式底架上，包括起升、回转、变幅3种机构，转动部分安装有臂架系统及驾驶室等。运行部分一般装配在门座下方，起改变起重机作业位置的作用。门架的底部可以穿过火车等车辆，轨距一般有三种不同规格，可通过1~3列车。门座底部安装有行走轮或小车，用以驱动起重机移动。门座起重机工作效率较高，速度较快、起升速度可达70m/min，变幅速度可达55m/min，其额定起重量一般为5~100t，造船用门座起重机可达150~250t，适用性强。门座起重机具有起升高度较高、工作范围较大、占用面积较小、灵活性较高和安全可靠等优点；但也有造价较高、轮压较大、地基需要足够坚固、附属设备较多等缺点。

5. 升降机

升降机是一种多功能升降装卸机械设备，可以垂直运送货物或人员，常用于码头、工厂、仓库等场景。升降机最早可以追溯到古代中国，人员或货物用辘等工具垂直运输。常用的升降机有剪叉式、曲臂式和套缸式3种。

（1）剪叉式升降机。剪叉式升降机利用剪式机械结构使平台升降的稳定性较高、工作平台宽、承载能力较强、高空作业范围较大，使升降工作更高效、更安全，广泛应用于高空作业、货物升降装卸、设备安装维修等。剪叉式升降机的举升机构一般由高强度锰钢长方形管制作而成，并装有防止升降机过载的安全保护装置、防止液压管路开裂的安全保护阀、在停电状况下的应急下降装置。直流电源、三相交流电源、单相交流电源等是其主要的动力源。若装配上手动液压装置，则能够在断电或无电源场地进行升降工作。可在剪叉式升降机上面加装可伸缩平台，相比普通升降机可伸到较远的作业位置，提高工作范围和效率。

（2）曲臂式升降机。曲臂式升降机具有伸缩臂，可控制该伸缩臂运动将升降平台移动至范围内的任意空间位置，结构紧凑，转向灵活，操作较为方便，安全性较高，移动便捷，可搭载一定重量的设备进行跨越障碍高空作业，多用于船厂等高度要求较高的场合，特别适用于消防救援等场合，也广泛用于工厂、车站、机场、影剧院、展览馆、码头、酒店、体育馆等场景下的高空作业及维修保养。

曲臂式升降机分直臂和曲臂两种，其材料一般选用优质结构钢，成型工艺一般采用单面焊接与双面成型。其高空作业升降平台配备平衡阀、自动保压等安全装置，平台安全性高，可靠耐用。

（3）套缸式升降机。套缸式升降机由行走轮、底盘、支腿、伸缩油缸、升降平台等主要部件构成，电动机驱动齿轮油泵向油缸供油，油缸工作并顶起升降台，当油缸达到其额定工作压力时，平台即上升到升降机最大举升高度，此时溢油阀卸荷，油压工作压力恒定，停机后单向阀保压，升降平台可停留在最高工作位置。根据现场需求作业高度的不同，升降平台可在其最大高度以下的任意高度停留。

（二）连续输送机械

连续输送机械是指能够在固定线路上的装卸货点之间连续输送包装或散装货物的机械。在现代物流中承担着运输货物的环节，具有连接相应物流环节的功能。

连续输送机械的优点是运动速度较快且速度稳定、驱动功率小而效率较高、外形尺寸与自重较小、成本较低、结构紧凑，便于实现自动控制且工作中负载均匀，易于制造和维修。而与起重机械相比，连续输送机械可以沿给定的路线连续输送货物，货物的装载和卸载在运动中完成，不用停车，散货连续地分布在承载部件上，成件货物可按一定次序连续被运送。但其缺点也较为明显，连续输送机械仅能按照给定的路线输送，每种机型仅限于运输一定类型的货物，不适用于质量或体积较大物品。

按照输送货物种类的不同，可分为输送件货输送机和输送散货输送机；按照输送货物的动力形式不同，可分为机械式、惯性式和液力式等。按传动方式可分为带式、链式和辊筒式。

1. 带式输送机

带式输送机是以输送带为牵引和承载部件，并依靠摩擦驱动的连续输送机械。带式输送机一般用于水平或坡度不大的场合输送散货或质量较小的大件货物，具有输送距离较长、运量较大、生产率高、结构简单、运行成本低、受地形条件限制小，且输送线的布置可灵活配置为水平或倾斜的直线、运行安全可靠且易于实现自动化控制等优势，广泛应用于仓库、工厂等场景，可有效降低人工操作强度和成本，提高工作效率。但带式输送机不能自行取货，当货物运输线路发生变化时需要重新布置输送线，输送角度受限。

带式输送机在工作时，输送带绕过滚筒连接成闭合环，由张紧装置张紧，在电动机的驱动下，滚筒与输送带的摩擦力驱动输送带连续运动，完成货物的转运。典型的带式输送机包括平带输送机、弧形带式输送机等。在传动滚筒分离处，胶带需要保证有一定的初张力。在输送机工作过程中，胶带既是承载部件，又是牵引部件，货物与胶带之间不能有相对运动、胶带与货载运行之间的摩擦阻力可忽略不计。托辊内装有滚动轴承，胶带运行阻力较小。带式输送机传递能力由胶带在传动滚筒上的围包角、胶带的张力以及胶带与传动滚筒之间的摩擦系数决定，在生产实践中可增大初张力和围包角以提高牵引力的传递能力。带式输送机的输送能力可按式（2-11）计算：

$$I_M = 3.6 \frac{Gv}{T} \tag{2-11}$$

式中：I_M——输送能力，t/h；

　　　G——单件物品质量，kg；

　　　v——带速，m/s；

　　　T——货物在胶带上间距，m。

（1）平带水平输送机。平带水平输送机是常见的平带输送机，广泛用于搬运同层物料，依靠输送带与物品之间的摩擦力使得物品随平带平移。

昆山同日工业自动化有限公司生产制造的电动滚筒平皮带输送机，其采用C形边框，速度范围1~60m/min，最大承载为30kg/m（中型），功率范围0.37~1.1kW，最低安装高度200mm，设计长度范围6~12m，可用于周转箱、纸箱、包裹、文件的输送。该输送机的特点有：一是密闭防护，齿轮组、电动机和轴承全部密封于金属筒体内，适于恶劣的使用环境。二是节约费用，电动滚筒简约紧凑，安装方便、免维护。三是能耗低，电动滚筒可将电动机的动力高效传导至滚筒表面。四是噪声低，运转噪声一般低于60dB。

（2）窄条皮带输送机。昆山同日工业自动化有限公司生产制造的窄条皮带输送机，采用C形边框，速度范围1~120m/min，最大承载为30kg/m（中型），功率范围 0.37~3kW，设计长度范围 6~12m，与相应分拣机构配合可实现小于 3000 件/h 的直角分拣、分流，弹出口的中心距离小于 1750mm，适用于周转箱、纸箱的输送。

（3）平带伸缩式输送机。不少转运场景的运输距离不一，要求输送机能够灵活改变输送长度，平带伸缩式输送机有效解决了这一输送问题，其机尾可随工作面的水平距离变动而伸缩，随工作环境的不同改变工作长度。

（4）转弯皮带输送机。典型的转弯皮带输送机可采用 C 形边框，速度范围 1~120m/min，最大承载为 30kg/m（中型），功率范围 0.37~3kW，按使用角度分 30°、45°、60°和 90° 4 种，适用于周转箱、纸箱、包裹、文件等货物产品的输送、拉距、长距离输送、高速输送。转弯皮带输送机一般与直线式输送机等其他输送设备组合应用，使得输送效率更高、效果更好。

2. 链式输送机

链式输送机是一种利用链条牵引和承载物料，或利用安装在链条上的板条、金属网带等承载物料的输送机，主要有链条式和板式等两种，可与其他类型输送机、起重设备等组成各种功能的自动化生产线。

（1）链条输送机。链条输送机的主要组成部件包括机架、减速电动机和输送链条。昆山同日工业自动化有限公司研制的自动化仓库托盘输送用链条输送机，速度范围 8~18m/min，采用中间驱动方式，最大承载 1500kg，功率范围 0.55~1.5kW。

（2）板式输送机。板式输送机可在水平或倾斜方向输送物料，与链式输送机不同，其在牵引链上固联了一系列板条，扩大了应用范围，在仓储物流、煤炭、机械制造等领域中应用广泛。板式输送机的电动机通过联轴器与减速器相连接并带动齿型带轮转动，与齿型带轮同轴的链轮驱动链条同步运动，使得链板和其上的物料也随链条一起运动。

根据布置形式的不同，板式输送机可分为水平板式输送机、水平-倾斜板式输送机和弧形板式输送机。板式输送机的特点包括：

①适用范围较广。除黏度很大的物料外，一般物品均可通过板式输送机输送。

②牵引链强度高，输送距离较长。

③输送线路布置灵活。与带式输送机相比，板式输送机倾角在 30°~35°，弯曲半径在 5~8m，适合倾角较大或弯曲半径较小条件下的场合下作业。

④在输送中可对货物进行分类、干燥等作业。

3. 辊筒式输送机

辊筒式输送机结构简单、易组合衔接、输送速度快、运行较为平稳、输送量较大,广泛用于自动化仓库、机械加工、军事工业及物流中心的分拣作业等领域。

辊筒式输送机主要包括自由辊筒、动力辊筒、转弯和合流辊筒输送机四类。

(1)自由辊筒输送机。自由辊筒输送机有直线式和曲线式两种。直线式自由辊筒输送机的辊筒可无动力转动。曲线式自由辊筒输送机的辊筒呈圆弧状排列。

(2)动力辊筒输送机。动力辊筒输送机可分为链条驱动、带驱动辊筒输送机等。链条驱动辊筒输送机主要由机架、主动辊、链条、主动链轮、从动链轮、传动链轮和驱动装置构成,其工作原理是电动机通过传动装置驱动辊筒,辊筒上的物品会向辊筒转动方向移动,实现了输送物品的目的。典型的双链辊筒输送机采用 C 形边框,辊筒间距是链条节距的整倍数,速度范围 1~30m/min,最大承载 50kg/m,辊筒间距设计遵循输送货物底部必须承载 3 只辊筒以上,线体长度小于 10m,为辊筒间距的整倍数,适用于周转箱、纸箱的输送。

带驱动辊筒输送机包括自动化仓库物流常用的楔形带辊筒输送机、摩擦带辊筒输送机、O 形带辊筒输送机等。昆山同日工业自动化有限公司研制的楔形带辊筒输送机,采用电动辊筒及 C 形边框,辊筒间距有 80mm、120mm、160mm 三种,速度范围 1~60m/min,最大承载 30kg/m,功率范围 60~90W,该类型输送机每个动力段不超过 40 只滚筒(电滚筒 25 只),间距设计遵循输送货物底部必须承载 3 只滚筒以上,线体长度为间距的整数倍,适用于周转箱、纸箱的输送。

摩擦带辊筒输送机一般采用 C 形边框,辊筒间距有 80mm、120mm、160mm,速度范围 1~40m/min,辊筒间距设计遵循输送货物底部必须承载 3 只滚筒以上,线体长度范围 6~12m,为滚筒间距的整数倍,适用于周转箱、O 形带辊筒输送机,采用 C 形边框,辊筒间距有 80mm、120mm、160mm 三种,速度范围 1~60m/min,承载可达 30kg/m,间距设计遵循输送货物底部必须承载 3 只滚筒以上,线体长度为间距的整数倍,适用于周转箱、纸箱的输送,因为 O 形传动效率较低,多用于过渡段。

辊筒分类输送机包括常用的旋转式辊筒分类输送机和链条式辊筒分类输送机等。杭州诺华机械制造有限公司生产制造的可改变物料流向的旋转式辊筒分类输送机,当主输送机上的物品沿 x 轴方向随主输送机运动到达转向位置时,转盘驱动装置根据转向指令转动 90°,辊筒输送机工作,使物品向 y 轴方向流出,实现了 90°输送方向变换运动。

(3)转弯滚筒输送机。昆山同日工业自动化有限公司生产制造的转弯辊筒输送机,采用 C 形边框,速度范围 1~60m/min,最大承载 30kg/m,功率范围 60~90W,常用于输送、转弯输送货物产品,按使用角度分 30°、45°、60°、90°

4种、适用于周转箱、纸箱的输送。典型的小半径滚筒输送机一般采用C形边框，速度范围1~60m/min，最大承载30kg/m，功率0.55W，适用于周转箱的输送与转弯输送。

（4）滚筒并列合流输送机。昆山同日工业自动化有限公司研制的典型的滚筒并列合流输送机及其应用场景，一般采用C形边框，辊筒间距有80mm、100mm、120mm 3种，速度范围1~60m/min，承载可达30kg/m，适用于周转箱、纸箱的输送。

4. 其他类型

空中输送机主要有悬挂链式输送机和垂直输送机两类。

（1）悬挂链式输送机。悬挂链式输送机是一种可在空间中连续输送物料的机械设备，线体在三维空间中可上下运动和转弯，可在水平面和垂直面上任意旋转，可根据需要通过合理的工艺路线设计，绕过障碍物，物料放在箱体或支架上，沿着预定的轨道运行，按给定路线送到指定地点，完成输送任务。悬挂链式输送机可使工件连续输送通过高温干燥室、有害气体区、喷粉室、冷冻室等，代替人工完成难以操作的生产过程，改善工人工作条件，其布局灵活、噪声较低、运行稳定、操作方便、使用安全，广泛应用于仓储物流、机械、电子、家电、食品等行业。

悬挂链式输送机主要有推式和提式。

①推式悬挂链式输送机可将物料从一条线转移到另一条线，一条输送线可设上下两条架空轨道，轨道上有滑架及承载挂车，挂车在下轨道上运行，由滑架下的推头驱动。

②拖式悬挂链式输送机的载具是地面运行小车，承载能力较强。提式和推式悬挂输送机的承载能力不到600kg，而拖式悬挂输送机小车的承载能力一般在1000kg以上。

（2）垂直输送机。垂直输送机可垂直连续输送物料，使不同高度间的连续输送机保持物料输送不间断，是将不同楼层之间输送系统联系起来的重要连接设备。根据物品的出入口方向，垂直输送机可分为Z形、E形、C形和F形垂直输送机。Z形垂直输送机用于异层异侧间的物料搬运；E形垂直输送机主要用在多层同侧之间的物品搬运；C形垂直输送机主要用于异层同侧间的物品输送；F形垂直输送机用于多层异侧间的物品输送。

往复式提升机、工位提升机、连续式提升机、螺旋提升机等是较为常用的垂直输送机。

①往复式提升机。其减速刹车电动机的功率在1.1~3kW，提升速度范围30~50m/min，最大提升质量150kg，效率范围100~400件/h，主要用于扬程大

于 3m 的提升处理、穿楼层的提升处理和负载 60~150kg 的提升处理，适用于周转箱、纸箱等货物的垂直输送。

②工位提升机。其提升速度小于 40m/min，提升质量可达 50kg，效率范围较广，一般为 100~400 件/h，可用于扬程小于 3m 的提升处理、不穿楼层的提升处理，成本较低，适用于周转箱、纸箱等货物的垂直输送。

③连续式提升机。其出入口是依靠本身托盘的主动摩擦实现进出货物，为了保证及时准确的出入，需对出入口的输送机提出如下要求：输送对象为纸箱时对接的输送机必须为皮带输送机，增大摩擦力保证顺畅进出；输送对象为周转箱时对接的输送机必须为包胶辊筒机或皮带输送机，增大摩擦力保证顺畅进出。连续提升机从机构上分 Z 形和 C 形 2 种，Z 形为泛用型连续提升机，即一定尺寸的周转箱、纸箱均可使用；C 形因其机构在出入口自然形成有大于 180mm 的间隙，所以在理论上，尺寸小于 540mm 的箱子都不能使用该型提升机，但是如无负重平衡，可以处理大于 400mm 箱子的输送任务。昆山同日工业自动化有限公司研制的 C 形连续式提升机，减速刹车电动机功率为 3kW，提升速度范围 20~40m/min，最大提升质量 30kg，效率范围 500~1000 件/h，主要用于扬程大于 3m 的连续提升处理，适用于周转箱、纸箱等货物的垂直输送。

④螺旋提升机。螺旋提升机可以任意布置进出口方式和方向，可布置为多进一出，主要用于效率要求较高的场景下物品的提升作业。螺旋提升机结构较为简单，但是机械钣金加工工艺较为复杂。昆山同日工业自动化有限公司研制的螺旋提升机，刹车减速电动机驱动侧弯链上面镶嵌的工程塑料板条进行连续运转，最大提升负载 30kg，最高速度 60m/min。

（三）码垛机器人

码垛机器人是具有代表性的机电一体化控制设备，可以按照给定的设计程序做出模拟人类臂部、腕部和手部的部分动作，灵活实现自动化抓取、搬运和堆放包装产品的工作。码垛机器人的应用提高了码垛效率，其占用安装空间较为紧凑，节省了人力和空间成本，而且码垛机器人系统能够广泛适应不同工厂生产环境、包装类型和客户需求之间的差异，适用性较强，可以快速响应客户产品的尺寸、体积、形状以及托盘的外形尺寸发生变化的情况，而且能耗较低、在宏观上可降低码垛作业的成本。码垛机器人主要应用在箱装、袋装、桶装产品或物料的搬运和码垛作业，在化工、饲料、食品、肥料、粮食加工等行业得到了广泛应用，特别适用于智慧仓储系统和智能化柔性生产线。

1. 码垛机器人系统组成

（1）机械系统。机械系统是完成抓取工件或产品所需运动的机械部件，其中手部是机器人直接与产品接触，用来完成握持抓取产品的部件；腕部作为手部和臂部的连接部分,主要用于控制手部的位置及姿态,并拓宽了臂部的运动范围;臂部是支撑腕部和手部、实现较大范围运动的部件;机身的作用是支撑臂部及其他部件。

(2)驱动系统。由动力装置和传动机构组成,其功能是为执行机构提供动力输出。

(3)控制系统。向驱动系统及机械系统等其他部分发送指令信号(如运动速度和运动轨迹等),控制机器人按预定程序做出相应动作,同时可对机器人的工作状态进行监控,发生故障时可发出预警信号。

(4)检测传感系统。对机器人的工作状态进行实时监测,并将相关信息反馈给控制系统,控制系统经过与给定信息的比对,调整执行机构的动作。

(5)人工智能系统。赋予码垛机器人感知环境和自身状态的"类人智慧",实现工件或产品的自动识别和智能自适应操作。

2. 码垛机器人主要技术参数

(1)握取质量。指机器人以正常速度运行时握取的产品质量,是评价机器人负荷能力的重要技术参数。由于低速时可握取的质量较高速时大,一般将高速运行时握取的质量作为评价指标。

(2)运动速度。其直接影响到机器人的精度等参数,是评价机器人性能的重要参数。

(3)自由度。一般情况下,自由度越多,机器人灵活性越高,但不宜过多,过多的自由度会使机器人结构复杂,通常以4~6个自由度为宜。

(4)定位精度。定位精度关系到机器人的工作质量,握取质量、运动速度等参数会影响定位精度,而且运动部件本身的制造工艺及控制方式也会影响定位精度。

三、包装机械

包装机械是指完成全部或者部分包装过程的一类机器,随着新型包装材料的出现和包装技术的不断创新而发展起来的,其基本结构主要由7种装置组成:进给机构、计量装置、传动机构、输送机构、动力元件、控制系统和机身与操作系统,对前5种进行介绍。

(1)进给机构。主要用于包装产品、包装材料和容器的送料。

(2)计量装置。在物料供应前或供应过程中用计量装置进行计量。

(3)传动机构。起动力传递作用,直接带动各执行机构的运动,完成包装作业,在包装机械中占有重要地位。

(4)输送机构。包装过程中将物品在各个包装节点中顺序输送,最后将包装好的产品运到仓库。

（5）动力元件。最常见的动力元件是电动机。

包装机械主要可分为上料机械、填充机械、罐装机械、封口机械、打码机械、喷码机等。使用物流包装设备可以提高劳动生产率，保证包装质量，降低劳动强度，改善劳动条件，降低包装成本和流通成本。包装过程包括填充、封口、裹包等主要包装工序以及多种相关工序，如清洗、杀菌、计量、干燥、成型、标记、紧固、多件集合、集装组装及其他辅助工序。

（一）上料机械

在包装流水线中，上料是一项重复繁重的工作。传统的人工上料方式效率低下，而且长时间的重复工作也容易引起人工的失误，造成不必要的损失或产生大量残次品。使用自动上料机械装置，与包装流水线的匹配度较高，上料稳定，上料效率得以提高，能在连续不断地向包装流水线上料的同时保证物料的完整性。河南九一一环保科技股份有限公司生产的冷铺沥青包装线用自动上料输送机，当料斗内物料不足时，该信息可被包装线上的填充机械检测到，并向上料机械发出启动信号，在电动机的带动下，装有一定物料的上料斗沿着轨道匀速上升，并在到达轨道上顶点时翻转，将冷铺沥青物料卸入填充机械的料斗；沥青物料卸载完毕后，上料斗根据命令进行回转并沿轨道下落回到工位，装载下一次物料并等待下一次上料。

（二）填充机械

填充机械主要由计量装置和填充装置等部件构成，能够将物料或产品按预设量灌装填充到包装容器里，完成填充工作。受充填材料物理状态和定量方式的影响，填充机械的进给系统可采用螺旋推进器、重力流动系统、振动给料机或输送带给料机等形式。

1. 进给系统

（1）螺旋推进器。螺旋推进器多用于粉末状、片状或小颗粒物料的均匀给料。通过改变螺距使物料密实、密度均衡，在螺旋桨出口处安装分配头，可对物料进行分流。根据应用情况，螺旋桨可间歇或连续驱动。

（2）重力流动系统。重力流动法是最简单的加料方式，用于咖啡、茶叶、坚果、大米、糖、盐等自由流动的产品包装，可采用大量进给和少量进给相结合的方式。重力流动系统可以利用压力表来工作，当物料向下流动时，如果压力表连续移动，则填充量由物料流量和压力表移动速度决定。通过阀门、定时控制系统或产品位置敏感元件进行控制也是控制填充量的一种方式。

（3）振动给料机。振动给料机多用于自由流动或不良流动的物料包装，进给速度可控。振动给料机的进给速度可以通过改变振动频率或振幅来控制，一般可采用电驱动、机械驱动或液压驱动。通过改变送料速度、送料时间、振动频率、振幅或振动板的倾斜角度可以控制充填量。

（4）输送带给料机。输送带给料机多用于输送自由流动、不良流动或黏稠的物料，应用范围较广。输送带可采用多种材料和尺寸定制，从而可以运输多种产品物料，如用于食品输送的卫生输送带、制药工业的聚醋酸乙烯薄膜轻型输送带和玻璃纤维涂层输送带等。输送带可以间歇或连续工作，其控制系统类似于螺旋推进器或振动器。称重输送带系统使用称重装置测量通过传送带的物料流量，可以实时检测输送带上物料的运送状态。

2. 计量装置

（1）计数式填充机。推送计数法和滚筒计数法常用于饼干包装、云片糕包装和茶叶的第二次大包装。长度计数机主要用于对固定长度产品进行计数和充填，被包装物品的长度作为其选用原则。容积计数机常用于等长等径物品包装，机构简单但是精度较差，常用于低成本及低精度的场合。全自动胶囊填充机是一种较为常见的计数式填充机类型，其中的多孔转盘用于颗粒状胶囊的定量计数。

（2）容积式充填机。采用定容装置对粉状、颗粒状、液体状、糊状物料进行计量填充，一般可进一步分为螺旋式、柱塞式、气流式、插管式等充填方式。

①螺旋式充填机。主要用于小颗粒或粉状物料的计量和充填，通过利用螺旋槽的空腔对物流状态进行测量。螺旋式充填机漏斗形料斗内设有旋转螺杆，螺杆可竖直安装在漏斗内，进料管直接向下对准容器，螺杆匀速旋转可以均匀定量地向容器内输送物料。其主要优点是结构较为紧凑，无粉尘飞扬，可以通过改变螺杆参数适应不同的物料。

②柱塞式充填机。用途较为广泛，适用于粉状、粒状、黏性物料。但由于其工作速度较慢，不适用于高速工作场景。

③气流式充填机。主要用于粉状物料的计量填充，测量精度高，可有效减少物料的氧化。

④插管式充填机。测量填料时，将内径较小的套筒插入有一定粉层高度的料罐中，由于粉状物料与管壁之间的黏附力，在提升套管时粉状物料不会脱落；当套筒被移动到卸粉工位时，套筒中的粉末被喷射器推入包装容器中，完成填充工作。

（三）灌装机械

灌装机械是将定量液体状物料灌装到包装容器中的一类包装机械。

（1）包装容器加料装置。主要功能是周期地将容器送到灌装站，灌装后再将容器送出灌装机。

（2）灌装加料装置。主要功能是向灌装阀供料，其中常压进料装置利用物料的重力在常压下流向低位进料阀，物料在高位装入储料罐，主要用于黏度低、流动性好的物料；而黏度较大、流动性差的物料必须施加压力使其向下流动。

（3）灌装阀。主要功能是根据灌装工艺要求切断或接通液室、气室与灌装容器之间的物料流动通道，一般包括常压压力灌装阀、真空灌装阀和恒压灌装阀等常用灌装阀。

（四）喷码机

在产品包装的表面上，喷码机能够喷印文字、图案、防伪标识或条码，喷印不接触产品，不会对产品造成额外损坏，而且其喷印内容和字符大小可通过人机交互程序灵活快速调整，应用较为广泛且安全高效。

苏州诚威标识科技有限公司生产制造的激光喷码机，通过编程对激光束进行偏转，将激光打在产品表面进行直接烧灼，形成预设的图案和文字。激光喷码机具有较大的优势：

（1）降低生产制造成本，减少耗材，提高生产效率。

（2）防伪效果较为明显。

（3）可靠性高，激光喷码机性能稳定可靠，可长时间连续工作。

（4）广泛适用于各行业生产包装领域。

（5）环保、安全，不产生对人体和环境有害的化学物质，噪声污染较小。

（6）能在极小范围内喷印大量数据，打印精度较高。

四、电子标签技术

（一）电子标签基本概念

电子标签又称射频标签、应答器、数据载体，电子标签是射频识别 RFID 技术的载体。电子标签主要运用于无线射频技术，它是无线射频技术的重要组成部分。在物流过程中，电子标签附着在物品的表面，当物品通过识别区域的时候，标签上的信息就可以被识别出来。现阶段，电子标签已经被广泛运用在物流运输中。

1. 电子标签的优势

（1）电子标签具有灵敏度高，可快速扫描的优势，能够被读写器激活并向读写器传输信号，可以同时扫描多个标签，而条形码技术一次只扫描一个标签。

（2）电子标签具有体积小、形状多的优势。电子标签与其尺寸和形状的关系不大，不需要配合印刷品的尺寸和形状，电子标签正朝着小型化及多样化的方向发展,来适应多样化的产品。

(3)电子标签能够重复使用。电子标签能够进行删除、重写或修改,可以重复使用,避免浪费。

(4)电子标签具有穿透性。电子标签能够穿透纸张、木材、塑料等,实现穿透通信,而传统条形码技术只能在没有障碍物遮挡的情况下进行扫描。

(5)电子标签具有抗污染能力。电子标签对水、油、化学物品的抗污染能力较强,储存在芯片中不容易被破坏,而传统的条形码由纸张制作而成,很容易受到水、油、化学物品等的腐蚀。

(6)电子标签具有较高安全性,可以对必要的数据信息加密处理。

2. 电子标签的读取

电子标签的阅读器,据其可否离线改写数据分为读出装置、扫描器、读头、通信器、读写器等。电子标签与阅读器通过耦合元件实现射频信号的无接触耦合,在耦合通道内,根据时序对应关系,能量的传递和数据交换得以实现。

要实现物流标准化与高效化,快速、实时、准确的信息采集和处理尤为重要。电子标签技术与条码技术的功能对比见表2-5。

表2-5 电子标签与条码技术的功能对比

标签功能	电子标签	条码技术
信息容量	较大	较小
读取距离	较远	较近
反复读写	能	不能
读取数量	多个	单个
高速读写	全方位穿透性读取	表面定位读取
读取条件	在恶劣环境下仍进行可读写工作	条码污秽或损坏则无法读取

(二)电子标签拣选系统

电子标签拣选系统是通过固定在货架上的电子标签分拣货物,由后台计算机系统控制的电子标签自动显示货物数量,分拣员只需要按照数量提取货物并按确认按钮就可以完成分拣工作,这是一种具有广泛用途的数字化分拣设备,无论是少量、多品种还是大量、少品种,都可以实现分拣的自动提示和自动记录。

(三)电子标签技术应用

同条形码技术相比,电子标签技术可以极大地降低用来获取产品信息的人工成本,使现代物流供应链许多环节操作实现自动化,对提高现代物流配送中心的工作效率和经济效益具有关键性的作用。电子标签应用中应注意标签之间要有一定的距离，如果电子标签距离太近会导致电子标签之间相互干扰；电子标签在物流转载、贮存等设备中应具有特定的位置，方便电子标签的读取；电子标签要按照跨国运输规则，在不同的国家遵循不同的国际标准；电子标签根据其类型不同应具有与标签类型相匹配的读写器；电子标签使用中应对必要的数据信息进行加密。

电子标签技术的应用有：

（1）基于电子标签技术的快递物流。电子标签技术具有非接触、无须光学可视、无人工干预、易于实现自动化且不易损坏、可识别高速运动物体、可同时识别多个射频卡、操作快捷方便等诸多优点，在飞速发展的现代物流中得到了越来越广泛的应用。

（2）基于电子标签技术的立体仓库。随着科学技术的不断发展，以自动化为基础的立体式仓库货物识别技术受到较多的企业关注，并且此类型的立体仓库系统已经从传统的人工纸质标签识别逐步转变为机器式的电子标签自动识别。目前，应用广泛的自动识别技术主要包含 RFID 无线射频、条形码、二维码、机器视觉图像、磁卡等识别技术。

在仓库选择使用 RFID 电子标签识别技术应当在设计仓库时便做好相应的准备，由于自动化立体仓库建成后使用时间较长，因此 RFID 电子标签识别技术应用前应当掌握自动化立体仓库中对 RFID 电子标签具有影响的各种不同因素。

第三章

智慧化供应链物流管理

第一节 供应链中的物流运输管理

一、运输优化管理

为了避免不合理运输，在物流运输管理过程中需要采取措施来组织合理的运输。

（一）提高运输工具实载率

提高实载率就是充分利用运输工具的额定能力，减少车船空驶和不满载行驶时间，减少浪费，从而得到合理化运输。

（二）减少动力投入，增加运输能力

运输投入主要是能耗和基础设施的建设，在运输设施固定的情况下，尽量减少能源动力投入，从而节约运费，降低运输成本。如在铁路运输中，在机车能力允许的情况下，多加挂车皮；在公路运输中，实行汽车挂车运输，以增加运输能力。

（三）尽量发展直达运输

直达运输是追求运输合理化的重要形式，其核心是通过减少中转次数，提高运输速度，节省装卸费用，降低频繁装卸所造成的货物损失。

（四）配载运输

配载运输一般是指将轻重不同的货物混合配载，在以重货运输为主的情况下，同时搭载一些轻货物，合理利用运力，降低运输成本。这也是提高运输工具实载率的一种有效形式。

（五）"四就"直拨运输

"四就"直拨运输是指就厂直拨，就站直拨，就库直拨和就船过载，可以减少中转运输环节，实现以最少的中转次数完成运输任务的目标。

（六）通过流通加工，实现合理化运输

有不少产品，由于产品本身形态及特性问题，很难实现满载运输。但如果进行适当的加工，就可以解决不能满载运输的问题，从而实现合理化运输。

二、多式联运管理

多式联运是指由两种或两种以上的交通工具相互衔接、转运而共同完成的运输过程。

多式联运根据工作性质的不同，可将全过程分为实际运输过程和全程运输组织业务过程2部分。实际运输过程由参加多式联运的各种运输方式的实际承运人完成，其运输组织工作属于各运输企业内部的技术、业务组织。全程运输组织业务过程由多式联运的组织者——多式联运经营人完成，主要包括全程运输涉及的所有商务性事务和衔接服务性工作的组织实施。

多式联运就其组织方式来说，基本可分为协作式多式联运和衔接式多式联运2大类。

（1）协作式多式联运。协作式多式联运的组织者是在各级政府主管部门的协调下，由参加多式联运的各运输企业和中转港站共同组成的联运办公室（或其他名称），货物的全程运输计划由该机构制订。

（2）衔接式多式联运。衔接式多式联运的全程运输组织业务是由多式联运经营人完成的。这种组织方式下，需要使用多式联运方式运输成批或零星货物的发货人首先应向多式联运经营人提出托运申请，多式联运经营人根据自己的条件考虑是否接受申请。如果多式联运经营人接受申请，则双方订立货物全程运输的多式联运合同，并在合同指定的地点办理货物的交接，由多式联运经营人签发多式联运单据。接受托运后，多式联运经营人首先要选择货物的运输路线，划分运输区段，确定中转、换装地点，选择各区段的实际承运人，确定零星货物集运方案，制订货物全程运输计划，并把计划转发给各中转衔接地点的分支机构或委托的代理人，然后根据计划与第一程、第二程、第 N 程的实际承运人分别订立各区段的运输合同，通过这些实际承运人来完成货物的全程位移。

第二节 供应链中的物流配送管理

在供应链中，原材料和产成品无论是自管库存，还是外包 VMI（供应商管理库存，即寄售），都涉及配送，即根据要求的运输量来安排载运工具和运输路径问题。

从运输方式而言，有铁路、公路、水路、航空和管道 5 种方式。管道多用于液体。铁路、水路、航空多用于长途运输。公路运输是最为灵活的运输，不仅可以进行短、长途运输，也常常是铁路、水路、航空运输在两端的短途运输中不可或缺的部分。前已述及，采用 VMI 管理，外包方一般会在一定客户区域内设置仓库，再从仓库向客户配送，此时仓库就相当于一个配送中心的角色。如采用自营，客户也需要将原材料或产成品批量运输到自己仓库，再根据需要配送到工厂或商店。铁路、水路、航空长途运输一般都有固定的路径，不存在路径选择问题，而供应链运输管理的好坏主要取决于末端卡车配送问题，即货车路径规划问题（VRP），包括所需车辆数的确定和车辆路径的规划，以最短路径、最小成本完成配送任务。所以，运输与配送管理是一个典型的运筹优化问题。

一、车辆路径问题构成要素

车辆路径问题的构成要素主要包括配送中心（仓库）、客户（工厂或商店）、车辆、运输网络（运输路网）、约束条件和目标函数等。

（一）配送中心

配送中心是车辆路径问题中货物的聚集地，车辆从配送中心出发将聚集的货物配送至各客户点，或从各客户点提取货物，聚集起来最终运回配送中心。根据配送中心数量，VRP 可以分为单配送中心问题和多配送中心问题；根据车辆是否返回配送中心，VRP 又可以分为封闭性问题和开放性问题。

（二）客户

客户是车辆的服务对象。客户有许多属性，如需求类型、需求量、收发货时间窗等。

（三）车辆

车辆是对客户提供服务的设备，在配送中心与各客户点间运输，为客户点提供配送货物或提取货物的服务。车辆的属性有车辆类型、车辆容量和最大行驶距离等。根据车辆类型是否单一，VRP 可以分为单车型和多车型。

（四）运输网络

运输网络可以用赋权图表示，赋权图包括节点、弧和弧的权重。节点对应配送中心和客户点；弧对应道路；弧的权重可以为行驶距离、运输时间等。两点间不同方向的弧上的权重可能相同也可能不同，据此可以将 VRP 分为对称性问题和非对称性问题。

（五）约束条件

约束条件是指规划的路径需要满足的条件，常见的约束条件有：车辆的容量限制、车辆最大行驶距离限制、客户的时间窗限制、客户的服务顺序优先级、流平衡约束等。

（六）目标函数

目标函数代表了规划的路径应达到什么样的目标才是我们想要的结果。根据目标函数的数量，VRP 问题可以分为单目标的和多目标的。常见的目标有：最小化车辆数目、最小化车辆行驶距离或行驶时间、最小化运输成本、最大化客户满意度等。

二、车辆路径问题的算法

车辆路径问题作为一个经典的组合优化问题，自其提出以来就吸引了大量学者的关注。车辆路径问题是一个 NP 完全问题（多项式复杂程度的非确定性问题），为了解决该问题，国内外学者陆续提出了很多算法，主要分精确算法与启发式算法 2 类。

（一）精确算法

1. 分支定界法

分支定界法是常被用来解决整数规划问题的精确算法，它先将整数规划问题松弛为一般的线性规划问题，用图解法求得该松弛问题的最优解，此时决策变量的值可能不是整数。再将最优解的各决策变量分别向上取整和向下取整，将可行解集合分为两个子集。最后分别求得两个松弛后的子问题的最优解，记录其目标函数值，如果该值小于现有整数解的目标函数值 z，则取该解的目标值为新的 z；如果该子问题的目标值大于原目标值，则删除该子集。如此不断循环，直至求得问题的最优解。

2. 动态规划法

动态规划法是一种解决多阶段决策问题的方法，主要思想是将问题合理地分成多个阶段，再根据约束条件从最后一个阶段开始优化求解，并逐步向前一阶段推进，直至推进到第一阶段。

3. 网络流法

网络流法将网络中流动的实体比作水流，主要有最大流算法、最小费用流算法、最小割算法等。网络上的每条弧都是有方向的，且弧上的总流量不得超过其容量。此外，对每个节点而言，流入该节点的流量与流出该节点的流量相等，网络流法常用于解决线性规划问题。由于车辆路径问题也涉及车辆、货物的流动，在求解 VRP 的最短路径和最小成本时可以使用该方法。

（二）经典启发式算法

1. 节约法

节约算法的基本思想是首先把 n 个客户点分别与编号为 0 的配送中心相连，构成 n 条路径，每条路径只有 1 个客户点。这 n 条路径可以记为：0—1—0，0—2—0，0—3—0，…，0—n—0。总费用为：

$$z = \sum_{i=1}^{n} c_{0i} + \sum_{i=1}^{n} c_{i0}$$

再计算将点 i 和点 j 连接在一条线路上后费用的节约值：$s(i,j) = c_{0i} + c_{j0} - c_{ji}$。$s(i,j)$ 越大，就说明将点 i 和点 j 连接时总费用节约得越多。其具体步骤如下：

步骤（1）：计算 $s(i,j)$ 的值，并排列成表格。

步骤（2）：选出表格中最大的 $s(i,j)$。

步骤（3）：检验 $s(i,j)$ 对应的点 i 和点 j 是否满足下列条件。

（a）若点 i 和点 j 均不在已构成的路径上，则可连接点 i 和点 j，得路径 0—i—j—0，转到步骤（4）。

（b）若点 i 或点 j 在已构成的路径上，但不是路径的内点（即不与配送中心直接相连），则可连接点 i 和点 j，得路径 0—…—i—j—0 或路径 0—i—j—…—0，转到步骤（4）。

（c）若点 i 和点 j 在已构成的不同路径上，且都不是内点，则可连接，得路径 0—…—i—j—…—0，转到步骤（4）。

（d）若点 i 和点 j 在已构成的相同路径上，则不能再次连接，转到步骤（4）。

步骤（4）：划去表格中的第 i 行和第 j 列，即不能从点 i 连往其他点，也不能从其他点连往点 j。

步骤（5）：在未被划去的元素中选择最大的 $s(i,j)$，重复上述步骤（3）到步骤（4），直至继续加入节点会超过车辆载重或超过车辆最大行驶距离，则不再向该路径中加入节点，而是再构建新的路径。

步骤（6）：直到所有元素都被划去，结束算法。

2. 最邻近法

最邻近法是一种操作很简单的算法，但容易过早收敛，陷入局部优化，所以通常用来构造初始解。算法以配送中心为起点，寻找距配送中心最近的客户为下一个节点，再寻找离第一个客户最近的客户为下一个节点，重复该操作，直至不满足车辆载重约束或最大行驶距离约束时，返回配送中心，形成一条路径。然后对其他没被访问的客户实施同样的操作，直至所有客户都被访问。

3. 扫描法

扫描法先对客户进行聚类，再分别优化车辆服务各组客户的路径。具体的过程可以简化为下列几个步骤。

步骤（1）：以配送中心为原点建立极坐标系，求出各客户的极坐标。

步骤（2）：从原点引一条射线，按角度大小进行扫描，将扫描到的客户依次加入分组，直至不满足车辆载重限制或最大行驶距离限制，将已加入的客户定为一组。

步骤（3）：重复步骤（2），直至所有客户都被分到相应的组。

步骤（4）：分别针对每组客户进行车辆路径优化。

4. 两阶段法

两阶段法将问题分为两个阶段：在第一阶段运用构造式启发式算法算出一个初始解；第二阶段用 2-opt（两元素优化）、3-opt（三元素优化）等方法对边和点进行交换，使解朝着更优的方向进化。

（三）现代启发式算法

1. 禁忌搜索算法

禁忌搜索算法（tabu search，TS）的搜索过程是随机的，该算法在搜索过程中构造一个禁忌表，禁忌表具有记忆功能，禁止解再次移动到被搜索过的状态，避免了解的重复产生。另外，禁忌搜索算法还可以设置特赦规则，用来赦免一些被禁忌的解的状态，这样就保证了种群的多样性，进而实现全局优化。在用禁忌搜索算法来求解车辆路径问题时，由于初始解的质量及邻域的搜索方法将在很大程度上影响最终得到的解，所以对禁忌搜索算法的改进有很多是针对初始解产生方法的改进及对搜索方法的改进。比如基于插入法、扫描法、k 度中心树等构造型启发式算法来构造较优的初始解，再进行优化。另外，多样化的搜索引导策略也有助于产生最优解。

2. 模拟退火算法

模拟退火算法（simulate anneal arithmetic，SAA）来源于固体退火原理，将固体加热至很高的温度，固体内部的粒子呈无序状，能量很高。当温度逐渐降低，粒子能量逐渐减小，其排列也趋于有序。在温度降为常温时，粒子的能量减为最小。模拟退火算法是一种基于概率的算法，在用该算法求解 VRP 时，质量较差的解也有被接受的概率，从而增强了该算法的多样性，这样一来，SAA 所求得的解从理论上讲是全局最优的。

3. 粒子群算法

粒子群算法（particle swarm optimization，PSO）是一种进化计算技术，该算法是从鸟群捕食所反映出的规律性得到的启发。假设一定的区域内零星地分布着食物，鸟群对食物进行随机搜索，它们不知道食物所在的具体位置，但知道食物与自己的距离。假设有一只鸟找到了食物，那么距这只鸟较近的一些鸟会跟随该鸟寻找食物，而另外的鸟会放弃该食物而去找其他的食物。在粒子群算法中，将每只鸟比作一个"粒子"，每个粒子有自己的运动速度和适应度值，这些粒子跟随着目前最优的粒子进行搜索。粒子群算法的初始解是随机的，通过不断迭代来搜索最优解，在迭代过程中，粒子依据两个极值来对自己进行更新，一是依赖自身经验找到的局部最优解，二是依赖群体中其他粒子目前找到的全局最优解。PSO 是一种精确性较高且快速收敛的并行算法。

三、配送问题的优化建模

（一）CVRP 模型

有能力约束的车辆路径调度（CVRP）是车辆路径问题的基本模型。为了方便建模，本章假设不同类型的货物均可以混装，每一个客户点的需求重量都不超过车辆的最大载重量且需求体积不超过车辆容积，即假设该问题是非满载的。CVRP 模型的相关参数及变量定义如下：n 为客户总数；m 为配送中心拥有的车辆总数；$I\{i \mid i=1, 2, \cdots, n\}$ 为客户集合；$I_0\{i=0, 1, 2, \cdots, n\}$ 为所有节点集合，其中 $i=0$ 代表配送中心；$K\{k \mid k=1, 2, \cdots, m\}$ 为车辆集合；Q 为车辆的最大载重量；V 为车辆的最大容积；d_i 为客户点 i 的需求总质量；v_i 为客户点 i 的需求总体积；c_{ij} 为从节点 i 到节点 j 的距离；f_1 为每辆车的启用成本；f_2 为车辆单位距离的运输成本；u_i 为额外变量，用于消除子回路。

$$x_{ijk} = \begin{cases} 1 & \text{当车辆 } k \text{ 从 } i \text{ 驶往 } j \text{ 时} \\ 0 & \text{其他} \end{cases}$$

CVRP 问题的数学模型如下：

$$\min Z = f_1 \sum_{k=1}^{m} \sum_{i=1}^{n} x_{0ik} + f_2 \sum_{k=1}^{m} \sum_{i=0}^{n} \sum_{j=0}^{n} c_{ij} x_{ijk} \tag{3-1}$$

$$\sum_{k=1}^{m} \sum_{i=0}^{n} x_{ijk} = 1, \quad \forall j \in I \tag{3-2}$$

$$\sum_{j=1}^{n} x_{0jk} = \sum_{j=1}^{n} x_{j0k} \leq 1, \quad \forall k \in K \tag{3-3}$$

$$\sum_{i=0}^{n} x_{ijk} - \sum_{i=0}^{n} x_{jik} = 0, \quad \forall j \in I, k \in K \tag{3-4}$$

$$\sum_{i=1}^{n} \left(d_i \sum_{j=0}^{n} x_{ijk} \right) \leq Q, \quad \forall k \in K \tag{3-5}$$

$$\sum_{i=1}^{n}\left(v_i \sum_{j=0}^{n} x_{ijk}\right) \leq V, \quad \forall k \in K \tag{3-6}$$

$$u_i - u_j + (n+1)\sum_{k=1}^{m} x_{ijk} \leq n, \quad \forall 2 \leq i \neq j \leq n+1 \tag{3-7}$$

$$x_{ijk} \in \{0, 1\}, \quad \forall i, j \in I_0, \quad \forall k \in K \tag{3-8}$$

目标函数（3-1）以最小化总成本为目标，总成本包括车辆的启用成本和与运输距离相关的运输成本；约束条件［式（3-2）］指每个客户都被一辆车服务，且只被服务一次；约束条件［式（3-3）］指有些车辆被启用，有些车辆未被启用，被启用的车辆从配送中心出发并最终回到配送中心，未被启用的车辆留在配送中心；约束条件［式（3-4）］是车辆流平衡约束，第 k 辆车要么没有访问客户点 j，要么访问了客户点 j 并从该点离开；约束条件［式（3-5）］是车辆的最大载重量限制；约束条件［式（3-6）］是车辆容积限制；约束条件［式（3-7）］消除子回路。

（二） VRPTW 模型

在 VRPTW（有时间窗车辆路径问题）模型（这里指硬时间窗）中，相对于 CVRP 模型增加了时间窗的限制，所以也增加了部分参数：$[a_i, b_i]$ 为客户 i 的时间窗，即最早服务时间为 a_i，最晚服务时间为 b_i；t_{iak} 为车辆 k 到达客户点 i 的时间；t_{ibk} 为车辆 k 在营业网点 i 开始进行服务的时间；t_{ij} 为车辆从点 i 到点 j 的直接行驶时间；$[p_0, q_0]$ 为配送中心的时间窗；u_i 为额外变量，用于消除子回路。

VRPTW 的数学模型表示如下：

$$\min Z = f_1 \sum_{k=1}^{m}\sum_{i=1}^{n} x_{0ik} + f_2 \sum_{k=1}^{m}\sum_{i=0}^{n}\sum_{j=0}^{n} c_{ij} x_{ijk} \tag{3-9}$$

$$\sum_{k=1}^{m}\sum_{i=0}^{n} x_{ijk} = 1, \quad \forall j \in I \tag{3-10}$$

$$\sum_{j=1}^{n} x_{0jk} = \sum_{j=1}^{n} x_{j0k} \leq 1, \quad \forall k \in K \tag{3-11}$$

$$\sum_{i=0}^{n} x_{ijk} - \sum_{i=0}^{n} x_{jik} = 0, \quad \forall j \in I, k \in K \tag{3-12}$$

$$t_{0bk} = p_0, \quad \forall k \in K \tag{3-13}$$

$$t_{jak} = \sum_{i=0}^{n} x_{ijk}(t_{ibk} + t_{ij}), \quad \forall j \in I, k \in K \tag{3-14}$$

$$t_{ibk} = \sum_{j=0}^{n} x_{ijk} \max(a_i + t_{iak}), \quad \forall j \in I, k \in K \tag{3-15}$$

$$t_{ibk} + t_{ij} - M(1 - x_{ijk}) \leq t_{jbk}, \quad \forall i \in I_0, j \in I, k \in K \tag{3-16}$$

$$t_{ibk} \leq b_i, \quad \forall i \in I, k \in K \tag{3-17}$$

$$t_{ibk} + t_{i0} - M(1 - x_{i0k}) \leq q_0, \quad \forall i \in I, k \in K \tag{3-18}$$

$$\sum_{i=1}^{n} \left(d_i \sum_{j=0}^{n} x_{ijk} \right) \leq Q, \quad \forall k \in K \tag{3-19}$$

$$\sum_{i=1}^{n} \left(v_i \sum_{j=0}^{n} x_{ijk} \right) \leq V, \quad \forall k \in K \tag{3-20}$$

$$u_i - u_j + (n+1) \sum_{k=1}^{m} x_{ijk} \leq n, \quad \forall 2 \leq i \neq j \leq n+1 \tag{3-21}$$

$$x_{ijk} \in \{0, 1\}, \quad \forall i, j \in I_0, \forall k \in K \tag{3-22}$$

本节所提到的带时间窗的车辆路径问题特指带有等待时间的硬时间窗，即车辆的到达时间可以早于营业网点 i 所规定的最早服务时间 a_i，但必须等到 a_i 才能对其进行服务，但晚于规定的最晚服务时间 b_i，则视为无效。该模型在上一节的 CVRP 模型基础上增加了式（3-13）~式（3-18）6 个约束条件，约束条件 [式（3-13）] 表示被启用的车辆全部在 p_0 时刻出发；约束条件 [式（3-14）] 为车辆到达营业网点的时间方程；约束条件 [式（3-15）] 表示车辆服务时间与到达时间及时间窗下界的关系；约束条件 [式（3-16）] 表示车辆早到了可以等待；约束条件 [式（3-17）] 表示车辆不能晚于 b_i 开始服务；约束条件 [式（3-18）] 规定了车辆最终回到配送中心的最晚时间。

（三）VRPSPDTW 模型

VRPSPDTW 指基于遗传优化的带时间窗车辆取送货路径规划问题。

1. 问题描述

快递在配送中心与营业网点间的运输可以描述为 VRPSPDPTW 问题。某快递公司的某个局部运输网络由一个配送中心和 n 个营业网点构成，配送中心和营业网点的地理坐标均已知，每个营业网点同时具有送货需求和取货需求。配送中心停放了 m 辆车，一定数量的车辆从配送中心载货出发，将快递配送至各营业网点，并在卸货结束后将该网点需要寄出的快递装载到车上再离开。假设每个营业网点的需求是不可拆分的，而送货和取货的需求量均不超过车辆载重和容积限制，所以每个营业网点必须且只能被一辆车服务一次。由于每个网点繁忙或者空闲的时间段不同，能接受服务的时间也不同，所以每个网点都有时间窗限制，将第 i 个网点的时间窗记为 $[a_i, b_i]$。车辆必须在该时间窗内对网点进行服务，如果车辆到达时间比 a_i 早，则车辆应等到 a_i 才能服务该网点，如果车辆到达时间比 b_i 晚，则认为是不可行的。配送中心的营业时间是 $[p_0, q_0]$，被启用的车辆均在 p_0 时间从配送中心出发，服务完所有客户后回到配送中心的时间不能晚于 q_0。现在需要合理地安排启用车辆数和各车辆的行驶路径来达到使总成本最小的目标。

2. 参数及变量

参数及变量如下：n 为该配送中心所辐射的营业网点总数；m 为配送中心拥有的车辆总数；$I\{i|i=1, 2, \cdots, n\}$ 为营业网点集合；$I_0\{i=0, 1, 2, \cdots, n\}$ 为所有节点集合，其中 $i=0$ 代表配送中心；$K\{k|k=1, 2, \cdots, m\}$ 为车辆集合；Q 为车辆的最大载重量；V 为车辆的最大容积；d_i 为营业网点 i 的送货需求总质量；p_i 为营业网点 i 的取货需求总质量；v_i 为营业网点 i 的送货需求总体积；s_i 为营业网点 i 的取货需求总体积；c_{ij} 为从节点 i 到节点 j 的距离；f_1 为每辆车的启用成本；f_2 为车辆单位距离的运输成本；$[a_i, b_i]$ 为营业网点 i 的时间窗，即最早服务时间为 a_i，最晚服务时间为 b_i；t_{iak} 为车辆 k 到达营业网点 i 的时间；t_{ibk} 为车辆 k 在营业网点 i 开始进行服务的时间；t_{ij} 为车辆从点 i 到点 j 的直接行驶时间；$[p_0, q_0]$ 为配送中心的营业时间区间；y_{ijk} 为车辆 k 在从网点 i 行驶至网点 j 的路上时，装载的还未配送至网点的快递质量；z_{ijk} 为车辆 k 在从网点 i 行驶至网点 j 的路上时，装载的已从各网点提取的快递质量；g_{ijk} 为车辆 k 在从网点 i 行驶至网点 j 的路上时，装载的还未配送至网点的快递体积；h_{ijk} 为车辆 k 在从网点 i 行驶至网点 j 的路上时，装载的已从各网点提取的快递体积；u_i 为额外变量，用于消除子回路。

$$x_{ijk} = \begin{cases} 1 & \text{当车辆 } k \text{ 从 } i \text{ 驶往 } j \text{ 时} \\ 0 & \text{其他} \end{cases}$$

3. 模型的建立

$$\min Z = f_1 \sum_{k=1}^{m} \sum_{i=1}^{n} x_{0ik} + f_2 \sum_{k=1}^{m} \sum_{i=0}^{n} \sum_{j=0}^{n} c_{ij} x_{ijk} \quad (3-23)$$

$$\sum_{k=1}^{m} \sum_{i=0}^{n} x_{ijk} = 1, \quad \forall j \in I \quad (3-24)$$

$$\sum_{j=1}^{n} x_{0jk} = \sum_{j=1}^{n} x_{j0k} \leq 1, \quad \forall k \in K \quad (3-25)$$

$$\sum_{i=0}^{n} x_{ijk} - \sum_{i=0}^{n} x_{jik} = 0, \quad \forall j \in I, \ k \in K \tag{3-26}$$

$$t_{0bk} = p_0, \quad \forall k \in K \tag{3-27}$$

$$t_{jak} = \sum_{i=0}^{n} x_{ijk}(t_{ibk} + t_{ij}), \quad \forall j \in I, \ k \in K \tag{3-28}$$

$$t_{ibk} = \sum_{j=0}^{n} x_{ijk} \max(a_i, t_{iak}), \quad \forall j \in I, \ k \in K \tag{3-29}$$

$$t_{ibk} + t_{ij} - M(1 - x_{ijk}) \leq t_{jbk}, \quad \forall i \in I_0, \ j \in I, \ k \in K \tag{3-30}$$

$$t_{ibk} \leq b_i, \quad \forall i \in I, \ k \in K \tag{3-31}$$

$$t_{ibk} + t_{i0} - M(1 - x_{i0k}) \leq q_0, \quad \forall i \in I, \ k \in K \tag{3-32}$$

$$\sum_{i=0}^{n} y_{i0k} = 0, \ \sum_{i=0}^{n} z_{0ik} = 0, \quad \forall k \in K \tag{3-33}$$

$$\sum_{i=0}^{n}\sum_{k=1}^{m} y_{ijk} - \sum_{i=0}^{n}\sum_{k=1}^{m} y_{ijk} = d_j, \quad \sum_{i=0}^{n}\sum_{k=1}^{m} z_{ijk} - \sum_{i=0}^{n}\sum_{k=1}^{m} z_{ijk} = p_j \quad \forall j \in I \tag{3-34}$$

$$y_{ijk} + z_{ijk} \leq Q x_{ijk}, \quad \forall j, \ j \in I_0, \ k \in K \tag{3-35}$$

$$\sum_{i=0}^{n} g_{i0k} = 0, \ \sum_{i=0}^{n} h_{0ik} = 0, \quad \forall k \in K \tag{3-36}$$

$$\sum_{i=0}^{n}\sum_{k=1}^{m} g_{ijk} - \sum_{i=0}^{n}\sum_{k=1}^{m} g_{ijk} = v_j, \quad \sum_{i=0}^{n}\sum_{k=1}^{m} h_{ijk} - \sum_{i=0}^{n}\sum_{k=1}^{m} h_{ijk} = s_j \quad \forall j \in I \tag{3-37}$$

$$g_{ijk} + h_{ijk} \leq V x_{ijk}, \quad \forall i, \ j \in I_0, \ k \in K \tag{3-38}$$

$$u_i - u_j + (n+1)\sum_{k=1}^{m} x_{ijk} \leq n, \quad \forall 2 \leq i \neq j \leq n+1 \tag{3-39}$$

$$x_{ijk} \in \{0, 1\}, \ y_{ijk} \geq 0, \ z_{ijk} \geq 0, \quad \forall i, \ j \in I_0, \ \forall k \in K \tag{3-40}$$

式（3-23）表示该模型以最小化总成本为目标，总成本包括车辆的启用成本和与运输距离相关的运输成本；约束条件［式（3-24）］指每个客户都被一辆车服务，且只被服务一次；约束条件［式（3-25）］指有些车辆被启用，有些车辆未被启用，被启用的车辆从配送中心出发并最终回到配送中心，未被启用的车辆留在配送中心；约束条件［式（3-26）］是车辆流平衡约束，第 k 辆车要么没有访问营业网点 j，要么访问了营业网点 j 并从该点离开；约束条件［式（3-27）］表示被启用的车辆全部在 p_0 时刻从配送中心发车；约束条件［式（3-28）~式（3-31）］为营业网点的时间窗约束，表示车辆可以提前到达，但必须等待至 a_i 才能开始服务，开始服务的时间不得早于 a_i，且不得晚于 b_i；约束条件［式（3-32）］是配送中心的时间窗约束，车辆必须在 q_0 时刻前回到配送中心；约束条件［式（3-33）］和约束条件［式（3-36）］表示车辆回到配送中心时车上已无需要配送的货物，从配送中心出发时车上没有从营业网点处提取的货物；约束条件［式（3-34）］和约束条件［式（3-37）］分别为车辆载货量与网点需求的质量关系和体积关系；约束条件［式（3-35）］和约束条件［式（3-38）］分别为车辆最大载重限制和最大容积限制；约束条件［式（3-39）］消除子回路。

（四）改进的 VRPSPDTW 模型

对于上一节中的模型，本章设计了算例进行求解。配送中心共启用了 4 辆车，4 辆车回到配送中心的时间分别为：7.2h、7.8h、6.2h 和 1.8h；4 辆车运输的货物总质量分别为：11.5t、13t、15.5t 和 5t。从这个结果来看，第 4 辆车回到配送中心的时间较早且运送的货物总质量较轻，这就造成了司机的工作时间的不平衡和装卸人员的工作量（为方便起见，所述模型只考虑了货物质量，体积同理）的不平衡。因此，需要对上述模型做一些改进，来平衡工作量。除此之外，本节还将考虑车辆提早到达营业网点、等待时间的影响。

首先，根据上一节中的模型来确定配送中心启用的车辆总数为 m_0。再在上一节模型的参数和变量基础上，增加了下列变量：f_3 为单位等待时间的成本系数；f_4 为司机工作时间偏差的绝对值的成本系数；f_5 为装卸人员装卸货物质量偏差的绝对值的成本系数；l_k 为车辆 k 的司机的总工作时间；w_k 为车辆 k 的运输货物总质量。

目标函数：

$$\min Z = f_1 m_0 + f_2 \sum_{k=1}^{m_0} \sum_{i=0}^{n} \sum_{j=0}^{n} c_{ij} x_{ijk} + f_3 \sum_{i=1}^{n} \sum_{k=1}^{m_0} (t_{ibk} - t_{iak}) \\ + f_4 \sum_{k=1}^{m_0} |\iota_k - \bar{\iota}| + f_5 \sum_{k=1}^{m_0} |w_k - \bar{w}| \tag{3-41}$$

约束条件：

$$\iota_k = \sum_{i=1}^{n} (t_{ibk} + t_{i0k} - p_0) x_{i0k}, \quad k = 1, 2, \cdots, m_0 \tag{3-42}$$

$$\bar{\iota} = \frac{1}{m_0} \sum_{k=1}^{m_0} \iota_k \tag{3-43}$$

$$w_k = \sum_{i=1}^{n} (y_{0ik} + z_{0ik}), \ k = 1, 2, \cdots, m_0 \tag{3-44}$$

$$\bar{w} = \frac{1}{m_0} \sum_{k=1}^{m_0} w_k \tag{3-45}$$

除了将上一节中的约束条件（3-25）改为：

$$\sum_{j=1}^{n} x_{0jk} = \sum_{j=1}^{n} x_{j0k} = 1, \ \forall k = 1, 2, \cdots, m_0 \tag{3-46}$$

其他约束条件与式（3-25）~式（3-39）基本相同。

式（3-41）中除了考虑车辆启用成本和运输成本，还考虑了车辆等待的损失、司机工作时间的平衡以及装卸人员工作量的平衡；式（3-42）表示车辆回到配送中心的时间，即第 k 辆车司机工作时长；式（3-43）为所有司机的平均工作时长；式（3-44）表示第 k 辆车装卸人员需要装卸的货物总质量；式（3-45）为所有装卸人员装卸的货物的平均质量；式（3-46）代表 m_0 辆车被启用。

第三节 供应链中的仓储与库存管理

一、仓储流程管理

仓储操作流程包括到货与接收、货物验收与入库、货物储存保管、分拣包装、验货出库、业务单据、业务费用结算等。

（一）入库作业流程

入库是物品储存的开始，是指接到物品入库通知单后，经过接运提货、装卸搬运、检查验收、办理入库手续等一系列作业环节构成的操作过程。

在现实生活中，由于仓储中心业务的多样性，会产生多种入库方式，包括运输委托入库、仓储委托入库、货运单入库、退货入库及其他入库模式。但不管是哪种入库模式，都符合以下特点：

产品入库都需要入库依据，这些依据就是仓库所有者与使用者签订的仓储合同或者仓库的上级部门下达的入库通知。物品入库前也需要准备工作，包括组织准备和工具准备。完成准备工作后，物品的入库一般要有以下环节：入库准备、物品接运、物品验收、入库交接。

在入库作业流程的 4 个模块中，所涉及的具体设备和人员操作流程在不同的企业仓库管理中会有所不同，下面给出一种入库作业流程以供参考。

1. 摆位与储存流程

货物接收入库后，要将其放入仓库既定的货架进行储存保管，也就是所谓的摆位。摆位过程通常采取 3 种形式，即按收货的顺序摆位、按货品分类摆位和按运输目的地摆位。

（1）按收货的顺序摆位。将所有订单上的货品都按照收货顺序进行堆垛，然后根据包装清单和其他相关文档进行核收。这种方法的优点是可以确保所收货品的种类和数量在向下配送前是准确的，因此能够较为轻松地对货品进行管理，其缺点是需要较大的作业平台，同时增加了货品在月台上的作业时间。

（2）按货品分类摆位。将订单上的货品按照货物类别来进行堆垛。这种方法可以使企业在接收到订单上的所有货品之前将部分摆位作业完成，使用较少的储存空间，减少了将产品送到最终存货点的时间。

（3）按目的地摆位。为了减少产品从收货至送到储存地点的时间，同时降低平台的使用面积，可以将产品从运输车辆上接收后直接送达最终的存货地点。采用这种摆位方式的流程通常比前 2 种方法快，将产品送到最终存货点所需的时间少，但是这种形式需要更加复杂的管理系统，因为毕竟这种方法没有很强的条理性，在运输过程中容易产生混乱。

2. 分拣作业

在分拣作业开始前，应当根据客户服务的有关原则，决定哪些产品有拣选优先权。这些原则要尽量公正、公平，要能在产品分类基础上划分客户的分拣优先等级，保证在执行一个订单前，这个订单上的货品能够都被拣选出来。在这之后要选择一种分拣方法对货物进行分拣，常见的方法有如下 6 种：

（1）单订单分拣。这是分拣方法中最普遍的一种。这种方法采用射频设备拣选流程，一份订单上的货品可以同时被拣选，使得接触商品的机会降到最低。采用这种方法，货品可以一次性被拣选到相应的集装箱中，不需要被再次碰触。

（2）订单整合分拣。该方法与单订单方法相似，但是需要对发往同一目的地的单个订单进行整合。在仓库内，在拣选线路上进行一次操作就能将发往同一个目的地的多个订单一次性完成分拣工作。

（3）批量分拣。批量分拣可以对多个订单同时进行拣选操作，最大限度地利用分拣作业流程。这种方法在拣选完毕后不需要额外的分类处理。在批量分拣的环境中，如果有传送带就会使拣选工作变得更高效。批量分拣时拣选和输送产品的次数可以显著减少，但是这种方法也有明显的缺点，那就是发货准备时间要延长。

（4）集中分拣。该方法是与批量分拣很相似的一种方法。集中分拣也能够在一次拣选过程中实现多订单的处理。使用这种方法时常用手推车作为设备，或是往传送带的纸箱内装货，拣选人员不必搬运分拣出的货品。这些做法能够使分拣出的货品直接送到发货集装箱里，从而提高了拣选货物的生产率。

（5）零件包分拣。当被拣选的货品以零件的形式入库时，零件包分拣法提供了一种在拣选过程中"组装产品"的方法，这将避免对成品进行储存工作，从而降低成本。以这种形式拣选零部件时，某一最终产品的多个零部件包通常被存放在同一个地方。

（6）波段分拣。波段分拣是根据发货路线进行拣选的方法，在所有的分拣区同时分拣，然后按照每个订单再分类。波段分拣是分拣多单品订单的最快的方法（分拣周期短），但分类和集运过程会比较复杂。当库存量单位总量较大、每个订单分拣量比较大的时候，采用波段分拣有明显的优势。波段分拣可以用来按照承运人、线路或分区来分割订单。

3. 包装加工

包装加工是指在仓库内对出库货物进行改包、简易加工。加工的内容一般包括袋装、定量化小包装、配货、分类、混装、拴牌子、贴标签等。更大范围的外延库内加工甚至还包括剪断、打孔、折弯、拉拔、挑扣、组装、改装、配套等。

4. 发货、集运与运输

（1）出库作业流程。不同仓库的出库流程不同，国内一般将核对凭证、备货加工、出货验收作为主要的出库作业流程。

（2）主要出库作业流程说明。出库是指库方接到货主要求提货的指令后，由库房依据出货指令从仓库拣选并装车的一系列操作过程，其中还伴有商务结算、收费、单证交接等业务行为。

（3）出库作业。出库作业包括核对凭证、备货加工以及出货验收。

（二）仓储管理信息系统的选择与实施

毫无疑问仓储管理系统（WMS）的选择是整个仓库管理运作的最重要的一环，如果选对了系统，那么可以省去许多不必要的过程，也能够更有效地管理仓库。

选择实施仓储管理信息系统，通常包括3个阶段：评估与选择、系统设计与安装、系统实施与运行。

1. 如何选择仓储管理信息系统

在选择仓储管理信息系统时，需要考虑以下7个问题。

（1）新系统的性价比怎么样；

（2）是否有能力改变仓库布局；

（3）是否能满足公司客户的要求；

（4）是否能在销售旺季保证新系统投入使用；

（5）是否能方便地与企业现有的资源计划系统进行有效的整合；

（6）是否能实现既定的运作与财务目标；

（7）系统供应商财务状况是否稳定。

同时也应该明确要建立的仓库管理系统的功能需求，一般来说，仓库运营功能需求包括以下20方面：仓库设施布局，包括仓库、分区、面积；特殊流程；ASN（提前发货通知）能力；发货；包装；预约排程；配载管理；收货；堆场管理；越库；劳动管理；库存周转；周期计量；摆位；物理盘存；库位分配；质量保障；补货；查询和报表；分拣。

在设计系统时，确立一个细致的流程框架有助于问题简化，可以确保不会遗漏某个步骤。

2. 设计仓储管理系统流程的关键点

在设计仓储管理系统流程时，遵循以下步骤可以尽量避免关键点的遗漏。

（1）列出仓库活动的所有内容并将其流程化；

（2）分析每项仓库活动并将其执行方法的框架落实到纸面；

（3）对仓库本身进行观察与分析，将纸面上的活动与现实进行逐一落实；

（4）对比现实与理想中的偏差，对现状进行改进或者对计划进行改进；

（5）和工作人员就现状进行交流，告知如何按照要求进行运行方法的更新。

流程图设计完毕，接下来应该定义细节，包括收货、存储、拣货和发货的一系列过程都应细化并逐一分解。在确定细节的过程中我们可以采用工业工程学中的5W1H法（即when，where，who，what，why，how），从6个维度来提出每一个大步骤的具体问题。例如，在收货过程中，可能要考虑以下问题：收货有哪些方式？从外部供应商购买的货物和从集团内部供应商购买的货物接货方式是否相同？不同供应商审计的需要有何差别？开始执行和完成收货作业都需要什么数据？货物是应该按流程入库还是进行越库操作？货物接收后按照什么方法堆垛？需要配置托盘吗？在接受过程中需要提供通知吗？货物损坏怎么办？

在对仓库过程各项作业进行框架的确定以及具体细化后，应确定具体每个过程的作业量以便确定需要的人员数与工时。在这里，应统计每个工作人员的能力，包括每小时处理的订单数、高峰期的作业量等，以便计算平均值。

二、库存管理

库存是企业生产经营活动的重要组成部分。库存在缓解供需矛盾、保证企业均匀生产上发挥着重要的作用。现在有人认为"管理好了库存，就等于管理好了整条供应链"。虽然供应链的成败不仅仅取决于链上库存的管理，但是这个观点却指出了供应链库存管理的重要性。

库存的存在一方面是为了满足企业自身生产或销售的需要，另一方面是为了应对经营过程中的不确定性。对任何企业来讲，就满足生产需要和提高客户服务水平而言，持有大量库存是有利的，但是库存占用了企业大量的流动资金，库存持有成本也严重影响了企业的经济效益。所以，为了在降低库存成本和提高客户服务水平两者之间寻找一个平衡点，库存管理成了企业管理人员和行业学者关注的焦点。

（一）库存管理概述

1. 传统形式下的库存管理

传统形式下，高客户满意度和低库存投资似乎是一对冲突的目标。企业内部各部门之间拥有各自的目标，库存管理部门希望保持最小的库存以降低库存成本，减少企业资金占用；销售部门希望保持多品种大批量的库存以及时满足客户多样化的需求，提高客户服务满意度；采购部门往往希望通过大批量采购获得价格折扣以降低原材料单位成本，而这样的做法无疑会提高库存水平。

物流渠道上的各个企业包括供应商、制造商、分销商、零售商，他们各自为政，都拥有自己的库存和库存管理策略，并且相互封闭。部分企业为了降低库存成本，可能会通过原材料加急订单的形式将库存转嫁给上游企业，或者通过延长交货期降低产成品库存；部分企业为了提高客户服务水平，会保留大量库存以供生产和销售需要。物流渠道上的企业之间信息交流是单级的，完全通过订单的形式传递，最终的结果就是企业必须在提高客户服务水平与降低库存水平之间做出选择。企业之间利益是不一致的，为了争取自己的最大利益，往往会通过各种方式保护自身在交易中的利益，这种不合作的态度会进一步提高物流渠道上的总库存水平，提高各个企业的库存成本，降低企业的客户服务水平。

2. 供应链环境下的库存管理

供应链就是生产与流通过程中所涉及的将产品或服务提供给最终用户的上游与下游企业所形成的网链结构，它将供应商、制造商、分销商、零售商、最终用户连成一个整体，形成一个虚拟组织。供应链上各节点企业就像组织中的各个部门一样，虽然单独运作，但他们拥有共同的目标。供应链环境下的库存管理的目标自然就是在降低供应链库存总成本的同时，提高客户服务水平。

与传统模式下的库存管理不同，供应链环境下的库存管理是在将各节点企业看作一个系统的前提下进行的。企业库存计划的制订和对库存的管理不再是基于自身利益的考虑。供应链上的企业有"共赢"的思想，他们强调相互合作，共享利益，共担风险。信息共享成为供应链库存管理的一个重要特征。企业之间的信息交流不再是单级交流，而且信息形式也不再局限于下游企业的订单，还包括下游企业的库存状态、下游企业的需求预测和库存管理策略等重要信息，这有利于供应商、制造商、分销商等非直接面对最终用户的企业准确把握市场需求趋势，也因为上游企业对下游企业有了一定的了解而消除了一部分不确定性。同时，供应链上各节点企业之间的业务也会相互渗透，库存计划与管理工作不再局限于企业内部，上下游企业也会参与进来。在这个过程中，节点企业的利益可能并不是最优，但是供应链库存管理工作是保证整体最优，并且保证供应链上的每个企业都会受益。

（二）库存计划的制订

库存计划是库存管理工作的一项重要内容，所谓制订库存计划就是对仓库中需要哪些原材料或产品、需要多少、何时安排补货或对生产做出预测与安排。所以，与制订库存计划相关的3项重要内容就是：库存状态、需求信息和补货策略。其中，补货策略是库存计划的核心，而库存状态和需求预测则是库存计划的前提工作。其中，库存状态一般可以通过库存管理信息系统查询到。

1. 需求信息

需求信息是库存策略制订的前提，通常在制订库存计划之前会先根据历史需求信息判断需求规律。按照物料间的关系可以将需求分为独立需求和相关需求；按照各期需求的波动情况可以将需求分为确定性需求和随机性需求。

在库存策略中，需求信息是作为已知条件出现的，因此，在制订库存策略之前企业必须花费大量工作确定某种物料的需求类型。历史需求信息是至关重要的信息，例如，对于各个时期波动不大的需求可以近似认为其属于确定性需求，对于有波动的需求通常情况下会看作需求服从正态分布。企业可以借助于社会科学统计软件包（SPSS）软件，利用统计学相关知识找出历史数据分布规律。

2. 补货计划

科学的补货计划有助于将库存维持在合理水平，在降低库存成本的同时保持较高的客户服务水平，补货计划直接影响库存计划与管理。这里主要介绍3种补货策略：一是传统的经济订货批量（EOQ）及其拓展模型；二是基于安全库存的补货计划；三是基于物料需求计划（MRP）的补货计划。

（1）EOQ及其拓展模型。根据是否允许缺货，备货/生产时间的长短，可分为4个模型。它们都适用于独立性需求的物品。这4个模型都是以平均库存总成本最小为目标的。库存总成本分为3部分：存储成本、订货成本（装配成本）和缺货成本，其中订货成本不包括货物的购买成本。

①不允许缺货，备货时间很短（EOQ模型）。这个模型存在着很多假设：

A. 需求是连续的、均匀的；B. 缺货费用无穷大，即不允许缺货；C. 备货时间很短，订货在同一时间内一次交清；D. 每次订货量不变，订货费不变；E. 单位存储成本不变；F. 供应商有充足的货源，不会买不到产品；G. 企业资金充足，不会因现金不足而影响进货。在上述假设下，企业的库存变化趋势如图 3-1 所示。

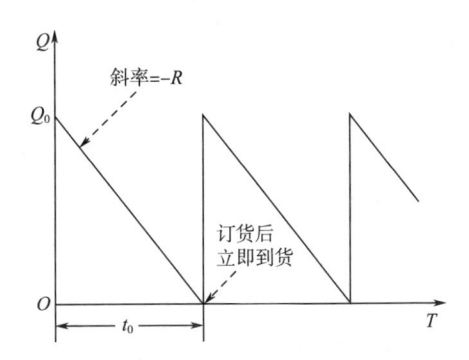

图 3-1 不允许缺货，备货时间很短时的库存变化趋势

那么，在时间 t 内的平均库存量为：

$$\frac{1}{t}\int_0^t (Rt - RT)\, dT = \frac{1}{2}Rt$$

t 时间内的平均存储成本为：

$$\frac{1}{2}C_1 Rt$$

t 时间内的平均总成本为：

$$C(t) = \frac{1}{2}C_1 Rt + \frac{C_3}{t}$$

该模型所用到的参数如下：

t——补货周期，即每隔时间 t 补货一次；

R——需求速度，即单位时间内的需求量（单位可取年、月或日），因需求确定，故 R 为常数；

Q——订货批量，由于不允许缺货，故为了保证总成本最小，需要满足 $Q=Rt$；

C_1——单位存储成本，即单位物品单位时间内的存储费用；

C_3——订货成本，即订购费用中的固定成本，包括手续费、出差费等，不包括产品的购买成本。

基于 EOQ 模型的库存策略是以平均总成本最小为最终目的，所以对 $C(t)$ 两端关于 t 求导，并令导数等于 0，有：

$$\frac{dC(t)}{dt} = \frac{1}{2}C_1 R - \frac{C_3}{t^2} = 0$$

由上式计算得出 $C(t)$ 最小的最佳订货周期：

$$t_0 = \sqrt{\frac{2C_3}{C_1 R}}$$

因此，最佳订货批量由公式 $Q = Rt$ 计算得出：

$$Q_0 = Rt_0 = \sqrt{\frac{2C_3 R}{C_1}}$$

此时，若以时间 t_0 为订货周期，订货量为 Q_0，那么就可以保证平均总成本最小，即：

$$\min C(t) = \sqrt{2C_1 C_3 R}$$

在基于 EOQ 模型的库存计划中，订货周期和订货批量都是相等的，因此它既是定量订货，又是定时订货。现实上订货时间与到货时间往往是有一定的时间间隔的，假如规定这个时间间隔为 L，此时该模型依然是适用的，只是出现了订货点的问题。由于需求稳定均匀，可以取订货点 $s = RL$，此时当库存下降到 s 时发出订货请求。在订货提前期内，库存以速度 R 不断消耗，当库存为 0 时，订货恰好到达，开始新一个订货周期。

②不允许缺货，生产需要一定的时间。除了订货到达时间外，此模型的假设条件基本上与模型①相同。这个模型可以理解为描述某个边产边销的生产企业库存水平变化的趋势，如图 3-2 所示。

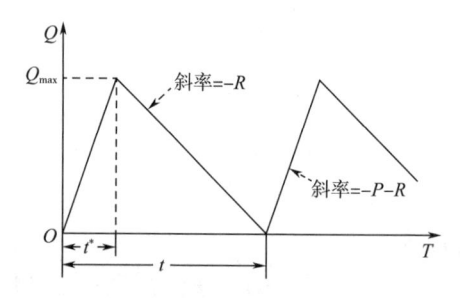

图 3-2 不允许缺货，生产需要一定的时间时的库存变化趋势

$[0, t^*]$ 时间内企业以速度 P 生产某产品，生产时间为 t^*。企业生产的产品不仅满足这段时间内的需求，还使企业库存量以 $P-R$（$P>R$）的速度增长。

$[t^*, t]$ 时间内，企业生产停止，库存量以速度 R 不断减少。到 t 时，库存量为 0，本订货周期结束。

与 EOQ 模型相同的是，在不允许缺货，生产需要一定时间的最优库存计划下，每个订货周期和每次订货批量都是相等的，所以这个模型既属于定时订货，又属于定量订货。

③允许缺货，备货时间很短。设单位缺货成本为 C_2，最初库存量为 S，库存变化趋势如图 3-3 所示。

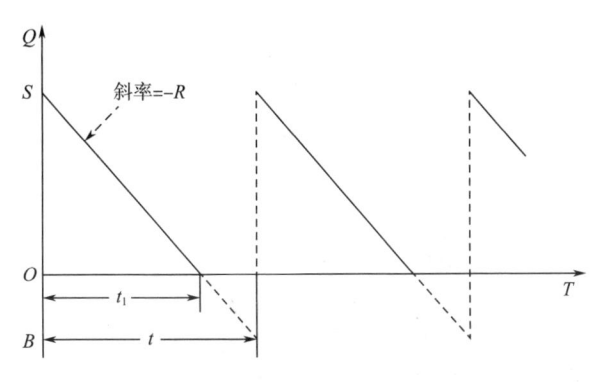

图 3-3 允许缺货，备货时间很短时的库存变化趋势

$[0, t_1]$ 时间内库存量由最初的 S 以速度 R 匀速下降，到 t_1 时刻库存量降低为 0；$[t_1, t]$ 时间内一直处于缺货状态，时刻 t 发出订货申请，且订货立即到达。

对于某些企业来讲，缺货损失比起立即订货支付的存储成本要小，因此即使在 t_1 时刻发生缺货也不立即订货。订货周期为固定的周期 t，因此企业在时刻 t 发出订货申请，订货批量 Q 为 t 时间内的需求量，即 $Q=Rt$，订货立即到达，其中一部分补 $[t_1, t]$ 时刻内的缺货量，另一部分进入仓库存储，入库的量为 S，S 恰好满足 $[0, t_1]$ 内的需求，即 $S=Rt_1$。

订货周期 t 时间内的平均库存量为：

$$\frac{1}{t}\int_0^{t_1}(-RT+Rt_1)\,\mathrm{d}T=\frac{1}{2}Rt_1=\frac{1}{2}S$$

t 时间内的平均缺货量为：

$$\frac{1}{t}\int_{t_1}^{t}(-RT+Rt_1)\,\mathrm{d}T=\frac{1}{2}R(t-t_1)$$

t 时间内的存储费为：

$$\frac{1}{2}C_1St_1=\frac{1}{2}C_1\frac{S^2}{R}$$

t 时间内的缺货费为：

$$\frac{1}{2}C_2 R(t-t_1)^2 = \frac{1}{2}C_2 \frac{(Rt-S)^2}{R}$$

t 时间内的平均总费用为：

$$C(t,S) = \frac{1}{t}\left[\frac{1}{2}C_1 \frac{S^2}{R} + \frac{1}{2}C_2 \frac{(Rt-S)^2}{R} + C_3\right]$$

以上各式中含有两个变量：S 和 t，利用多元函数求极值的方法求 $\min C(t, S)$，分别关于 t 和 S 求偏导数，并令导数等于 0，可得下列方程组：

$$\begin{cases}\dfrac{\partial C}{\partial S} = \dfrac{1}{t}\left[\dfrac{C_1 S}{R} - \dfrac{C_2(Rt-S)}{R}\right] = 0 \\ \dfrac{\partial C}{\partial t} = \dfrac{1}{t^2}\left[\dfrac{C_1 S^2}{2R} + \dfrac{C_2(Rt-S)^2}{2R}\right] + \dfrac{1}{t}[C_2(Rt-S)] = 0\end{cases}$$

由上可解得最佳订货周期和最佳库存水平为：

$$\begin{cases}S_0 = \sqrt{\dfrac{2C_3 R}{C_1}\dfrac{C_2}{(C_1+C_2)}} \\ t_0 = \sqrt{\dfrac{2C_3}{C_1 R}\dfrac{(C_1+C_2)}{C_2}}\end{cases}$$

所以，最佳订货批量为：

$$Q_0 = Rt_0 = \sqrt{\frac{2C_3 R}{C_1}\frac{(C_1+C_2)}{C_2}}$$

最大缺货量为：

$$B = Q_0 - S_0 = \sqrt{\frac{2C_1 C_3 R}{C_2(C_1+C_2)}}$$

最低库存成本为：

$$\min C(t,S) = C(t_0, S_0) = \sqrt{2C_1 C_3 R \frac{C_2}{C_1+C_2}}$$

④允许缺货，生产需要一定时间。这是确定性库存模型中最接近实际情况的一个模型，这种情况下的库存变化趋势如图3-4所示。

图中，$[0, t]$ 为一个完整的周期，其中，$[0, t_1]$ 时间内企业处于缺货状态，库存存储量为 0；$[t_1, t_2]$ 时间内，企业在 t_1 时刻开始生产，生产速度为 P，生产量除了满足需求外，还在不断补足 $[0, t_1]$ 内的缺货；$[t_2, t_3]$ 时间内企业依然在生产，t_2 时刻缺货量为 0，之后企业的库存以 $(P-R)$ 的速度增加，t_3 时刻达到最大库存量 S_0；$[t_3, t]$ 时间内，企业在 t_3 时刻停止生产，这个时间段内企业的库存以速度 R 减少，t 时刻的库存量为 0。

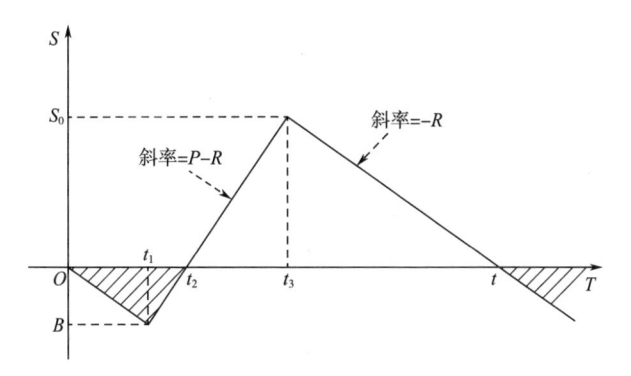

图 3-4　允许缺货，生产需要一定时间时的库存变化趋势

由此可知，最大缺货量为：
$$B = Rt_1 = (P - R)(t_2 - t_1)$$
由上式可以得出 t_1 和 t_2 的关系式：
$$t_1 = \frac{P - R}{P} t_2$$
最大存储量为：
$$S_0 = (P - R)(t_3 - t_2) = R(t - t_3)$$
由上式得出 t_2 和 t_3 的关系式：
$$t_3 = \frac{R}{P} t + \frac{P - R}{P} t_2$$
t 时间内的存储费为：
$$\frac{1}{2} C_1 (P - R)(t_3 - t_2)(t - t_2) = \frac{(P - R) R}{2P} C_1 (t - t_2)^2$$
t 时间内的缺货费为：
$$\frac{1}{2} C_2 R t_1 t_2 = \frac{(P - R) R}{2P} C_2 t_2^2$$
t 时间内的平均总费用为：
$$C(t, t_2) = \frac{1}{t} \left[\frac{(P - R) R}{2P} C_1 (t - t_2)^2 + \frac{(P - R) R}{2P} C_2 t_2^2 + C_3 \right]$$
$$= \frac{(P - R) R}{2P} \left[C_1 t - 2 C_1 t_2 + (C_1 + C_2) \frac{t_2^2}{t} \right] + \frac{C_3}{t}$$

平均总费用 $C(t, t_2)$ 是关于 t 和 t_2 的函数，为了求 $\min C(t, t_2)$，现分别关于 t 和 t_2 求偏导数，并令偏导数等于 0，即：

$$\begin{cases} \dfrac{\partial C}{\partial t} = \dfrac{(P-R)R}{2P}\left[C_1 - (C_1+C_2)\dfrac{t_2^2}{t^2}\right] = 0 \\ \dfrac{\partial C}{\partial t_2} = \dfrac{(P-R)R}{P}\left[-C_1 + (C_1+C_2)\dfrac{t_2}{t}\right] = 0 \end{cases}$$

由上述方程组可得出 t 和 t_2 的关系式：

$$t_2 = \frac{C_1}{C_1+C_2}t$$

将 t 和 t_2 的关系式代入 $C(t, t_2)$ 中，可将该二元函数化为关于 t 的一元函数：

$$C(t) = \frac{(P-R)R}{2P}\frac{C_1 C_2}{C_1+C_2}t + \frac{C_3}{t}$$

对 $C(t)$ 关于 t 求导，并令导函数等于 0，即可得出最佳订货周期：

$$t^* = \sqrt{\frac{2C_3}{C_1 R}}\sqrt{\frac{C_1+C_2}{C_2}}\sqrt{\frac{P}{P-R}}$$

于是，最佳生产批量为：

$$Q^* = Rt^* = \sqrt{\frac{2RC_3}{C_1}}\sqrt{\frac{C_1+C_2}{C_2}}\sqrt{\frac{P}{P-R}}$$

缺货补足时间为：

$$t_2^* = \frac{C_1}{C_1+C_2}t^* = \sqrt{\frac{2C_1 C_3}{R}}\sqrt{\frac{1}{C_2(C_1+C_2)}}\sqrt{\frac{P}{P-R}}$$

开始生产时间为：

$$t_1^* = \frac{P-R}{P}t_2^* = \sqrt{\frac{2C_1 C_3}{R}}\sqrt{\frac{1}{C_2(C_1+C_2)}}\sqrt{\frac{P-R}{P}}$$

生产结束时间为：

$$t_3^* = \frac{R}{P}t + \frac{P-R}{P}t_2^* = \sqrt{\frac{2RC_3}{C_1}}\sqrt{\frac{C_1+C_2}{C_2}}\sqrt{\frac{1}{P(P-R)}}$$
$$+ \sqrt{\frac{2C_1 C_3}{R}}\sqrt{\frac{1}{C_2(C_1+C_2)}}\sqrt{\frac{P-R}{P}}$$

最小平均总费用为：

$$\min C(t) = \frac{2C_3}{t^*}$$

⑤模型分析。通过比较 4 个模型可以发现，模型①、模型②、模型③都可以看作是模型④的特殊情况：

A. 当 $C_2 \to \infty$、$P \to \infty$ 时，$\sqrt{\dfrac{C_1+C_2}{C_2}} \to 1$，$\sqrt{\dfrac{P-R}{P}} \to 1$，模型④即变成模型①。

B. 当 $C_2 \to \infty$、P 为有限常数时，$\sqrt{\dfrac{C_1+C_2}{C_2}} \to 1$，模型④即变成模型②。

C. 当 $P \to \infty$、C_2 为有限常数时，$\sqrt{\dfrac{P-R}{P}} \to 1$，模型④即变成模型③。

因此，就上述 4 个模型比较而言，模型④是最具有普遍意义的模型，在现实中更具有参考价值。

（2）基于安全库存（safety stock，SS）的补货计划。基于 EOQ 模型的补货计划属于定时、定量补货策略，而现实中市场的不确定性使上述理论在实际中基本上不能够实现。基于安全库存的订货方法又称为订货点法。这种订货思想考虑到了市场的不确定性，为了防止缺货的发生会备有一定量的安全库存。该方法贴近现实，实用性比较强。基于安全库存的补货计划在一定程度上借鉴了 EOQ 模型。

基于安全库存制订补货计划分为两个阶段：一是确定企业的安全库存水平和订货点；二是确定订货批量。

①确定安全库存水平和订货点。安全库存的确定是基于提前期和客户需求的，具体可以分为 3 种情况：需求随机，提前期确定；需求确定，提前期随机；需求与提前期均随机。接下来将分别就这 3 种情况分别说明确定安全库存的方法。

A. 需求随机，提前期确定。假设单位时间内产品的市场需求服从均值为 d、标准差为 δ 的正态分布，订货至交货的提前期为 L，各个时期的市场需求相互独立，则根据正态分布的性质有：

提前期内的平均需求 $D = Ld$；

提前期内需求的方差 $\delta_D = \delta\sqrt{L}$。

那么，一定服务水平下的安全库存量可以通过下列公式来计算：

$$SS = z\delta_D = z\delta\sqrt{L}$$

式中：z 为特定服务水平下的安全系数。表 3-1 为常用服务水平所对应的 z 值。

表 3-1 常用的服务水平所对应的 z 值

服务水平/%	z 值	服务水平/%	z 值
80	0.84	97	1.88
90	1.80	98	2.05
95	1.65	99	3.08
96	1.75	100	3.09

B. 需求确定，提前期随机。提前期的不稳定通常是由于供应商的技术水平、设备故障、运输问题等原因造成的。假设提前期服从均值为 L、标准差为 δ_L 的正态分布。市场需求稳定为 d，此时一定客户服务水平下的安全库存量计算公式为：

$$SS = z\delta_D = zd\delta_L$$

C. 需求与提前期均随机。现实的经营过程中，企业面对的往往是提前期和需求均不确定的环境，因此需求与提前期均随机的假设是更符合现实的一种情况。假设单位时间内的需求和提前期均服从正态分布，单位时间需求均值为 d，标准差为 δ；提前期平均值为 L，标准差为 δ_L；提前期内需求均值为 D，标准差为 δ_D；安全库存的计算公式为：

$$SS = z\delta_D = z\sqrt{L\delta^2 + \delta_L^2 d^2}$$

基于安全库存水平的订货方法在确定了安全库存水平之后，就要基于安全库存确定订货点，$E(D_L)$ 表示提前期内需求的期望。一般情况下，订货点 R 的计算公式为：

$$R = SS + E(D_L)$$

②确定订货批量。订货批量的确定一般有两种策略可供选择，一种是固定订货批量，另一种是最大库存量。

A. 固定订货批量。对仓库货物进行盘点，一旦仓库中的货物存量降低到订货点水平时，就发出订货请求。订货批量一般依据 EOQ 模型确定，保证库存总成本最小。另外，根据具体不同情况，也可以利用 EOQ 模型的延伸模型来确定订货批量，增强准确性。这种方法适用于高价值、关键性货物。

B. 最大库存量。与固定订货批量不同，这种策略是依据现有库存而且订货量是可变的。假设规定仓库的最大库存量为 S，发现库存降低到订货点水平 R 时，开始订货。订货后使最大库存保持不变，即为常量 S。若发出订单时库存量为 I，则其订货量即为 $(S-I)$。这种方法适用于低价值、非关键性货物。

（3）ERP 与供应链库存管理。在供应链环境下，基于 MRP 核心思想的库存管理方式在 MRP Ⅱ 的基础上进一步升级，形成了企业资源计划（enterp riseresource planning，ERP）。

ERP 既是一种管理思想，又是一款企业管理信息系统。现阶段市场上有各种各样的 ERP 软件，如 SAP、JDEdwards、BaaN 等。SAP business one（简称SBO）提供的业务功能涵盖财务、销售、采购、库存、收付款管理、客户关系管理、生产装配、成本控制、人力资源管理，让企业达到数据统一和高度共享资源的目的，并避免重复输入资料。

上海思邦信息技术有限公司是国内最先从事 SBO 服务咨询的公司之一，结合公司资料，下面以 SBO 为例，简要陈述 ERP 工作原理。

首先必须明确，SBO 并不是一款通用的软件，而是根据企业的特殊要求定制的。因此，两个都在使用 SBO 的企业，它们的 SBO 也是有所差异的。

通过上述模块具体条目可以发现与库存管理相关的模块包括以下几个：管理、销售-应收账款、库存、物料需求计划等模块。管理模块是整个 SBO 系统的控制中心，SBO 的使用权限以及各个模块的基础设置等均是在这个模块下进行的。管理模块的正确设置是整个 SBO 正常运作的前提。库存模块的基本属性如物料采购方法、订单周期、提前期、盘点周期、缺省评估方法、物料长宽计量单位、质量计量单位、库存周期等均是在这个模块下进行设置的。

库存模块主要针对仓库运作而设，包括对物料的分组编号、收发货、拣选、库存盘点、物料价格等的管理。通过这个模块下的库存状态报表，管理人员可以实时了解库存状态。除此之外，这个模块与管理模块、采购模块等有交叉的环节，具体体现在物料主数据里。

物料需求计划是 SBO 软件的数据加工厂，作为 ERP 的核心，物料需求计划的数据处理结果直接影响着企业的生产和库存管理。这个模块下主要有 3 个子条目，预测、物料需求计划向导和订单建议报表，它对数据的加工处理思想与前面所讲的是一致的。数据源为现有库存，也可以指定预测销售为 MRP 报表的附件数据源。MRP 运算完成后可以产生订单建议报表，企业可以以此为参考指定企业的补货计划。

以上为基于 SBO 的库存管理模块。通过 ERP 系统将复杂的 MRP 运算与能力均衡等工作电算化，省去大量的人工计算工作，为快速且精确地制定库存计划提供了保证。但是这只是 ERP 功能的一小部分。ERP 系统涉及企业业务的方方面面，其核心在于对财务的管理、对销售机会的管理、对业务伙伴和竞争对手的管理、对库存的管理以及对采购的管理等，这些都是 ERP 系统中对供应链管理思想的具体体现。

ERP 承载着先进的管理思想，能为企业带来巨大的便利，但是 ERP 只能做到锦上添花，并不是可以完全依靠其进行管理。因为 ERP 的实施是复杂的，关系到公司组织结构、业务流程乃至管理模式的变革，涉及企业的方方面面。因此，ERP实施之前一定要经过详细的评估。

（三）供应链下的库存管理策略

前述库存计划的制订无论是基于单独企业的库存管理，还是基于供应链的库存管理，都是任何管理策略制定的核心。为了适应供应链管理的要求，更加科学地解决供应链环境下的库存管理问题，必须将以上库存计划各部分予以集成，使它们成为独立却共同运作的系统。目前，已出现了几种新的供应链库存管理方法，包括供应商管理库存（VMI）、联合库存管理（JMI），以及协同计划、预测与补货（CPFR）。

供应链库存管理的理想状态是：在供应链统一的计划下，所有上游企业的产品能够准确、及时地到达下游企业，使上、下游企业可以最大限度地减少库存，从而加快供应链上的物流速度，降低供应链整体库存水平；增强供应链节点企业之间信息共享水平，保持战略伙伴相互之间操作的一贯性，使各企业及时获得终端市场的需求信息。

1. 基于JMI的库存管理策略

联合库存管理（JMI）是一种责任权力平衡和风险共同分担的库存管理模式。它是在VMI基础上发展起来的，体现了战略供应商联盟的新型企业合作关系。JMI借鉴了分销中心的运作模式，通过联合库存管理中心，使得供应链上相邻节点企业在共享信息的基础上，都参与到库存的计划和管理中。一条完整的供应链不只存在一个联合库存管理中心，供应链中的企业至少参与了两个联合库存管理中心的运作管理，市场需求信息沿着供应链节点逐级向上传递。由于相邻两个节点间的信息共享，供应链上各节点企业所获得的需求信息以及所制订的库存计划都是贴近市场需求的，如此一来，这条供应链便形成了以市场中的消费者为中心，供应链各方共同制订库存计划的运作模式。各企业基于共享信息安排自己的生产和销售计划，使得供应链上与库存相关联的各级、各阶段的库存需求贯通一线。JMI的结构模式如图3-5所示。

在图3-5中，供应链相邻两个节点之间都存在着联合库存协调中心。

（1）分销商与制造商之间的产销联合库存协调中心。产销联合库存协调中心主要解决的是产品的供应计划和分销计划。分销商直接与客户接触，了解市场需求信息，通过产销联合库存协调中心，制造商与分销商实现信息共享。制造商通过分销商了解到供应链终端的需求信息，基于供应链的协调共同做出需求预测，再根据生产商的资源限制、分销商的库存信息和需求预测共同制订出产品供应计划和产品分配方案。产成品直接存储在联合库存协调中心，分销商也可以直接到仓库提取相应的货物。

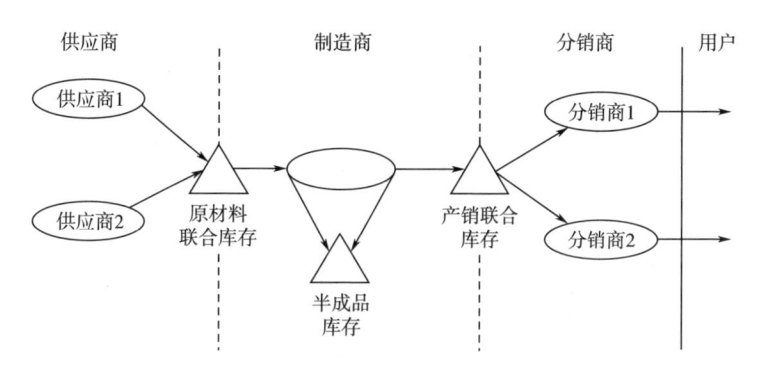

图 3-5 JMI 的结构模式

（2）供应商与制造商之间的原材料联合库存协调中心。在原材料联合库存协调中心中，制造商根据与分销商一起制定的供应计划和供应商的供应能力等信息与供应商一起制订需求计划、补货计划和配送计划。此时，制造商还充当了信息传递的媒介，即通过制造商，市场需求信息逐步转化为针对每个企业的具体原材料需求信息。这些原材料需求信息与市场需求预测基本上是一致的。另外，制造商对应着多家供应商，供应商提供各种各样的原材料，因此，为了便于协调中心的管理，协调中心的任务还包括建立一套标准的订单处理流程，设置一套标准的库存控制参数，使得供应商与制造商之间的订货—补货流程标准化。供应商直接将原材料运至库存协调中心，协调中心可以根据制造商的制造需求将原材料比例配好之后及时送至制造商。

在 JMI 模式下，供应商与制造商、制造商与分销商通过库存协调中心共同管理库存，体现了一种"共赢"的合作关系。JMI 强调供应链相邻两个节点企业共同制订库存计划，保持供应链上相邻两个节点企业之间对需求的预测一致，从而使整个供应链上的需求预测都贴近于对市场需求的预测。企业的经营活动均围绕着最终消费者展开，有效防止了需求预测沿供应链逆流放大的现象（即牛鞭效应）。同时，由于相邻节点间的信息共享，彼此对需求和能力有了明确的认识，有利于实现企业追求的准时采购，降低供应链的平均库存水平，提高库存周转率，降低采购成本。JMI 很好地体现了供应链一体化的集成思想，企业间的相互信任与合作提高了供应链的竞争水平。这种模式更适合在制造商与零售商之间实施。

有部分学者假设需求预测方法为指数平滑法，他们利用数学的方法证明了以下 3 个引理：

①制造商（供应商）需求预测误差的波动>零售商（分销商）需求预测的波动。

②制造商（供应商）订货批量的波动＞零售商（分销商）订货批量的波动＞顾客实际需求的波动。

③信息有效共享后，供应商能有效地降低需求预测的波动和库存水平。因此，联合库存管理是实现供应链节点企业信息共享，提高需求预测、订货计划准确性，降低供应链库存成本的有效手段。为了有效实施JMI，供应链上的企业必须做好如下的准备：一是建立共同合作目标。二是建立清晰且有效的责任与风险分摊机制。三是建立有效的沟通机制。四是建立利益分配、激励机制。

只有在目标明确，权利与责任清晰，风险与利润对等的条件下企业才会愿意投身JMI的建设。

基于JMI的库存管理方法虽然对增强需求预测准确性和降低库存水平有明显的效果，但是JMI在实施过程中会遇到一些比较麻烦的细节问题。例如，联合库存协调中心由谁来建？联合库存管理中心由供应链相邻节点企业共同使用，因此由某家单位单独建设显然是不合理的，自然就会有人想到由节点企业共同出资建设。但这又会面临另一个问题：各企业的出资比例以及协调中心建成后库内商品的所有权归属。为了避免上述问题，最简单的方法就是将业务外包给第三方物流企业，企业之间以信息的形式沟通和协调，实体物资由第三方负责管理，如此便可以避免自建联合库存协调中心的成本分摊和所有权归属等问题，同时还可以利用第三方物流企业的专业库存管理能力和配送能力，企业自身则可以将更多精力放在自己的核心业务上。

2. 基于CPFR的库存计划与管理

协同计划、预测和补货（CPFR）是在VMI和JMI的基础上发展起来的，它保留了VMI和JMI的先进理念和管理方法，也克服了其缺乏系统集成的缺点。CPFR适用于所有行业，覆盖整个供应链合作过程。

1998年自愿行业间标准（VICS）发布了CPFR业务模型。VICS所设计的CPFR模型比较具有代表性，很多打算实施CPFR的企业都会参考这个模型。它将业务活动分为计划、预测和补给3个阶段，包括9个主要流程。其中，第一阶段计划包括第①②步，第二阶段预测包括第③~⑧步，第三阶段补给包括第⑨步。实践中，这个模型也为许多公司创造了更高利润。

第①步，确定前端协议。供应链贸易伙伴要确立共同的目标，承诺长期信息共享，建立协同性经营战略，确立明确的纠纷处理机制、异常处理机制和绩效评价机制。

第②步，创建协同商务计划。供应链合作伙伴之间要交换战略和业务计划信息，发展协同商务计划，以减少经营活动中异常情况的发生。包括定义企业间贸易商品的品类、品牌、分类、关键品种、设置销售目标、理想订单满足率、定价、库存水平、安全库存等。此外，为了实现共同的目标，还需要双方协同制订促销计划、库存政策变化计划、产品导入和终止计划以及仓储分类计划等。

第③步，销售报告预测。利用零售商的 POS 数据、因果关系信息、已计划事件（如促销）信息创建销售报告预测。

第④步，鉴别销售异常。识别出在销售预测约束之外的项目，一般情况下为与实际需求相比偏差超过了一定阈值的预测，这些异常内容的例外准则可在第①步中寻求。

第⑤步，协商解决异常。通过共享信息或 E-mail、电话、交谈、会议等交流手段解决销售异常内容，修正销售预测，并将修正结果反馈给第③步的销售报告预测。

第⑥步，订单预测报告。根据销售预测信息、因果关系信息和库存信息（实际库存、未执行订单、在途库存等）可以预测出可能获得的实际订单。订单预测周期内的短期部分用于产生订单，在预测周期外的长期部分用于计划。

第⑦步，鉴别预测异常。根据销售商和生产商的预测数据识别出不符合订单预测的异常内容，如生产能力不足、物流不畅等，其例外准则也可以在第①步中寻求。

第⑧步，协商解决异常。根据销售商和制造商决策数据判断该异常能否被接受。如果不能接受，则可以依照第⑤步的方法予以协商修正，并将结果反馈给第⑥步修改订单预测报告。

第⑨步，生产计划生成。预测订单转换成固定订单。订单确认由制造商完成。确认后的短期预测周期内的短期部分生成本期的生产计划并进行生产，预测周期外的长期部分返回订单预测报告，进入下一个周期的循环。

以上即为 CPFR 的实施指导框架，企业可以基于上述模型发展出适合自己的 CPFR 框架。

第四节 供应链创新管理

一、3D 打印对供应链和物流行业的影响

3D 打印又称增材制造，是一项重大的技术创新，对物流和供应链行业具有重要影响。本章将介绍该技术的发展、现实应用及前景。

（一）什么是 3D 打印

3D 打印原本是作为一种自动制造产品原型的方法发展起来的。尽管存在一

些与之有竞争关系的技术，但它们的工作原理都是使用计算机辅助设计（CAD）构建材料层（塑料、陶瓷或金属粉末）。因此，它被称为"加法"制造技术——逐层打印，直至最终制造出一个3D产品。

使用3D打印制造产品原型看起来很理想。传统的"减法"制造技术（即去除材料）需要更长的时间才能做出产品原型，而且成本高昂。机械零件、鞋子、时装及配件和其他消费品都可以打印出来供设计师或工程师审核，修改后也同样容易打印出来。在寻求规模经济的前提下，大规模生产是可行的；但对一次性生产和产品原型来说，大规模生产不够经济。

3D打印还有其他好处：产品更轻但同样耐用，生产中的浪费更少。相比之下，传统的"减法"制造技术在材料的使用上效率很低。

对许多行业来说，3D打印的应用已经很普遍了，尽管仅限于制造过程中的特定环节。与传统的"减法"制造技术相比较，它有许多优点：产品原型迭代速度更快。交货时间较短。消除了制造工具和模具。在不影响强度的情况下降低了部件重量（即轻量化）。减少了必需的零件数量。减少了材料损耗。更换零件变得更加方便快捷。优化了CAD。实现了零件定制。延迟了生产时间。通过减少外包降低了供应链风险。消除了牛鞭效应及半成品的安全库存问题。

根据咨询公司德勤（Deloitte）在2018年发布的一份报告，3D打印将广泛地应用于汽车快速设计原型打印、航空航天和国防零部件打印。报告中还预测，这个市场的规模将从2016年的130亿美元增长到2021年的360亿美元。

每个产品可以单独生产意味着3D打印是大规模定制生产的理想选择。从理论上讲，消费者将对他们所购买的产品的形式拥有更大的发言权，并能按照他们要求的规格进行生产。

到目前为止，传统制造业必须进行大规模生产，才能在行业中占据一席之地。但是，未来我们将看到，随着3D打印变得价格更便宜、速度更快，这种情况很可能会改变。

打印材料的种类也在不断扩展，包括：塑料、尼龙、石墨、陶瓷、用于玻璃填充的聚酰胺、环氧树脂、聚碳酸酯、银、钛、钢、蜡。

3D打印涉及的技术有很多种，其中选择性激光熔炼（SLM）和直接金属激光烧结（DMLS）使用频率很高。这两种技术都使用激光将金属粉末熔在一起，一层一层地形成部件，但后者可以使用几种材料的粉末形成合金。

（二）应用3D打印所面临的挑战

尽管这项技术已经存在了一段时间，但投入实际应用的速度比最初设想的要慢，以下因素确实阻碍了整个行业的发展：大型制造商的惯性。安于现状，不愿改变。惧怕失败。监管负担。缺乏可用的人才。不愿承担风险。打印零件的时间。单件成本。原材料不够标准化。质量保证、可靠性和责任追溯。仿冒风险。知识产权问题。

只有解决了这些问题，消除了相关的担忧，这项技术才能得到更广泛的应用。上述许多问题都与企业运营有关。与国际货物运输相关的是海关。目前，海关对进口货物征收关税，并严防假冒伪劣货物进出口。

一是从税收的角度考虑，如果产品是通过 3D 打印在当地生产的，关税就会随着国际货运量的下降而减少，进而造成财政收入减少。举例来说，一项设计源自境外，下载该设计要征收关税似乎不太可能，因为在云计算的世界中，数字资料馆可以在任何地方。

二是如果企业（和个人）生产的产品低于监管标准（例如，由不合格材料制成的电气设备）且没有可跟踪性，有关部门将如何应对这种风险？

因目前 3D 打印生产的零部件数量少，生产这些产品的主要制造商受到相关部门监管，避免了以上问题的发生。但是，在技术民主化的趋势下，未来如何发展仍未可知。

（三）为什么 3D 打印将颠覆供应链

一份关于 3D 打印的白皮书称，3D 打印技术有可能成为自 20 世纪初美国引入装配线以来，对全球产业影响最大的颠覆性技术。

白皮书中指出：目前正在开发的新技术可能会使生产方式发生革命性的变化，使很大一部分制造工作实现自动化，无须依赖昂贵的劳动力，从而导致全球化趋势逆转。过去几十年来，全球化塑造了产业和消费的面貌，而其基础就是运输成本与劳动力成本之间的平衡。

尽管 3D 打印投入实际应用的速度比最初设想的要慢，但这一论断仍然成立。许多人认为单件产品成本较高是该技术投入实际应用速度缓慢的主要原因，但 3D 打印机及其使用的材料的降价将解决这个问题，而且 3D 打印的速度会随着技术的发展而不断提高。

考虑到 3D 打印将使供应链端释放出巨大的价值，相信这些挑战会被逐渐克服。一项调查表明，在汽车业，等待库存到货的时间占整体装配时间的 92%；而且，仅在美国，零部件的运输总量就达到了 729 亿吨公里。

在比较传统制造技术与 3D 打印时，这些隐性成本很少被考虑在内。今天，在精益供应链的术语中，运输被视为一种"必要的浪费"，这种情况很可能在未来几年内转变，运输将被视为"不必要的浪费"。

3D 打印意味着供应链中的中间产品被用于制造打印材料的原材料取代了。上游和下游多层次的库存将被消除，库存在两地之间的运输也将随之消失。取而代之的是更简单的供应链,只需要批量储存和运输打印材料。

这个方面的一个例子是石墨材料。由于其具有优越的导电性能,该材料目前被应用于电子行业的 3D 打印。这种材料主要产自坦桑尼亚的一个矿山,在那里可以提取出非常纯净的原材料。相关的澳大利亚矿业公司已经与一家专业 3D 打印公司合作,将石墨烯应用其中。这种材料一旦得到大规模应用,将使目前传统供应链中的各层级供应商消失,因为矿物资源公司可以向供应打印材料的加工公司供应这种材料,而加工公司供应的打印材料将直接用于生产零部件或最终产品。下一节将重点介绍这对供应链的影响。

(四)供应链转型

为了说明可能发生的供应链转型,我们从分析当前的供应链结构着手,研究一些具体场景。

在图 3-6 所示的简化供应链中,我们可以看到,在上游存在着相互连接的多层供应商,形成了复杂的网格结构。虽然图 3-6 展示了两层供应商,但是有许多供应链包含了五层以上的网格关系。它们彼此供应产品,并由原始设备制造商(OEM)或合同制造商完成最终的组装。这导致了区域内高密集度的运输需求(尤其是在亚洲),这些需求是由诸多航空货运、航运、道路货运公司和货运代理满足的。最终产品被运送到北美洲或欧洲的港口,然后被转运到内陆,在完成最后"一公里"交付之前被储存并配送到不同的仓库。

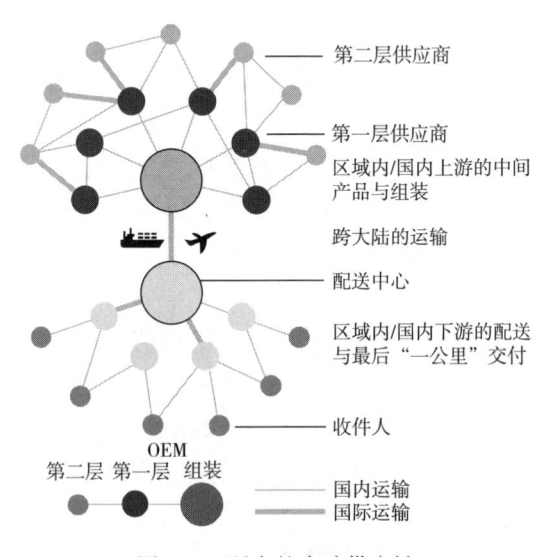

图 3-6 既有的全球供应链

随着 3D 打印工厂的出现,许多既有的半成品供应商将会变得多余,这可以被认为是3D打印得到大规模应用的第一阶段。总装厂也采用了这种技术,消除了部分劳动力需求。货物被运到发达国家的港口,以半成品的形式储存在配送中心,只要对它们进行进一步定制即可满足当地市场的需求。配送中心的3D打印机将承担定制工作。然后,这些货物通过物流网络及本地的配送中心被运送给最终收件人。本地的配送中心还兼作3D打印机的备件厂,利用它们更接近客户和服务工程师的优势来满足严格的服务水平协议。

在第二个阶段,全球化的制造商将利用这种技术制造产品,而且不需要大量的劳动力。因此,亚洲失去了生产中心的竞争优势。原材料直接从非洲、拉丁美洲、亚洲部分地区和澳洲的采矿地区运往北美洲和欧洲的3D打印工厂。

显然,这些场景会有许多变体,图3-7中的场景展示了一种可能的结构。

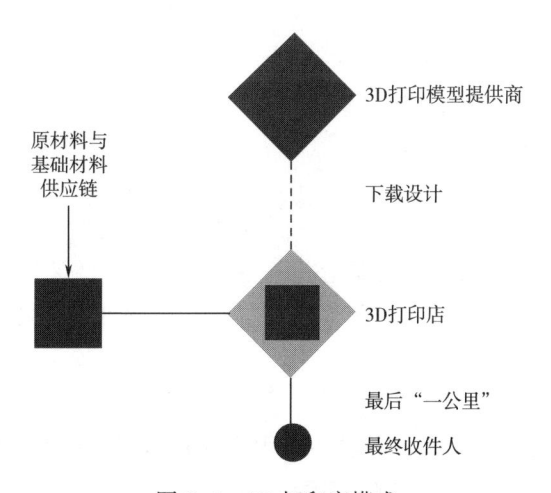

图3-7 3D打印店模式

在本例中,客户需要通过3D打印店或类似的设施从某个数据库(通用的或定制的)下载设计,然后进行制造。最后,成品被发送给客户或者下游厂商。与之前描述3D打印对企业结构影响的模型相比,这个体系看起来更简单。

(五)各行业采用3D打印的情况

1. 汽车

目前,3D打印被用于概念建模和原型制造,还有一些零件或小批量替换零件的打印。

未来,这项技术将得到扩展,系统可以长时间运行,并使用创新的材料和全新设计制造出更轻的组件,充分发挥3D打印机的潜力,而不局限于对既有部件的复制。例如,传统技术无法完成计算机辅助蜂窝和格子设计等内容,但可以兼顾产品的重量与强度。

2. 发动机

现在人们已经开发出了可以打印整个发动机的大型 3D 打印机。这款打印机由德国的 RoushIndustries 公司开发，目标客户是发动机设计公司而不是制造公司。然而，该公司管理层认为，这项技术很快就会发展到足以制造发动机的程度，而且其速度也可以满足需求。质量和尺寸问题都不再是制约发展的因素。当然，如果电动汽车取代了既有的内燃机汽车，就不需要打印发动机了。

3. 零部件生产

如前文所述，许多汽车制造商正在测试 3D 打印零件的可行性。它已成为"古董车"零件的来源之一，这类车的零件流转速度极慢，因此进货和储存成本都相当高。制造商是先建立零件数字资料馆，然后客户根据需要打印这些零件。3D 打印机仍处于中心位置，因此零件的质量是有保障的。不过，未来车库里或经销商处的 3D 打印机将能够打印零件，彻底消除运输需求。

积极参与零件 3D 打印试验的制造商包括：雷诺、奥迪、劳斯莱斯、卡特彼勒、保时捷（经典款汽车）、戴姆勒卡车北美公司（试点项目）。

4. 轮胎

米其林等轮胎制造商正在规划新一代轮胎，这种轮胎将充分发挥 3D 打印的潜力，利用复杂的仿生设计进行制造并使用可回收材料。该公司表示，未来的轮胎将是实心、可回收的，具有防刺、坚固等特点。此外，还可以通过 3D 打印来翻新轮胎。

5. 航空航天

3D 打印为零件生产带来了新动力，因为 3D 打印零件重量轻，而在航空航天工业中，飞行器的重量极为关键。波音公司自 2003 年开始使用 3D 打印零件，最初应用于防空领域。美国国防部对此很感兴趣，因为这种技术有可能实现在战场上快速打印零件。目前，波音公司有 5 万个 3D 打印零件应用在各种飞机上。该公司目前正在为 787 梦想飞机引入钛制零件，不过这需要得到美国联邦航空管理局（FAA）的批准。

通用电气计划为其 LEAP 喷气发动机打印喷油器，而不是仅打印备用零件。该公司曾计划到 2020 年每年打印 3.5 个零件，这将使 3D 打印的应用提升到一个更高的水平。其主要好处之一是降低了复杂性。3D 打印涡轮螺旋桨发动机将所需零部件的数量从 855 个减少到了 12 个，这将对航空航天供应链产生巨大的影响。

6. 建筑

在建筑业中出现的许多创新都集中在设计、工程和运营方面，而不是建造和材料装配方面。3D 打印对建筑业也有重要意义，尤其是在劳动力短缺日益加剧及该行业普遍存在巨大浪费的情况下。

专门生产高级建筑产品的中国公司荣诚（Winsun）在2014年打印了10套完整的房屋，并在迪拜打印了一栋办公楼。

从那以后，其他公司也进入了这个市场，它们经常与初创企业合作，如混凝土制造商Lafarge Holcim和Xtree E。

在建筑供应链方面，3D打印可以减少：零件数量、复杂性、将材料运输到建筑工地的次数和退还误订或损坏货物的次数。

然而，尽管该技术具有可行性，但它仍然是非常昂贵的，这阻碍了它的应用。

7. 电子产品

咨询公司EY认为，电子行业可能被3D打印颠覆，至少在原型制造上是这样的。例如，印刷电路板的开发和测试工作可能需要8~40天，而且常常需要外包。考虑到外包供应商（多数位于亚洲）的最低生产批量要求，这仍然是一个成本高昂且耗时的过程。3D打印可以在内部完成，因为没有最低生产批量要求，所以几乎没有浪费。

（六）物流行业的未来

如果传统的分层制造和备用零件网络消失，3D打印最终将成为快递和物流公司的一大威胁。尽管这不太可能很快发生，而且可能拖慢了经济增长的速度，但这完全是有可能发生的。更有可能发生的情况是，这项技术将使供应网络发生巨变。

1. 场景1（最有可能）

3D打印被广泛应用于汽车、航空航天、医疗技术、电子产品等高科技领域的零件生产。

（1）装配过程中所需零件数量的减少让供应链的复杂程度大大降低。这意味着在所有的供应链层级上，库存和储存需求都会减少。

（2）专注于零部件组装的制造企业（主要在中国）大举投资3D打印技术，以获取更高的附加值。亚洲位于供应链最上游的一级供应商将承受较大损失，亚洲内部中间产品的贸易量将减少。

（3）全球化的制造商不再需要大量的劳动力，它们可以在任何地方建立工厂。具备相应能力的制造商可以将生产移回国内。

尽管3D打印在理论上能帮助制造商把生产基地设在更接近终端市场的地方，不再依赖低劳动力成本获得更大收益。但事实上，一代又一代的制造技术最终都迁移到了中国，在欧洲或北美洲可能恢复制造业。因此，3D打印对物流行业的影响可能包括：亚洲内部的航运业和货运代理业将受到不利影响；全球最终产品的运输市场可能不会受到影响,主要产地仍是中国,日本则可能是另一个受益者;如果发生"回岸",发达国家的国内货物运输市场可能会受益;当然,全球备用零件库存将会减少,因为备用零件将按需打印;最后"一公里"交付仍有可能由快递公司来完成(从具有工业打印能力的前端站点交付到用户手中)。

2. 场景2(不太可能)

不太可能出现的情况是,制造业将消费化。换言之,3D打印让个人可以在自己家里打印产品。虽然这对3D打印爱好者来说确实是可能的,但生产大多数产品所需的工业3D打印机不太可能是普通家庭负担得起的。

不过,如果3D打印能够进入家庭,将会产生下列影响:产品在整条供应链中的运输将不再重要;产品运输将被打印材料的运输所取代;来自非洲和拉丁美洲等主要发展中地区的原材料将被提炼成打印材料;最终的运输(国内或国际)将取决于这些原材料提炼厂的位置;需要大型仓库来储存这些打印材料。

(七)物流公司的投资

因为意识到了3D打印的未来对物流业的威胁,或者只是希望抓住能为业务增加价值的短期机会,物流公司正大举投资这项技术。

1. 联合包裹

2016年,联合包裹推出了3D打印制造网络。该公司与SAP合作,利用美国60家联合包裹门店以及路易斯维尔的一家3D打印工厂推出了3D打印服务,以满足其所认为的人们对制造即服务(mobility as a service,MaaS)的需求。客户将集中下单,零件在最佳地点被打印出来。

2. 联邦快递

联邦快递紧随联合包裹的脚步,于2018年推出了联邦快递前沿仓库,这是一个负责关键库存和3D打印的业务部门。不过,其产品仍处于早期开发阶段。

3. 全球国际货运代理有限公司

全球国际货运代理有限公司(DB Schenker)的客户现在可以通过其门户网站eSchenker上传3D模板,选择材料和颜色,咨询价格,下单并收到最终产品。

目前,客户可以打印用不锈钢制成的医疗设备、用塑料制成的机器人抓取手指及定制的包装材料。

全球国际货运代理有限公司通过其数据平台管理3D打印和交付业务。该公司没有自己的打印机,而是组建了由初创企业和老牌企业组成的合作伙伴网络,使用了数字化的商业模式。

二、机器人与自动化的潜在颠覆力量

(一)机器人的崛起

1. 机器人的优势

仓库自动化的步伐正在加快。机器人已经存在了一段时间,但需求端和供应端的各种发展新趋势正在推动机器人获得更广泛的应用。最重要的是,电子商务使许多零售商采取了全渠道和多渠道销售策略,这使得供应链中产品数量的特征由集中且可预测的转变为分散且不确定的。与此同时,许多新企业出现了,它们开发了为线上零售客户定制的新型配送中心,向既有市场参与者发起了挑战。

另一个推动因素是劳动力成本上升及劳动力短缺。自动化是提高仓库效率的良策,它减少了仓储对人力的需求,提供了更多的灵活性,通过模块化的系统实现动态扩展,而且能够适应业务旺季和淡季的不同需求。

除了劳动力成本外,自动化还降低了地租成本,在没有人员的环境中通道可以变得更窄(或完全没有通道),从而使储存密度变得更高。

更重要的是,机器人正变得越来越强大,而价格却在下降,这使得小客户也可以承担得起。一些供应商正在开发针对机器人的 SaaS(软件运营服务)解决方案,这些解决方案采用按次收费的收费方式,帮助客户免去了一大笔资本支出。

在仓储这类劳动密集型行业推行自动化将会对很多方面产生深远的影响。当然,这些都发生在宏观层面,对就业造成的冲击会直接影响当局的政策制定。物流服务提供商的收入主要源于管理及提供劳动力,它们会受到极大的冲击。

2. 机器人的类型

整个自动化领域(包括传送带和叉车等物料搬运设备)取得了长足的发展,但机器人带来的影响力可能是具有革命性的。有几类机器人已投入使用。

(1)物料运输机器人。AMR 是指在仓库环境中移动物料的机器人。它们与人类和叉车一起工作,使用预先编制的仓库地图。它们利用激光和摄像头等传感器与环境进行互动。其平均成本在 3 万美元。

AGV 是指另一种物料运输机器人,它们使用电线、磁条或传感器开展作业,但仅限于特定路线,适用于大量和要求一致的重复性运输工作。其不灵活且无法跨越障碍。

虽然 AGV 已经存在了很长时间,但 AMR 很可能会成为未来的主流物料运输机器人,因为它们具有更高的灵活性,不需要专门的基础设施就可以工作,而且总体成本更低。

混合系统会使用自动驾驶推车，它们可以领着工人在仓库内移动，并告诉它们哪里需要补充库存，什么时候在运输工具上装什么货物。该系统的优点是仓库本身不需要很多的投资，机器人的成本较低。

（2）协作机器人。协作机器人是用来辅助工人作业的，通常部署在存在大量重复性工作的地方。它们被工人"训练"之后可以承担某项任务，不需要进一步的干预（除了维护）。协作机器人与通用机器人的区别在于，前者可以再培训，而后者的灵活性较差，除非重新编程（一个更复杂的过程），否则只能完成单一任务。协作机器人通常用于包装环节（如打包、密封和装箱）或拣选与放置环节。

（3）自动拣选机器人。机器人拣选技术依赖于机器人抓取精度和活动的手臂的发展。许多公司的最终目标是完全消除人工拣选。日立公司（Hitachi）开发的双臂机器人可以通过摄像头识别多种物品，工作速度比它的上一代更快。

（二）物流行业中的机器人

虽然大多数机器人都可以归入上述类别，但它们的使用方式却有很大的不同。亚马逊使用机器人将拣选面送到工人面前，这样工人就不用沿着通道走到正确的拣选位置了。目前，亚马逊分布在全球的 25 个物流中心已经有 8 万台机器人在作业。

这样的自动化使亚马逊能够以比人工低得多的成本达到行业领先的服务水平。据估计，它的拣选速度比手动系统快 2~3 倍。亚马逊表示，完成拣选所需的平均时间已从 90min 缩短至 15min。在美国，这使得它可以将隔天送达服务的最晚订购时间从下午 3 点推迟到午夜，从而实现了这项业务的惊人增长。

这一方案目前仍然需要人工参与：不仅需要拣选人员，还需要卸货、拆箱和把物品放到货架上的工人。然后，这些架子被机器人运送到一个无人区域，等待另一个机器人来收集。2018 年，亚马逊的员工数量增加了 13%，增至 61.3 万人。

还有许多其他的制造商也在尝试使用机器人，其中最著名的是美国的 Rethink Robotics、Locus 和 Fetch 及总部位于新加坡的 Grey Orange，后者主要关注印度市场。阿里巴巴使用的系统与亚马逊的系统类似，该系统使用机器人抬起成堆的箱子，然后把箱子搬到工人面前。

英国公司奥凯多多年来一直是开发食品杂货机器人的先驱。杂货线上零售业面临着不同的挑战，因为在亚马逊模式下，每次发货所需拣选的商品数量相对较少。奥凯多的管理人员称，机器人会在一个特别设计的无人区域来回穿梭，它们可以在几分钟内拣选 50 件商品。

敦豪速递等物流公司已投入巨资试验不同的解决方案，包括广泛使用协作机器人。例如，该公司已将 Rethink Robotics 的协作机器人 Sawyer 应用于英国的包装业务。

（三）人与机器人

在仓库环境中工作的工人数量仍在增长，但他们的角色已经发生了变化。高强度的重复性工作最适合自动化。这意味着人的地位可以变得更高，而且可以获得更大的成就感。例如，工人原先的职责是堆垛集装箱，这是一项体力活，非常累人，但又是必不可少的，而现在他们成了机器人的监督者。

RK 物流是一家总部位于美国的物流公司，该公司已经成功试用了物料运输机器人。该公司表示："在过去 6 个月里，机器人在我们的仓库里运送了 4500 件货物，这意味着我们的工人无须运送货物，相当于消除了长达 1000 千米的运输距离。通过将普通的运输任务转交给机器人，我们正在解放员工，让他们从事更有价值的工作。"管理层表示几个月之内即可收回投资运输机器人的成本。

目前来看，工人在仓库里的工作并没有受到威胁。由于工作效率更高，创造的经济价值也更高，对工人的需求更多，而不是更少。事实上，工作变得不那么单调乏味和耗费体力，这应该是劳工组织欢迎的。

然而，有两个事实是不容忽视的。一是因为亚马逊和其他电子商务公司提高了仓储效率，进一步拉大了它们与众多实体零售商之间的距离，所以它们雇用员工是以牺牲零售业及其配送系统的就业为代价的。这说明就业岗位正在向亚马逊等公司转移，而非增加社会的总体就业数量。尽管没有更多的数据证明这一点，但随着许多就业岗位被自动化取代，就业人数必然会出现负增长。

二是机器人的价格越来越便宜，这意味着最终所有的工业部门都能使用它们。与此同时，人力成本正在变得越来越高，世界各国政府都在加强用工条例，企业只有在不得已的情况下才愿意雇用更多的员工。相比之下，不需要休息、健康保险和假期的机器人可以连续 24h 孜孜不倦地工作，许多公司对此非常欢迎。政府如何应对由此带来的社会问题和税收损失是另一个需要解决的问题。事实上，这也是亚马逊要直面的问题。该公司受到美国许多州的青睐，获得了税收优惠，因为它承诺将创造许多工作岗位，增加当地的就业机会。假如自动化导致仓库中的工作岗位减少，各州政府或许会取消税收优惠。

为了了解机器人的经济价值，以及它们取代人类的可能性有多大，我们很有必要核算它们的成本。这并不容易，因为机器人的价格取决于：复杂性、载荷能力和范围、所使用的工具、运行所需的复杂软件、学习界面。

普及型协作机器人的成本约为 3 万美元，但如果是定制的，其成本可能高达 10 万美元。虽然这听起来可能很贵，但据称一台协作机器人在一条生产线上可以代替两个工人,因此投资回报率很高,经济效益很明显。投资成本通常可以在6~12个月内收回。

(四)仓库设计与仓储需求

引入机器人不仅可以减少工作人员,还可以使仓库的布局变得更合理,因为过道可以变得更窄。储存密度的提高意味着同样容积的仓库可以容纳更多的货物。

然而,这并不是一件很容易的事情。房地产公司世邦魏理仕(CBRE)的一份报告指出,美国仓库的平均使用期限是34年。许多仓库的天花板低矮,地面凹凸不平,这些条件使自动化仓库的设计面临重重困难,落后的基础设施阻碍了物料运输机器人的使用。

行业对新仓库的需求量巨大,仅在过去10年里,美国就开发了约9290万平方米的仓储面积。不过,世邦魏理仕估计,这仅占总仓储面积的11%,由于可用建筑严重不足,自2016年以来,开发用地价格飙升了大约四分之一。

(五)物流服务提供商的未来

仓库自动化程度的提高将改变物流服务提供商的性质。如果配送中心不再需要管理大量的劳动力,那么它们将发挥什么样的作用呢?

物流服务提供商可能会扮演资金池的角色,为客户提供机器人设备,就像敦豪速递提供的包装加工服务。但同样有可能的是,客户实际上更容易获得廉价资本,而且可能希望从许多投资市场提供的税收优惠中受益。

正如前文所述,一些机器人制造商现在提供"机器人即服务"(robotics as a service,RaaS),这种服务将机器人应用集成到网络与云计算环境中,从价值链中剔除了物流服务提供商。机器人采集的数据(例如,拣选的物品的数量和位置或剩余库存水平)可以根据用户需要进行共享和检索。机器人本身的性能数据也可以共享,作为设备维护计划的参考。

观察一家收入为1500万美元(不含运输)的欧洲配送中心的实际损益表,我们可以看出:这种合同物流服务可以被视为一种管理劳动力的运营模式。在业务的净收入中,工作人员的工资和福利支出为640万美元。设备折旧费用仅有20万美元,租用成本为120万美元。事实上,从其他各式物流合同来看,人工成本约占整体收入的三分之二。

从财务角度来看,在未来几年,工资和福利支出在损益表中可能会减少,而资产(如机器人)的折旧将会增加。

值得注意的是,这个例子仅针对专属的外包合同。对于非专属的外包合同,即多用户共享的外包方式,自动化所带来的影响更加复杂。专属外包合同中的许多成本可以被转嫁给客户,但在多用户共享环境中,物流服务提供商可能要承担更多的风险。物流服务提供商投资于机器人,以提高配送中心各环节的生产效率,这种做法是合理的,尤其是在劳动力短缺且成本高昂的地方。但是,假如业务量低于预期,物流服务提供商将会承担短期的财务风险。不过,它们在未来的竞争中将持续保持优势。

无论物流服务提供商与客户之间的关系如何,仓储效率的提高将对整个行业的收入产生有利的影响。美资银行詹尼资本市场表示,美国零售商配送成本将下降4.5亿美元至9亿美元,降幅为三分之一。物流公司可能仍会在利润率方面受益,但要想实现这一点,它们必须改变运营模式,专注于自身的增值业务。

(六)供应链中的机器人

机器人的广泛应用使物流行业自动化的水平不断提升,其对物流公司业务的影响不亚于在仓库中使用机器人所带来的影响,尤其是因为这可能引发全球贸易格局的转变。如果机器人使我们不再需要借助低成本劳动力市场进行生产,全球化的一项重要驱动因素将不复存在。

机器人在生产线上的经济性可以用培训工人的成本与机器人的作业绩效评定权衡。不过在以前,人力的灵巧程度往往是超过机器人的。

制造业的发展使机器人变得更便宜、更灵巧,与此同时,人工变得更加昂贵。最终的结果是,越来越多的机器人出现在生产活动中,尤其是在高科技制造业。

随着生产线和协同制造网络的出现,智能设备和机器人将被用来支持更快捷、更敏捷的生产。辅助系统运行的通信网络需要具备足够大的容量,要以非常安全的方式在千兆比特的速度下运行,所有这些都告诉我们制造业的未来将发生重要变化。

三、自动驾驶汽车与送货机器人

谷歌及优步等科技巨头和汽车制造商开始大举投资自动驾驶汽车,自动驾驶汽车出现在世界各地的道路上只是时间问题。事实上,许多辅助技术(如辅助停车)已经得到了应用。现在,车辆不仅可以与周围的车辆进行通信,还可以与公路基础设施进行交互。

虽然主要的新闻报道集中在家用汽车上,但汽车制造商(既有老牌的,也有新兴的)已经在自动驾驶卡车开发上投入了数十亿美元,并且已经取得了重大进展。例如,一辆梅赛德斯—奔驰原型卡车在德国一条高速公路上实现了自动驾驶,并在真实驾驶条件下成功地穿过了一个交叉路口。

车辆之间能够互相沟通,这使得自动跟车成为可能。卡车(甚至家用汽车)

将能够在高速公路上组成车队行驶，由前方的导航车引导。根据美国国家环境保护局的数据，这可以降低8%~11%的燃料成本。

车辆（包括乘用车和卡车）产生的数据量会越发庞大，如果对数据进行充分和实时的分析，将提高行驶效率，主要是避免拥堵。这些数据可以由交通主管部门（如市政当局或高速公路管理机构）生成，也可以由向用户提供路况信息的私营公司生成。最近比较流行的做法是数据由 App 生成，驾驶员在发现事故时可以用 App 记录并上报信息，这实际上是动员了所有的自驾司机，他们在行驶过程中扮演了交通监督员的角色。

（一）自动驾驶卡车的优越性

1. 提升效率

投资这项技术的重要原因之一是可以提高运输效率。据预测，在不久的将来，交通堵塞将会更加严重，因此很有必要改变经济增长与车辆流动之间的必然联系。德国相关机构预测，除非采取措施，否则到 2030 年卡车运输量将增加 39%。从环保的角度来看，修建新公路并非最佳方案，而且欧洲的许多国家没有足够的资金来进行该项投资。西欧的主要干线公路里程自 2016 年以来几乎没有增长。因此，更高效地利用既有道路变得至关重要，新技术有助于实现这一目标。

2. 节约成本

据估计，在欧洲的许多国家，道路货运公司总成本的约 45% 与司机有关。去除司机（多年来没有人认为这是可能的）会对运输成本、利润和利润率产生巨大的影响。

另一个问题是迫在眉睫的司机短缺问题。由于离家时间长、工资低、工作条件差，许多人越来越不愿意从事司机这一职业，这将最终导致道路货运公司及其客户的成本增加。如果把行驶过程中的操控驾驶工作托付给计算机，就可以大大减轻司机的负担，工作环境也会变得很轻松且具有吸引力。这也使驾驶员的工作更有价值，因为司机将有时间去承担另外一些重要的工作，如管理运输的相关事务。

综上所述，汽车制造商认为，该技术提高效率的形式有以下 8 种：

（1）减少燃料消耗。计算机可以更高效地驾驶车辆；

（2）减少排放。出于同样的原因；

（3）100% 的连通性和定位服务，实现更优的行驶路线规划；

（4）故障分析判断，确保必需的维护及降低发生故障的概率；

（5）紧急制动减少事故，车辆之间的距离可以缩短；

（6）根据已知的拥堵区域重新规划行驶路线；

(7) 由人为失误（如疲劳）引起的事故大大减少；

(8) 与客户通信，使交付时间对客户可见，并可以根据路况随时调整。

（二）采用自动驾驶汽车所面临的障碍

美国在自动驾驶汽车发展这个方面处于领先地位，当然，其他国家的发展速度也不慢。截至2018年5月1日，美国的29个州已经颁布了允许自动驾驶汽车测试和运营的法律。这个数字在2018年年初时还是11个。在欧洲，西班牙、意大利、芬兰和希腊也进行了某种形式的立法。

不过，从现阶段来看，让卡车不再需要司机还有很长的路要走，同时还障碍重重，这些障碍不仅来自劳工组织，还来自监管机构，甚至普罗大众。只要回顾铁路的兴起与发展过程，就不难明白这一切。

尽管无人驾驶运输列车的技术已经存在了许多年，但投入使用的很少。从理论上来讲，铁路高度安全的环境应该非常适合使用这种技术。事实上，考虑到铁路网络的许多线路都存在拥堵情况，以及建设新基础设施的费用，自动驾驶技术在几年前就应该投入应用，至少应该有实施这些技术的计划。然而，事实并非如此，这也说明了道路货运业的变革将面临的问题。

正因如此，戴姆勒等汽车制造商在措辞上非常谨慎。在可预见的未来，它们更倾向于开发的技术帮助司机驾驶，而不是接管驾驶。以飞机驾驶员为例，他们在起飞后使用自动驾驶仪，只有在即将着陆时才恢复手动控制。尽管在许多机场，一些较新的客机具有自动降落功能，但这受到数据安全、保险责任和驾驶员等多个方面的牵制。

（三）技术进步

自动驾驶汽车的发展不会是一蹴而就的。通过一系列渐进式的改进，制造商将创造出更多的增强功能，这些增强功能最终将集成在一起，实现高水平的自动化。美国汽车工程师协会对自动驾驶进行了分级，见表3-2。

表3-2　自动驾驶级别

级别	类型	举例
零级	无驾驶自动化	—
一级	驾驶员辅助	自适应巡航控制，或者车道居中保持
二级	部分驾驶自动化	自适应巡航控制，兼备车道居中保持
三级	（有条件）自动驾驶	低速自动驾驶，或受控环境自动驾驶
四级	（高度）自动驾驶	在市中心自动驾驶
五级	（全面）自动驾驶	在各种环境中自动驾驶

来源：美国汽车工程师协会。

三级及以上被称为自动驾驶。卡车制造商已经达到了较低的级别。例如，自 2015 年 11 月以来，自动紧急制动（AEB）系统已经成为欧洲部署的新型重型卡车（HGV）的一个强制性功能。

目前，市面上最先进的自动驾驶系统是特斯拉的 Autopilot 功能，该功能被美国国家公路交通安全管理局（NHTSA）列为二级自动驾驶。Autopilot 于 2014 年 10 月面世，为驾驶员提供向前碰撞预警、AEB、自适应巡航控制和自动转向功能。这些功能使系统能够根据交通条件调整车辆的行驶速度，保持在车道内行驶，切换车道，在高速公路间换道，驶离高速公路及自动停车。

在这些驾驶操作中，仍少不了人工监督，在某些情况下需要手动控制。2016 年 5 月，一辆特斯拉 Model S 与一辆铰接式卡车相撞，导致一名司机死亡。当时，自动驾驶系统已经在撞击点采取避险措施，后来通过分析才发现，这辆 Model S 在接近卡车时未能识别其拖挂部分。

自动驾驶系统的合法性因国家而异，但多数国家可能会修订法律，允许使用自动驾驶仪及类似系统。例如，德国在 2017 年 5 月修订了相关条例，该条例允许某些类型的自动驾驶系统，这使此类系统的使用合法化。

三级自动驾驶即车辆可以在某些情况下（如高速公路等准受控环境）不需要驾驶员操控，对大多数正在探索这项技术的制造商来说，这在技术上是可行的。奥迪已经为 2018 年的 A8 配备了这种功能，沃尔沃则于 2018 年在伦敦西部部署了 100 辆具备三级自动驾驶功能的 XC90，作为其 Drive Me 项目的一部分。HGV 制造商拥有同样的技术，但考虑到操作如此大型和重型车辆的危险性，在公路上试验三级自动驾驶仍然受到限制。

（四）自动跟车

作为二级自动驾驶技术，自动跟车是指由两辆或两辆以上的车辆组成车队。当使用机器到机器（M2M）通信技术实现互联时，车辆之间可以形成一个本地网络，使它们协同工作。当第一辆车刹车时，车队中的其他车辆也同时刹车，不存在延时。

这项技术的结果是，一个车队中的车辆彼此之间的距离比根据人类反应时间计算出来的安全距离要短得多，从而大大减少了路面拥堵。欧洲智能交通协会表示，这将使领队车辆的油耗降低 1%~8%，跟车车辆的油耗降低 7%~16%。在实际使用中，每位司机都保持对车辆的独立控制，并可以在必要时脱离车队，如在高速公路坡道和车道汇集处。

继 2016 年 4 月 14 日《阿姆斯特丹宣言》之后，欧盟制定了在其管辖范围内开发自动驾驶技术所需步骤的路线图。该宣言的重点是在 2025 年之前在欧洲部署多品牌车辆的自动跟车，包括一系列针对制造商的试验、调整自动驾驶汽车的监管框架，以及制定措施鼓励企业采用该技术。

作为该计划的一部分，2016年几个半自动卡车车队从瑞典、丹麦、德国、比利时和荷兰出发穿越欧洲，抵达鹿特丹，这是达富（DAF）、戴姆勒、依维柯（Iveco）、曼恩（MAN）、斯堪尼亚（Scania）和沃尔沃共同发起的挑战的一部分。荷兰基础设施和环境部发布的报告称，卡车司机认为，车流汇入和上下坡是自动跟车中最具挑战性的部分。问题集中在高速公路坡道的跟车规则上，实践表明，保持小规模车队比散漫的行车更加安全。

虽然需要解决某些问题，如每个车队的最大车辆数、通信技术的标准化及驾驶员培训，但报告对自动跟车试验做了正面的总结。自动跟车并不是一次试验就可以解决的问题，在现实中还有许多不确定性。不过，这次测试证明了这个概念的可行性，将为进一步的自动跟车试验提供有用的初步经验。

综上所述，自动跟车是一项很有可能在不久的将来被道路货运业采用的技术。这从商业角度来看是可行的，而且这项技术的安全程度已经到了可以被监管机构接受的程度。当然，这两个方面的问题都有待解决，但该技术投入实际应用的前景是光明的。

（五）完全自动驾驶的发展前景

尽管已经取得了重大进展，但目前离完全自动驾驶或无人驾驶仍有相当长的距离。眼下AI使用的编程技术不具备告诉计算机在陌生环境下应该采取哪些行动的能力。假如无法获得与这类情况相关的数据，当今的自动驾驶系统在遇到小概率事件时将无法正确应对。

此外，为了模拟AI对小概率事件的反应而设想这些情况本身就是一项挑战。自动驾驶汽车的物理安全性很难保证，因为基本上不可能进行真正全面的安全测试。

一些公司（如瑞典的初创企业Einride）已经提出将远程操作作为部分解决方案。该公司的目标是生产出能在高速公路上实现完全自动驾驶的车辆。在高速公路环境中自动驾驶条件相对更容易控制，在城市区域或接近城市区域时可以由驾驶员接管车辆。

麻烦的是，这种解决方案给制造商带来了一系列的问题。随着远程连接的日益成熟，网络攻击带来的物理威胁显著增加。2015年，黑客利用了一个"零日"（ODay）漏洞（即制造商不知道的系统漏洞），通过接入互联网娱乐系统，全面地控制了一辆吉普切诺基。在这个例子中，攻击者只是展示了这个漏洞，也帮助菲亚特克莱斯勒发现了安全隐患，但这为所有的制造商敲响了警钟。安全漏洞不是自动驾驶系统独有的问题，但这些车辆极度依赖外部连接（典型的例子是自动跟车),这意味着它们非常容易受到攻击。

以上是对自动驾驶汽车在 2019 年的发展状况的一个评估。自 2010 年以来,AI 研究和开发的快速发展(在一定程度上得益于先进的游戏硬件的普及)发掘出了令人难以置信的潜力。

(六)其他的自动驾驶设备

尽管到目前为止自动驾驶卡车最有可能颠覆既有交通系统,但相关发展绝非仅限于此,尤其是无人驾驶飞机(unmanned aerial vehicle,UAV),它们更多时候被称为"无人机"。无人驾驶船舶的导航技术也在迎头赶上,飞机的自动驾驶技术在航空领域已经使用了几十年。

1. 无人机

无人机自问世以来发展迅猛。但在现实中,它们无法取代卡车和货车,这些卡车和货车每天在世界各地运送数以百万计的包裹。而无人机只能装载一个包裹,在速度和效率方面根本无法与之竞争,至少在主流市场中如此。

目前仍需解决的难题如下。

(1)航程与有效载荷。目前正在开发的大多数无人机的最大有效载荷约为 3kg,京东的无人机最多可携带 15kg 的包裹。由于有效载荷问题,无人机的电池续航时间很短。鉴于显而易见的原因,这对商业化运营是一个重大障碍,它会严重地影响配送范围。亚马逊、DPD(由 Atechsys 生产)、Flirtey 和 Matternet 目前正在试用的送货无人机,没有一款最高续航里程超过 30 公里。京东正在测试一款续航里程可达 50 公里的无人机。

(2)安全与管制。电池续航时间及由断电造成的后果也是十分重要的问题。例如,无人机在拥挤的公共区域飞行时突然断电会造成严重的后果。此外,无人机飞进某些禁区(如机场或军事管制区域)也会引起极大的麻烦。

(3)安全性。无人机及其携带产品的安全性正在接受严格的测试。Matternet 等公司正与瑞士邮政合作开展无人机项目,它们主张使用一个安全的着陆平台网络来保护无人机(并对其进行充电)。尽管如此,物理安全并不是唯一受到关注的问题。干扰无线电信号或侵入无人机的可能性是真正的不容忽视的威胁。

(4)噪声和隐私。假如无人机被广泛应用于包裹投递,空间将会变得更加拥挤。这还会造成噪声污染和视觉干扰。

(5)实用性。与实用性有关的问题是,如果没有着陆区,无人机实际上难以向许多住宅或办公地点投递包裹。

2. 针对各个细分市场的适用性

用于电子商务配送的无人机(最初由亚马逊的营销部门提出)转移了人们的注意力,其实无人机有更擅长也更需要它的领域。无人机在交通基础设施不足的地区可以大显身手，它们已经被证明非常适合在偏远地区运送紧急物资。成功的试验包括：

（1）2014年，敦豪速递的无人机从德国大陆向北海尤伊斯特岛运送药物；

（2）自2016年10月起，Zipline在卢旺达全境用无人机运送医疗用品；

（3）Matternet为瑞士各地的医院提供服务，在医院之间运送血液和病理样本。

这些商业模式之所以可行，主要是因为缺乏交通基础设施。瑞士地形多山，是欧洲少数几个无法迅速运送医疗样本的国家之一，而卢旺达不发达的公路网是非洲中部地区交通基础设施的缩影。

无人机似乎很适合应用于欧洲和非洲，用来支持医疗业的运营。相比之下，中国幅员辽阔，这使得无人机更适用于电子商务包裹的投递。

顺丰和京东都在部署无人机，以满足中国农村地区的电子商务配送需求。自2016年以来，京东一直在北京、四川、陕西和江苏运营规模有限的无人机送货业务，京东认为这项技术能让它在与阿里巴巴的竞争中获得一定的优势。

时任京东CEO刘强东在接受美国全国广播公司财经频道采访时表示，与使用汽车或货车相比，使用无人机服务农村地区的成本"将下降至少70%"。与竞争对手阿里巴巴相比，京东运营着一项更加纵向一体化的业务，它运营自己的物流基础设施，直接为客户提供服务。比竞争对手更快速地为农村客户提供服务使该公司能够进一步扩大其市场份额。

从最近的市场分析中得出的结论是明确的。在欧洲和北美洲，无人机可以为细分市场在紧急情况下提供送货服务，因为没有其他合适的方案可供选择。然而，在中国、印度和其他新兴市场，无人机送货可能会成为一种跨越式发展的技术，使蓬勃发展的电子商务能够克服基础设施不足的影响，直达消费者。

3. 自动驾驶船舶

航运业内的许多人认为，无人驾驶船舶最终将完全取代船员。这种想法有很好的商业理由，因为自动驾驶船舶可以带来以下好处：

（1）由于船员减少，劳动力成本降低；

（2）无须为船员提供住宿，燃料成本降低（有可能降低6%）；

（3）造船成本降低，装载空间增加；

（4）船员事故保险支出降低。

然而，成本情况并不完全是向好的。由于没有船员在现场进行修理和维护，船舶的功能设计需要提高安全系数，这将增加造船成本。虽然一些保险费用将被节省下来，但船员在减少海上事故（可能涉及其他船舶或港口基础设施）方面发挥的作用尚未得到充分评估。

货船的寿命一般长达25年，如果进行重新设计是不经济的，也会使人们失去对自动驾驶技术的兴趣。航运公司用新技术测试市场时，首先考虑的是对短程航运的较小投资。

有两家挪威公司正在开发一种据称将是首款全电动集装箱船的船舶。这项任务是由农业和化工公司雅苒国际与商船、国防、航空航天及海上油气高科技系统制造商康士伯共同承担的。

它们的项目YaraBirkeland耗资2500万美元，于2018年年底部署。该项目将把化肥从雅苒国际在拉维克的生产基地运到布雷维克，在挪威水域内行驶60公里。该船可以容纳100~150个集装箱，并将完全由一组3.5~4MW·h的电池驱动。在最初的阶段，船员会介入操作，但2020年以后，它就是完全自动驾驶的。

这一项目最初的成本是很高的，因为它包含了GPS、激光雷达、红外线和高分辨率摄像头的成本，而这些都是操作船舶所必需的。然而，它的运营成本可能比普通的集装箱船要低得多。报告显示，每年的运营成本有可能下降90%，因为无须支付燃料成本或船员工资。

在这个领域里还有多种其他的探索和发展。康士伯与英国自动化船舶有限公司和法国近海服务公司正在开发一种自动巡航的测试船，这种船可以服务于近海能源业、水文和科学研究及近海渔业。与此同时，劳斯莱斯控股公司正在主导一个名为"先进自动水上巡航应用"（advanced autonomous waterborne applications，AAWA）的项目，该项目与其他公司和大学合作，在该领域开发新的解决方案。AAWA旗下的一家波罗的海运营商Finferries正在将多种传感器和热成像摄像头部署在其Stella号渡轮上，Stella号由船长操作。据说，通过提高船舶对周围环境的识别能力，船长可以更轻松地驾驭船舶，从而提高安全性。劳斯莱斯航运部总裁迈克克尔·马基宁表示，航运自动化是航运业的未来。智能船舶和智能手机一样具有颠覆性，它将彻底改变船舶设计和运营格局。

迄今为止，这些项目的成功表明该行业的前途一片光明。雅苒国际的生产主管彼得·奥斯特博告诉《华尔街日报》，该公司希望投资更大的无人驾驶船舶，行驶更长的航线，"甚至把我们的化肥从荷兰一路运到巴西"，届时，针对无人驾驶船舶的国际法规也会被制定出来。

国际海事组织（international maritime organization，IMO）也宣布，将开展一项关于修改法律以允许使用无人驾驶船舶的研究。不过，可能还需要一段时间才能制定出完整的监管条例。

与自动驾驶汽车所面临的情况一样，监管可能会推迟完全自动驾驶船舶的部署。然而，它所使用的配套技术已经通过降低燃料成本、提高安全性和辅助导航在协助航运方面发挥了一定的作用。在短期内，这些技术将作为人工作业的补充；从长远来看，技术可能会完全取代人工。

4. 送货机器人

无人机的替代品是自动送货机器人。它们沿着既定路线行驶，而不是飞行，因此许多与无人机相关的问题并不存在。送货机器人以步行的速度在人行道和步行区行驶，自动导航到目的地，并可以自动避开障碍物和危险区域。它们的有效荷载可达 10 公斤，可以在约 6 公里的距离内运送货物。

自 2016 年以来，瑞士邮政一直在测试使用 Starship 科技公司提供的自动送货机器人，以评估它们是否适用于最后"一公里"交付。具体而言，瑞士邮政设想将这一解决方案用于需要在当地社区灵活、快速和廉价运送的物品。其中一些应用包括当日送达、一小时送达、杂货配送，甚至药品送货上门服务。

JustEat 也在英国、德国和瑞士试用这些机器人。Hermes、麦德龙集团和伦敦初创食品企业 Pronto 也参与了试用。作为欧洲项目的一部分，数十个机器人将被部署在 5 个城市进行测试，以便让公众了解这些设备。这些机器人可以在方圆 5 公里的范围内为消费者运送包裹、杂货和食品。

与无人机一样，现在就断定这种交付系统能否成功还为时过早。采用该系统仍面临着许多障碍，尤其是与雇用快递员相比投资回报率有多高、安全注意事项有哪些、如何躲避障碍物等问题仍有待解决。更重要的问题是，如何用机器人把货物送到客户手中。

四、国际货运代理的数字化

（一）数字化的重要性

数字化是大势所趋，但货运代理现行的管理流程仍然是基于手工的。货运代理依靠电子邮件和电话联系承运商以确定报价和订单，它们被托运人认为是低技术含量且反应迟钝的。因此，基于云的即时报价和预订系统的出现导致一些人质疑传统的货运代理的效率，因为它们缺乏这些新平台所能提供的速度和可见性。

为了强调这一点，Freightos 在 2015 年进行了一项研究，该研究发现货运代理的平均报价时间是 90h。最快的需要 30h，而最慢的需要 840h。令人惊讶的是，只有 5 家公司在报价后随即跟进，以确保能获得该笔业务。Freightos 还发现，最低价格和最高价格之间存在 41% 的差距。这种缺乏一致性的情况给人一种可见性不足的印象，许多公司正在努力克服流程中的这种缺陷，但这个方面的努力仍受到既有系统的限制，既有系统阻碍了新技术的部署。

这个方面的一个典型的例子是航空运单（air way bill，AWB）系统，这是一种代表托运人和承运商之间航空货运合同的文件。自 2010 年以来，国际航空运输协会（international air transport association，IATA）一直鼓励航空公司和货运代理采用电子航空运单（eAWB），从而加快电子数据交换（electronic data interchange，EDI）和整理文件的过程。某些特定的贸易航线会要求提交纸质文件，但全球约80%的货物都是通过兼容eAWB的航线运输的。即便如此，该系统投入实际应用的速度一直很缓慢。根据IATA的数据，2016年5月，eAWB的渗透率仅达到出货量的39%。此外，由于eAWB只是航空货运所需的30份纸质文件中的1份，因此建立一个完整的电子货运系统还有很长的路要走。

eAWB系统发展缓慢的部分原因是货运代理和承运商自身的系统缺乏灵活性。与供应链中的许多公司一样，航空公司和货运代理往往使用那些复杂的本地化系统，如ERP系统。在市场的头部企业中，这些系统往往是由一流的企业软件商开发的，如SAP、Oracle和Epicor。ERP系统管理组织内部的数据流，整合企业的后台功能，并使之实现自动化，包括采购、人力资源和客户关系管理。在这一点上，这些系统很有实用价值，但其缺点是高度僵化，很难适应新的外部需求。因此，它们限制了组织适应不断变化的客户需求的能力。其结果是变更成本往往高得离谱，进而削弱了组织的适应能力。

采用ERP系统的一个例子是敦豪速递全球货运代理尝试的项目"新货运代理环境"（new forwarding environment，NFE）。NFE设想使用一种方法，通过更多地使用文件管理系统并利用其他方面的升级来提高全球货运的可见性并减少文书工作。该项目的一个重要推动因素在于，提高可见性将提升敦豪速递的整体效率并形成规模效应。但这最终未能实现，交付时间增加、执行中的错误及螺旋式上升的成本导致了项目的失败，该项目最终被迫取消。

考虑到这些问题，一些提供基于云架构服务的软件公司加快了步伐。通过使用大数据分析，这些公司对从货运代理（有时是承运商）那里收集来的数据进行排序，以便实时地自动绘制行业现货价格波动图。这些公司的优势在于能够根据现货价格数据提供实时报价和预订服务，它们借此在动荡的市场中脱颖而出。

（二）数字化对货运代理的影响

新技术显著的优越之处是预订、报价和价格可见性的改善。许多大型的货运代理已经开发了自己的线上系统，如德迅、敦豪速递和Agility物流。其他的许多货运代理则选择通过SaaS平台购买这种技术的使用许可。SEKO物流是Cargo Sphere技术公司的客户，该公司的重点客户包括汉宏物流、日本运通和CEVA。Cargobase技术公司宣称其已经为25家最大的航空货运代理中的10家提供服务。对货运代理来说，这些技术平台并非竞争对手，更像是重要的业务推进器。

假如货运代理不愿采用统一的、覆盖全公司的平台，就要付出巨大的成本。货运代理可以通过购买或获得授权许可的方式使用数据平台。数据统一性较高的公司将与数据碎片化的公司脱钩。很显然，前者将获得明显的优势。潜在的受益者包括康捷国际物流和德迅。

与云服务内容相冲突的企业的处境或许并没有那么糟糕，因为采用基于云的全新服务的价格要比自行部署企业级软件的价格合理得多。因此，规模较小的公司会发现，它们实际上更容易实现数据的统一。而维护昂贵的既有系统的大型企业会感觉到，实现这种转型非常困难。

（三）数字化对物流巨头的威胁

货运代理面临着一个不可避免的威胁，即货运业的去中介化，也就是托运人直接向承运商预订服务。在航运业，更多的托运人会直接向航运公司预订服务，但规模较小的公司没有必要这样做，因为它们更有可能从货运代理整合多方的团购方式中获益。有些小型托运人确实曾经选择与 SaaS 云服务公司合作，但它们后来又转向与货运代理合作，而非跨过货运代理。

在航空货运业，一个突出的去中介化案例来自荷兰皇家航空公司，该公司曾在 1999 年尝试采用直销方式。该公司明确表示，该计划背后的业务驱动因素只是为了与低端货运代理竞争，它并不打算将货运代理完全排除在外。尽管如此，这一举动还是让货运代理感到不安，以至于许多公司将业务转移到其他航空公司，这最终导致荷兰皇家航空公司货运量严重下滑，负责推动该项目的高管也被迫辞职。人们将这一案例视为一个警示，但航空货运流程的日益数字化可能会鼓励当今的航空公司再做一次尝试。

三大快递巨头（联合包裹、联邦快递和敦豪速递）以及新一代中国快递公司（顺丰、圆通等）也加入了这场竞争。它们给货运代理业带来的挑战远胜于单纯的去中介化，因为对托运高价值货物的托运人来说，这些快递公司是更有吸引力的合作伙伴。这些客户的产品通常需要准点发货（如某些药品和汽车零部件），利润率也很高。

快递公司拥有端到端运输的控制权，中间的分包商可以将运输信息实时汇总到快递公司的系统中，形成实时且一致的信息来源，在出现问题时可以直接干预。虽然跟踪技术有助于航空公司和货运代理提升货物运输过程的可见性，但快递公司在交付过程中对涉及的资产拥有直接控制权，因此它们始终在高端市场占据优势。

高价值物品快递市场的规模很大，而且在持续增长，但它也有局限性，这使得货运代理和航空货运公司在其他市场中仍是主流。跨境 B2C 电子商务的出现对货运代理来说既是机遇也是威胁，新一代供应商正在进入这个市场。这类企业包括那些拥有技术背景的公司，如亚马逊和阿里巴巴的菜鸟网络及规模较小的货运代理，它们已经彻底改变了自己的内部业务。

Flexport CEO 瑞安·彼得森在与 NFE 讨论敦豪速递的问题时，如实地总结了这家老牌公司所面临的威胁：

物流公司有收购和利用技术两种实现规模化的方式。一方面，技术可能会限制增长速度，因为技术的发挥受限于企业的规模；另一方面，规模化会成为收购方的一个障碍，因为很难将不同的平台整合起来。

（四）数字货运代理平台

经纪业务（即买卖运力）是货运代理的主要业务之一，可以想象，它们会受到来自费率或现货价格平台的威胁。与有托运需求的客户和多家承运商有长期合作关系的大型货运代理在实践中广泛使用各项技术。但货运代理的利润率普遍较低，技术投资的整体水平也比较低，这一直是一个大问题。

老牌的货运代理在 10~15 年前投资了大量的技术，许多货运代理今天仍在使用这些系统，这些系统甚至被嵌入组织的核心流程，但它们并不完美，维护难度很高。因此，它们对需要更多信息、更敏捷的 IT 解决方案的客户来说显得有些心有余而力不足，企业通常被迫从云端引入并未与核心系统对接的外部解决方案。相反，新兴的货运代理却以低得多的成本使用全新的解决方案，因为它们不用面对集成陈旧的既有系统的问题。

货运代理引入的任何解决方案都必须为客户增加价值。仅引入一个独立的功能模块（如费率引擎）是没有意义的，除非它与一个订单和发货管理系统集成，无缝地将信息直接从客户端传递到承运商。

简而言之，有许多解决特定问题的方案，但是除非货运代理能够将它们引入统一的框架，否则在这个方面投资可能只能"打水漂"。老牌的货运代理必须更新既有系统，同时保持服务水平并降低成本。维护既有系统代价不菲，并会随着时间的推移越发昂贵，最终将变得难以为继。利用成本较低的云服务进行大规模替换比较容易，但这需要具有技能和专业知识才能实现。同时，公司内部的观点分歧也是一个难点，特别是处理既有系统时。

（五）行业调查：线上平台的使用情况

2017 年全球货运代理报告包含了来自 IT 的调查结果，人们对使用线上报价和预订工具（以改善与客户互动的便捷性和速度）的兴趣持续增强。半数受访者曾经尝试使用此类平台。其中，64% 的受访者后来部署或开发了这类系统，将其作为其组织内部的永久性的方案。

但是，总体而言，这表明该技术至少在开发阶段是被适度地采用的。后续的发展取决于这项技术的表现。在那些拥有在线报价和预订平台部署经验的受访者中，有 61% 的人指出平台的表现好坏参半，只有 14% 的受访者认为平台提供了可靠的功能。看到这些结果，一些人可能会觉得目前的报价和预订平台没有提供物有所值的服务。然而，其他的许多企业显然更愿意接受它们，即使目前它们可能只适用于某些航线上的某些货物。随着时间的推移，这些平台将在不断的迭代中日臻完善。

（六）数字货运代理

1. Flexport

Flexport 的投资者包括 Y Combinator、First Round、Founders Fund、Felicis、Google Ventures、Box Group、Bloomberg Beta、Susa Ventures、Yuri Milner、Ashton Kutcher、Peter Thiel 和 Joe Lonsdale。

Flexport 是一家数字货运代理，使用统一的结构化数据，并通过 API 与客户交互。该公司并不专注于即时报价，但提供端到端的货运代理服务（如清关）。该公司专注于从亚洲到美国西海岸的东向跨太平洋贸易通道，但在荷兰也有业务。

Flexport 的软件可以提供单个托盘级别的可见性，它正在将这种可见性整合到客户的 API 中。该公司还运行合规软件，这是一个服务于资产所有者（主要是道路货运公司）的平台，通过采购订单管理软件促进托运人和承运商之间的整合。虽然其他公司（如 Damco）也可以提供类似的服务，但它们通常基于较旧的技术，而且成本很高。值得注意的是，Flexport 所有的应用程序都是作为一款统一的软件平台的一部分从零开始构建的，避免了集成过程中容易出现的各种问题。在大型货运代理的信息孤岛中或公司完成并购后很容易产生这些问题。

平台后端为托运人和承运商提供了便捷的接口，该公司的自助网页服务接口对中小型企业客户有很大的吸引力，这些客户占 Flexport 客户群的很大一部分。根据其 CEO 瑞安·彼得森的说法，该公司的主要客户可以分为 3 类，分别是在亚马逊上销售商品的小型企业、对航空货运和航运都感兴趣的传统大型企业（包括普利司通轮胎）和还没有时间发展自己的物流能力但已经在快速增长的电子商务企业（包括哈利剃须刀）。

2. Freight Hub

Freight Hub 公司的投资者包括 Northzone、Global Founders Capital、Cherry Ventures、Cavalry Ventures、Saarbruecker21 和 La Famiglia。该公司总共筹集了 4323 万美元的资金。

Freight Hub 也是一家数字货运代理。该公司提供一个基于网络的货运报价、预订和跟踪系统，旨在通过透明的成本将自己与竞争对手区分开来。这是一家提供全程服务的货运公司，提供全球整箱、拼箱货运服务和航空货运服务,并由物流专家提供支持。Freight Hub 的主要业务是西行亚欧公司的贸易航线。

在 2017 年 12 月进行了一轮 2000 万美元的 A 轮融资后,Freight Hub CEO 费里·海勒曼表示:"这笔资金能让我们继续执行扩张计划,在亚洲和美国开设全新的中心枢纽……我们很高兴得到投资者的支持,不仅包括资本,也包括它们的国际网络,因为我们将要构建的是数字物流的支柱产业。"

该公司在德国运营,并在柏林和汉堡设有办事处。Freight Hub 的客户大约有 650 家,包括 Home24、Lesara、Franke 和 Viessmann 等。

3. iContainers

iContainers 公司的投资者包括 Kibo Ventures、Serena Capital 和 Grupo Romeu 等。

iContainers 为国际航运提供了一个电商平台。该公司为特定贸易航线上的货物运输提供报价和预订服务。虽然该公司采用数字化优先的运营模式并强调自动化,但仍配备了专职的销售和运营客户经理为货运业务提供支持。iContainers 运营着一个基于云的电商交易平台,该平台根据用户的偏好,将托运人的货物与合适的承运商匹配起来。该公司的服务覆盖了 50 万条不同的航线。除了为托运人提供报价和预订服务,iContainers 还为用户提供发货跟踪、一键预订、价格提醒和海关通关等服务。

该公司的业务遍及全球,在迈阿密、巴塞罗那、鹿特丹和圣多明各设有办事处。

(七)货运代理的数字化产品

1. Agility 物流的 Shipa Freight

Agility 物流自 2017 年开始测试 Shipa Freight,并于 2018 年 4 月正式推出该平台。Shipa Freight 为占全球贸易 95%的国家提供了一个即时的、免费的报价平台,让用户通过一个简单的工具管理国际货运,这个程序可以安装在桌面计算机或移动设备上。

该平台最初针对中小型企业,提供透明、灵活、有竞争力的定价和客户服务。Agility 物流认为,迄今为止,这些服务只被提供给跨国公司和大客户。该平台让用户能够在线上完成发货,其功能包括预订服务、一系列支付选项和在线跟踪。

虽然费率的有效期为两到四周,但通过 Agility 物流的网络,散布在各个国家的运营部门都可以利用动态定价(按小时变化)对费率元素进行更新。根据该公司管理层的说法,ShipaFreight 适用于成千上万条贸易路线,尽管它还不能提供有关可用运力的信息,但该平台包含一个合规工具,提供必要文档的详细信息及以前报价的记录。

2. 德迅的 KNFreight Net

总部在瑞士的德迅于 2014 年推出了 KNFreight Net，用于航空货运业务。一年后，德迅推出了拼箱航运服务。通过 KNFreight Net，客户可以在线获得进出口货物的即时报价并下单。使用该平台不需要预先注册。

报价以简单的货物信息为基础，如原产地、最终目的地、重量和体积等。用户可以得到一个包含所有费用的端到端的运费明细，包括所有适用的附加费及估计的运输时间。订单的有效期为 30 天，用户可以保存订单以供未来使用。此外，用户还可以使用 KNLogin 这款 App 跟踪拼箱货物状态和运输情况。

2017 年，德迅与阿里巴巴达成了一项协议，允许中国付费会员通过 Freight Net 平台获取航空货运和拼箱货运报价，预订取货和目的地送货服务。该计划针对中国的中小型企业，帮助其获得跨境贸易机会。

3. 泛亚班拿

2017 年年底，泛亚班拿开始试运行自己的在线即时报价和预订门户网站。最初的开发工作花了 9 个月，但预计这将成为一个更长期的项目（3~4 年）的一部分，最终目的是取代其既有的信息平台。公司在选定的航空货运客户中开始进行送货上门的试验。目前，费率引擎并不直接与承运商的费率门户网站互动，但这是最终目标。

与其他货运代理平台一样，该平台主要针对中小型企业，而不是已经签订了合同的全球航运公司。

4. 敦豪速递

敦豪速递全球货运代理在 2017 年底推出了在线报价和预订服务。在主要的货运代理中，敦豪速递是最后提供这种服务的公司之一，部分原因可能是它内部的信息系统存在不少问题。

与其他报价平台一样，该平台可以让客户立即获得价格和合同。敦豪速递称其能够快速提供"基于门到门的全包运费的、极有竞争力的客户报价和运输信息"。

该报价和预订服务连接到敦豪速递全球货运代理的客户门户网站 DHL Interactive，该网站还提供货物跟踪及创建和分发定制发货报告的服务。该网站向 40 多个国家和地区提供服务，覆盖了全球大多数的主要航线。报价和预订服务可为每批不超过 2000kg 的常规空运货物提供即时报价，并提供两种速度供用户选择。

5. 丹马士物流的 Twill

2017 年春天，马士基旗下的货运代理丹马士物流（Damco）创办了一家数字"初创"企业——Twill。根据管理层的要求，其目标是为丹马士物流的既有客户提供服务，包括即时报价、集成文档处理、关键点检查和异常事件的主动管理。该公司专注于航运业务，使用包括非马士基在内的主要航运公司。不过，该公司特别重视技术发展，这也是它的总部与丹马士物流的总部不在同一栋楼里的原因之一。

Twill 目前提供从港口到客户门口的集装箱整箱航运服务；一般是从中国、印度、越南和印度尼西亚进口到英国、西班牙、波兰或捷克。

该服务始于亚欧航线，特别是英国，但它计划将欧洲大陆的港口纳入，其中最著名的是鹿特丹。2018 年年初，Twill 将业务扩张到印度，完成了第一笔出口预订业务。它希望将印度市场纳入其平台，使之成为进口国之一。

（八）数字交易平台

1. Freightos

Freightos 的投资者包括 GE 风险投资、Aleph、Annox 资本投资、ICV、Our Crowd、MSR 资本投资和 Sadara 风险投资。

Freightos 最初是一个国际货运交易平台，现在已经建立了两个主要的服务平台，即 Freightos Accelerate 和 Freightos Marketplace。其中，Freightos Marketplace 是一个线上现货市场门户网站，托运人可以通过该网站预订货运代理服务。货运代理将其关于承运商合同的数据以 Excel 文件（每周超过 1000 个）的形式发送给 Freightos，这些数据会被自动纳入货运代理数据库。通过汇总这些数据并算出不同航线和运输方式的平均现货价格，Freightos 能够立即自动为托运人提供现货报价。

Freightos Accelerate 是一个费率管理平台，用户可以通过它管理购买费用和自动销售业务。目前，大多数预订该服务的公司都使用它来执行公司内部的自动买卖流程，还有越来越多的公司正在使用它进行线上直销。该平台可以跟踪各种运输方式的费率。

在 2016 年 8 月收购 Web Cargo Net 之后，Freightos 提高了 Freightos Accelerate 和 Freightos Marketplace 这两个平台的性能。Web Cargo Net 是一个航空货运价格数据库，里面的数据直接从货运航空公司获取，Freightos 称它是该领域最大的数据库。

总体来说，最大的 25 家货运代理中有 23 家是 Freightos 在某些地区或特定模式下的客户，其中包括汉宏物流、泛亚班拿、CEVA 和日本运通。目前，该公司的平台主要面向美国和英国。

2. Cargobase

Cargobase 的投资者包括 500 Startups、Bukit Timah Capital 和 Ivan Yeo。

Cargobase 为货运服务报价和预订提供了一个线上交易平台，具有报告、跟踪和支付功能。该平台提供航空货运、航运和包裹运输的现货市场预订服务，允许用户比较不同的运输方式。2016年7月，该公司在其平台上增加了支持双方协商运输合同的功能，用户可以根据实际情况，在现货市场和既有合同供应商之间进行选择。

Cargobase 运行在一个基于云的 SaaS 平台上，该平台支持现货市场交易。该平台与德迅、康捷国际物流、丹麦得夫得斯（DSV）、联邦快递和敦豪速递等 300 多家物流服务提供商建立了联系。此外，来自 350 家航空公司的数据也被反馈到了平台上。该平台最初致力于航空货运（包机、航空快递、航班转运和普通航空货运）和道路货运服务，2016年11月增加了航运服务，2017年7月增加了快递服务。

2017年4月，Cargobase 推出了一款名为"随途"（on the Go）的 App。该 App 让用户可以预订、确认和跟踪发货，并与物流服务提供商交换数据。

（九）货运代理的生存之道

货运代理可能会被托运人和承运商去中介化，就像航空客运业的许多旅行社一样。不过，现实并非如此。

除了聚集各个方面的货物以便与承运商协商散货价格，大多数货运代理还承接原产地和目的地中央仓库的理货业务。此外，它们还提供往返这些仓储设施的运输服务，有时甚至管理端到端的整个流程，一直服务到客户家门口。

很明显，货运代理提供的不仅仅是点对点运输的便利性，但这就是当前的 SaaS 平台及其服务的承运商所能提供的一切。如果使用 SaaS 平台，托运人就要处理货物进出港口或机场的问题，而这是货运代理提供的标准服务。

当考虑到来自亚马逊或菜鸟网络的潜在威胁时，货运代理的另一个优势是其业务在上下游合作伙伴之间能发挥公正的中介作用。像亚马逊这样的公司代表着一个完整的、垂直整合的运营体系，许多运输服务提供商可能会发现自己在这个体系里面临竞争，但货运代理是完全独立的。因此，它们可以发挥这种中立地位的优势，为整条供应链中的所有合作伙伴提供服务，这正是货运代理最初出现的原因。

成功的关键是真诚的合作。身处信息时代的货运代理拥有这样的潜力：通过与其客户更加自由地共享信息以充分利用网络效应。货运代理通过部署基于云的网络解决方案，使供应链中的每一个利益相关者都参与进来。货运代理可以在运输的全过程中尽其所能地施展作为中介的所有功能。

如今，运输过程的透明度有了很大的提高，运输过程与其他业务模块可以深度集成。通过将运输过程转化为供应链信息系统的一部分，货运代理正在朝着第四方物流（fourth party logistic，4PL）的方向发展。

4PL 通常被称为领先物流服务提供商，它们发挥协调和管理功能，位于 3PL 之上，作为客户供应链的一部分。通过将供应链外包给 4PL，企业实际上将其全部运输业务交给了外部供应商，而外部供应商拥有专业的知识和技术可以帮助企业降低成本、提高效率。

4PL 的神经中枢通常被称为控制塔（详见第 6 章）。控制塔有助于从代理商、客户和贸易伙伴采集数据并加以分析，它是由专业的供应链管理软件支持的，这种软件可以实现不同合作伙伴所使用的各种系统之间的互操作性。通过控制供应链的整个信息流，控制塔能够维护安全、提高效率并执行干预措施，从而确保流程顺利运行。货运代理通过将这一模式应用于自身的运营，确保了它们在 21 世纪作为供应链中介所履行的职能是重要的，甚至是不可或缺的。

事实上，4PL 模式的潜力可能更大。对货运代理来说，以这种平台方式运营的最终意义在于能够统揽整个供应网络，而不是仅仅关注供应链的某个环节。托运人只关心自身的运营，但货运代理将在整个供应网络中促进伙伴关系，它们有能力促进彼此竞争的供应链之间的横向协作，最终使所有参与者受益。原理很简单，当几家零售商从同一家供应商采购产品时，如果希望提高效率并帮助所有的相关方降低成本，在运输和物流方面进行合作更有效。

五、物流行业的未来

（一）物流行业的未来概况

物流行业每一个主要的细分领域都有许多替代途径。但是，我们认为每个细分领域都有其关键属性。

1. 道路货运

预计到 21 世纪 30 年代中后期，随着各国政府积极支持替代燃料，柴油发动机将被逐步淘汰。对高频率、小包装配送及电子商务配送的需求意味着电动汽车将成为城市地区的主要选择。天然气和氢电池是远距离和高有效载荷的首选技术。车辆的自动化程度将会变得很高，在主干道上排成一列的自动跟车车队将会变得很普遍。对道路基础设施的投资将意味着车辆与高速公路的控制塔之间及车辆本身之间的数据将持续不断地流动。在大多数政府监管要求中，驾驶员仍然是法律规定的职业，但他们在驾驶卡车方面发挥的作用可以忽略不计。不过，司机的工作时间规定可能被放宽，这意味着车辆利用率将大幅提高，盈利能力也会随之提高。

更高的可见性意味着车辆利用率将会提高，货物将变得更加单元化，这将促进转运，加快交付速度。由 AI 驱动的运输管理系统（TMS）将做出复杂的转运和配送决策，运输网络将变得更加动态化。

2. 仓储

仓储将在很大程度上实现自动化。机器人将负责大部分目前由人类完成的工作，并由 AI 控制。电子商务将主导仓储业，因此将出现高频率的大量单品的拣选。

然而，线上零售商不采用以大型中央配送中心为主的模式，而是利用当地仓库来储存订购频率最高的商品，在城市地区提供当日送达服务。这些仓库将建在零售园区，以充分利用大型零售场所。

Zara 的母公司 Inditex 已经宣布，它正在探索将既有商店作为迷你物流中心或配送中心。这种战略使其能够满足来自最近商店的客户订单，避免相关商品在中央仓库缺货，这将成为常态。

配送中心将变得更加环保，改为使用太阳能。由于操作人员很少进入拣选区，采暖和照明将变得不那么重要。自动驾驶卡车更高效地接近码头，工人不再需要大型停车场，仓库占地面积也将缩小。

此外，共享仓储平台意味着市场会变得更有弹性，而长期租约的数量将大大减少。无论库存在哪里，WMS 都可以查到。在较大的地域范围内分配库存将降低运输成本，并降低集中式运营发生中断的风险。

3. 货运代理

在促进国际贸易方面，货运代理仍将发挥重要作用。然而，部分传统业务将实现自动化，如报价、文档编制和预订。货运代理将扮演控制塔的角色，作为一个中立的货运流程管理者，评估风险并在必要时变更路线。AI 将在其产品中扮演重要角色。

货运代理对多个运输网络的独特可见性意味着，至少对许多托运人而言，去中介化并无意义，货运代理整合多个运输网络的能力仍将是一种竞争优势。

4. 航运

到 2035 年，航运业的许多方面将发生重大变化。船舶将由电力发动机或液态天然气推动，船舶将变得越来越自动化（尽管仍不是完全无人驾驶）。船舶的零部件可以在港口设施进行 3D 打印，然后由无人机运送到船舶上。船上的传感器将触发预测性维护。

新的造船技术将增加每艘船的运力，但这将限制它们能够停靠的港口的数量。小型支线船舶网络将变得与往返航线一样重要。枢纽港口之间的中转时间将会缩短，因为燃料成本将会下降，而且不需要减速航行。

对某些专门用于慢速航行的大型船舶来说，对替代燃料的需求可能会带来一些问题，因为它们的发动机可能需要更换，而这是没有成本效益的。它们可以扮演"浮动"制造中心或配送中心的角色，并移动到需要的地方。3D 打印和其他先进的制造技术很有可能在船上进行，因为船上有制造所需的原材料、电力和良好的通信。

5. 快递

电动汽车将凭借密集的充电站网络，在快递领域的最后"一公里"交付市场中占据主导地位。越来越多的车辆将实现自动驾驶，尽管车辆管理系统将取代驾驶员。其主要作用是把包裹通过运输工具交付给最终收件人。

市场中将出现多种运营模式，包括无人机送货到偏远地区、特定城市内的机器人送货及众包运输（更多地使用公共交通工具和私有车辆）。按需服务将成为快递公司已建立的轴辐式网络的重要补充。

庞大的电子商务配送业务量需要 AI 控制塔的协调。集散中心将实现完全自动化，不过，订购频率高的商品将被储存在城市本地的配送中心，实现按需交付。

6. 航空货运

飞机将由传统的航空燃料和混合动力驱动。飞机发动机噪声的降低将使机场能够全天候运转，这避免了额外跑道的建设。电池技术的重大突破减轻重量——将使全电动飞机得以发展，增加有效载荷，减少排放。

航空货运成本的降低将刺激需求，使短途货运更加经济。随着空中出租车的发展（正如优步所提议的），高价值、低重量的货物在本地化的基础上通过空中运输很可能实现。

所有航空货运单据和其他文件都将实现数字化，从而提高效率，缩短通关时间。传感器可以实时跟踪货物，并提供有关货物状况和环境的全面数据。

3D 打印的采用将成为该行业持续发展的一个不利因素，它将降低全球航空货运的需求。

（二）未来的运输与仓储工作

WEF 的奥利弗·坎恩认为，"第四次工业革命及其他社会经济和人口结构的变化将在未来 5 年内改变劳动力市场，导致 15 个主要发达和新兴经济体的 500 多万个工作岗位净流失"。这一数字适用于整个工业，运输和物流行业也不能幸免。面临风险的不仅仅是体力工作，AI 将使许多目前由白领占据的岗位实现自动化。

然而，对这个现象还有另一种看法：新技术并不是威胁，它们可能会推动许多公司的发展。该行业普遍存在劳动力短缺的问题，而提高效率、辅助工人工作或填补劳动力缺口的技术将有助于降低供应链成本。

1. 仓库自动化

正如前文所述，机器人已经开始在仓库中发挥重要作用。这种发展趋势最终将催生所谓的"黑灯仓库"。事实上，无人和完全自动化的配送中心已经出现了。中国线上零售商京东建立了一个这样的仓库，该仓库位于上海嘉定区，仓库只有4名员工，占地面积达4万平方米。该仓库每天可处理20万个订单，由机器人和其他自动化技术完成日常操作，这些自动化技术可以自行计算如何避免碰撞并优化路线。

然而，这种自动化是有局限的。这种设备只能处理某些类型的货物，货物的大小、形状和重量都是一样的，因为拣选机器人不能举起超过3kg的物品。但我们可以预测，技术的进步将扩展兼容的产品类型和重量，并实现更高程度的自动化。

2. 从卡车司机到卡车管理员

仓库环境（以及港口和机场的货物装卸设施和区域）的受控特性意味着，用机器人代替劳动力是大势所趋。然而，在这种高度管制的区域以外，用机器人替代工人十分困难。即使驾驶员的角色完全被消除，在机器人技术没有相当大进步的情况下，将包裹从路边人行道送到最终用户手中仍然需要一个人，至少在可预见的未来是这样的。但实现载货卡车的完全自动化要容易得多。这项技术日趋成熟，但公众或政府是否准备接受无人驾驶汽车则是另外一回事。因此，驾驶员的角色很可能会改变，但不是被淘汰。

第五节　供应链中物流需求预测研究

本章重点聚焦于生鲜农产品冷链运输的需求预测问题，通过对生鲜农产品物流需求相关影响因素进行具体分析，从我国区域性市场经济增长水平、产业结构、人口发展水平、社会固定资产投入、区域交通运输状况、产品供给、冷链运输状况7个维度出发建立生鲜农产品冷链物流需求预测指标体系，并利用灰色关联分析法对选定的指标进行筛选与分析，在此基础上从线性相关及非线性相关两个角度建立主成分回归及PCA-BP神经网络模型，并建立基于Shapley值法的组合模型，完成需求预测模型的构建。最后对北京市生鲜农产品冷链物流进行实证研究，通过与不同权值确定法建立的组合模型、各单一预测模型的预测误差进行对比，验证了所建立的组合预测模型的有效性。

一、国内外物流研究现状及分析

（一）国内外生鲜农产品冷链物流研究现状及分析

1. 国外生鲜农产品冷链物流研究现状及分析

国外的物流起步相对较早，早在1894年，美国工程师阿尔伯特为了阐述和说明当食品从一个生产环节开始到达消费者手中时,通过合理地控制易腐蚀产品的温度,从而减少和降低食物发生变质的概率和速度,提出了冷链这一概念。但直到 1940 年才开始发展起来。

目前国外关于生鲜农产品的冷链物流的研究主要集中在以下 3 个方面:

(1) 针对生鲜农产品冷链物流的成本与运输问题的研究。A. R. Trott 等人指出,最早的冷藏运输可以追溯至 1880 年,部分农产品在运输前是需要预先冷却或冰冻的,在运输过程中,农产品通常放在隔热容器中,且有其独立的冷却系统以维持其质量与安全;Mejjaouli Sobhi 等人为生鲜农产品冷链物流决策提出了一种与发货相关联的临时虚拟机系统,实证研究该冷链物流运输运行系统不仅有效提高了产品运输效率,而且降低了冷链运输成本;Z. Rao 从农产品配送路径优化角度进行深入研究,除了综合考虑了各项成本外,还考虑了客户满意度,在车辆负荷和时间窗口的限制下,建立了综合成本最小的优化模型,优化了城市农产品的物流配送路径;Vardan Parashar 等人将自然冷却技术应用到农作物的储存与运输中,从而延长了农作物的保质期,优化了农作物的冷链运输性能。

(2) 针对生鲜农产品冷链物流的食品安全保鲜问题的研究。J. K. Heising 等人讨论了智能包装作为冷链物流管理工具的可能作用,以及在商业应用中实施此类技术的障碍,并提出智能包装能够对食品的温度、环境进行监测,有助于冷链流通管理;C. Beretta 等人为了最大限度地减少农产品在冷链物流运输中的损失,将生命周期评估与虚拟冷链相结合,使用计算流体动力学来跟踪整个冷链中每个产品的冷却过程,加强了对于冷链物流食品安全的监管;K. Likar 等人通过走访调查食品贸易中冷链维持的情况发现,对于易腐食品的最佳储存温度与实际温度相差较大,甚至高达 10℃,表明零售商对于生鲜产品的冷链物流并不重视,因而提出在食品生产和贸易中引入 Haccp 体系已成为必要。

(3) 针对生鲜农产品冷链物流信息追踪与运作效率的研究。T. Kelepouris 等人提出将射频识别技术(RFID)应用至食品供应链中,利用 RFID 技术实现供应链中实现端到端可追溯性;K. Kim 等人为了实现冷链物流运输过程中环境条件的监控和跟踪,提出了一个智能风险管理框架,有效提高了物流信息追踪的智能度与灵敏度,提高了物流运作效率;J. R. Villalobos 等人将智能传感和信息技术应用到新鲜水果和蔬菜的物流运输中,并将通过这个技术收集到的数据转化为科学有效的物流运输决策,降低了冷链物流运输中的损耗率,为消费者提供了更新鲜、更高品质的食品;R. Montanari Rontanari 等人为了有效跟踪冷链物流运输情况,通过比较微观流量模型及运动波(LWR)模型,为冷链物流运输提出了结构化的框架,从而实现有效的冷链物流的跟踪,降低损耗成本;Marinelli 深入了解了专门从事仓储和分销物流服务公司的冷链物流监测系统,引入物联网平台,实现对产品、车辆温度和湿度以及其他交通参数（包括车辆位置）的实时监控。通过该平台利用射频识别（RFID）标签、无线传感器网络（WSN）和云计算提供实时、易于访问的信息，从而提高了冷链物流的效率，也提高了最终消费者的满意度。

2. 国内生鲜农产品冷链物流研究现状及分析

随着冷链物流热潮的兴起，以及生鲜电商的发展，国内研究学者逐渐开始对生鲜农产品冷链物流的运行与发展进行研究分析，目前国内学者的研究主要集中于以下几个方面。

（1）针对生鲜农产品冷链物流产品保鲜与安全的研究。郑先章等人提出将真空保鲜技术应用于农产品加工流通过程中，它包含了低温贮藏和真空快速冷却两种方法。低压贮藏的使用主要应用于新鲜蔬菜、水果、畜产品、家禽产品等，也包括部分产品的短期处理性贮藏。真空快冷的使用范围包括新鲜叶菜、组织多孔蔬菜的快冷处理，以及部分浆果和新鲜动物制品的快冷处理；李亚伶为了降低生鲜农产品的损失率，提出应从蔬菜等生鲜农产品的包装材料和包装方法入手，加大对相关产品的包装标准化研究。

（2）针对生鲜农产品冷链物流运输及产品质量的研究。左映平等人为了对冷链运输中的生鲜农产品进行有效把控，采用定性、定量相结合的方式，将生物散斑激光技术与 Fujii 法、绝对差分法等方法进行有效结合，为控制生鲜产品的质量安全提出了更有效的方法；丁燕等人通过实验证明，10h 预冷后的农产品贮藏质量优于 20h 预冷，有利于提高农产品运输率和减少相关损失；莫昌业等人开发了一个利用超光谱成像技术评估农产品质量的在线系统，设计了具有 400~1000nm 范围内的单可见近红外超光谱摄像头的在线评估系统，该系统可评估新鲜切生菜等农产品表面的质量，总体研究结果表明，在线超光谱成像系统有利于对农产品的质量做出评估。

（3）针对生鲜农产品冷链物流运输信息全流程追踪的研究。阿布都热合曼·卡的尔等人为了提高生鲜农产品的安全性及可追溯性，提出了一种基于区块链联盟链和智能合约高效执行业务交易的分布式方法，通过这种方法可有效实现生鲜冷链的全流程追溯及监控；马世榜对目前在鲜肉中进行无损检测的技术进行了概括性的比较与研究，分别概述了其应用原理与优劣势问题，包括如超声波技术等，研究结果表明，只有综合各项技术的优势才能在鲜肉产品的无损检测中发挥较好的作用；顾宇建立了以物联网为基础的鲜活农产品管理信息系统，提高了供应链整合水平，降低了供应链管理成本，提高了供应链效率；焦光源以新疆生鲜农产品中的肉类作为主要研究对象，提出了基于 Petri 网的可追溯系统，该系统的建立一方面增强了对于新疆肉类产品的质量安全全流程把控，另一方面也提高了肉类产品送到消费者手中时的质量与新鲜度。

（4）针对生鲜农产品冷链物流系统协同的研究。张智勇等人将农产品冷链物流作为研究对象，研究了基于多智能系统环境下的冷链物流协调机制。通过多智能体系统的应用，将庞大复杂的冷链物流系统划分为小而紧密联系的多个智能体，形成一个综合的物流系统，在现代冷链物流系统的基础上，提高了冷链产品的时序性，保护了冷链产品的质量。何旭东综合运用复杂网络、博弈论、生态学、系统协调优化理论等多学科理论知识，运用数学分析和系统模型构建等手段，对农产品冷链物流生态系统进行结构分析和运行机制研究；解释了冷链系统节点成员的微观行为与系统宏观结构演变之间的相互关系，揭示了冷链物流生态系统演化的复杂性，研究了系统协调机制对系统成员最佳决策的影响；全面协调优化了农产品冷链生态系统网络，最终提高了冷链系统的整体性能。邓力等人建立了一个基于智能手机终端的冷链物流信息平台，主要包括订单协调、仓储管理、配送控制、电子商务交换、信息发布平台、财务管理、绩效管理、管理决策等功能模块。该信息平台实现了客户与物流企业的工作协调，引入了新鲜度维护系统理念，降低了冷链商品储存废弃率，解决了客户与物流供应商之间的信息共享问题。张斌丽利用食品冷链物流系统信息熵定理组合理论，建立了食品冷链物流系统协调模型，提出了协调发展需求的食品冷链物流体系战略。

总体而言，目前国内外学者对生鲜农产品冷链物流行业的研究主要集中在产品保鲜、质量安全、冷链成本控制、冷链运输效率的提升、冷链信息追踪及系统协同等方面，对于物流需求预测的研究相对较少，尤其是对于生鲜农产品冷链物流需求的预测研究就更少。随着冷链物流行业的不断发展，冷链技术、冷链设施也将会覆盖行业的全流程，对于冷链物流需求预测在行业资源调配中的作用也就更加明显。

（二）物流需求预测国内外研究现状及分析

1. 国外物流需求预测研究现状及分析

由于发达国家的物流起步相对较早，在物流方面的理论研究及实践经验相对较多，因而在物流需求预测方面的理论研究也相对完善。目前国外对于物流需求预测的方法主要包括单一预测及组合预测两种方法。

在单一模型进行物流需求预测方面，K. Alekseev 等人将人工神经网络的模型应用于航空运输；Vasilios Plakandaras 等人利用支持向量机等模型对美国航空、公路和火车运输需求进行预测，并根据预测结果得出短期运输需求受乘客偏好和燃油成本驱动，长远来看，宏观经济条件会影响航空运输需求的结论；Boutselis P 等人使用贝叶斯网络预测了不断变化的服务物流环境中的需求变动，并将模拟结果与各种预测进行比较，验证了模型的有效性；T. Y. Nguyen 选择了位于东南亚的 21 个城市作为研究对象，使用预测法（L-OD）物流需求预测方法预测了东南亚的物流需求，预测结果为东南亚未来物流发展规划提供了科学的数据支持。

1969 年 J. M. Bates 等人首次提出，将两种无偏单项需求预测模型进行组合，组合模型得到的结果要优于其中任何一种单项模型，并根据结果证明了该项研究。此后，组合模型逐渐被运用到物流需求预测中。RodrigoA. Garrido 等人将组合模型（MNP）应用到货物量需求预测中，并成功应用于大型卡车运输承运商提供的实际货运数据集，验证了模型的有效性；M. Sonmez 等人利用人工蜂群算法，综合使用了线性、指数和二次数学模型对土耳其 2014~2034 年的 21 年间的运输需求进行预测，预测结果表明，到 2034 年，土耳其的运输需求将比 2013 年翻一番。

2. 国内物流需求预测研究现状及分析

目前国内学者对于物流需求预测的方法主要包括传统的以统计学为基础的预测方法及相对现代的智能预测方法。

传统的预测方式是一种较早就已经应用起来的物流需求预测方法。这类方法以现代统计学理论为基础，建模也相对比较容易，且对模型的诠释能力较强，主要有单纯时间序列法、回归分析、数理统计等方法。刘翠翠、连博研、舒南等人分别利用时间序列法、多元线性回归分析及数理统计的方法对区域或国家的物流需求预测进行分析研究，虽然这些方法在一定程度上能够对物流需求做出研究，但由于这几种方法对于物流需求与非线性影响因素之间的关系不能做出较好的解释，故越来越多能够较好地解释非线性变量的智能预测方法被运用到物流需求预测中。

随着我国现代智能物流控制系统理论、信息及其他计算机基础科学的快速进步和不断发展，智能物流预测处理技术和新方法被广泛应用于对实际物流运营需求的智能预测中，主要应用包括智能神经网络、灰色预测技术方法、支持向量机、贝叶斯法等。

在使用单一模型进行物流需求预测方面，后锐等人综合考虑一个区域的各项经济指标对于物流需求的影响，根据经济产业各项指标数据建立基于 MLP 神经网络的预测模型，为区域内物流资源的合理规划提出了一定的建议与指导；于博等人针对短期的物流需求预测问题建立了基于指数平滑法的预测模型，对云南省未来三年的物流需求进行预测，为物流企业的基础设施的合理调配提供数据支持；杨正毅从农村物流基本需求现状出发，对农村物流需求预测原理和农村物流需求预测相结合模型进行了探讨，并模拟了基于灰色神经网络模型的农村物流需求，验证了灰色神经网络模型对于农村物流需求预测的意义；李明书针对长春市邮政物流总量建立了基于 ARIMA 的时间序列模型，并根据模型预测结果对长春市城市配送中心的发展布局、配送车辆规划提出了建设性的意见。

在使用组合模型进行物流需求预测方面，张仁萍在进行区域物流需求预测时，首先建立了灰色预测模型，并利用马尔可夫链模型对该模型的物流需求预测结果进行修正，成功提高了预测模型的准确度；刘旭等人针对军事物流的特殊性，全面分析国内、国际影响因素，建立了基于自适应共振理论 ART2 模型与 BP 神经网络的组合模型，并将模型结果与单一神经网络模型做对比，结果表明，其所建立的组合模型有效；李顺等人以宁波港口的物流需求为研究目标，建立了一种基于 GA-XG-Boost 的需求预测模型，预测结果表明，相对于单一模型，该组合模型的准确度更高。

对于物流需求预测方面，国内的研究方法逐渐由定性分析向定量分析转变，且不仅仅局限于单一模型的选取，不同类型方法的组合模型已逐渐成为国内外学者对于物流需求预测的主要研究方法。

二、生鲜农产品冷链物流需求预测指标体系的构建

下面对影响冷链物流的关键因素进行分析，根据分析结果针对各影响因素建立生鲜冷链物流需求影响指标体系，并提出利用灰色关联法对指标体系进行优化。

（一）需求影响因素分析

从供应商、生产商、分销商至最终的消费者，物流将供应链条上各环节的主体串联在一起，对于物流需求的影响因素也就更为复杂与多样。而对于生鲜农产品来说，由于生鲜农产品本身存在易腐蚀性，对其在物流运输中的要求与标准也就更为严苛。本章分别从经济整体发展水平、区域内产业结构情况、人口发展水平、市场贸易发展情况、社会固定资产投资、区域交通运输情况、生鲜农产品的产品供需及冷链物流发展情况对生鲜农产品的冷链物流需求的相关影响因素进行有针对性的具体分析。

1. 区域经济发展水平

区域经济发展水平一方面能够反映该地区整个经济运行状况，另一方面也能够反映出该地区的居民消费水平。当一个地区的经济发展到一定的高度，就意味着该区域对于市场物资的需求量也相对较高，对于物流服务的需求度也相对较高。此外，在经济发展水平高的地方，人们对于生活水平的要求也相对较高，在饮食方面，人们可能不仅仅追求于饮食的温饱，而更多关注的是食品的安全度、新鲜度、营养价值，因而在饮食比例中对于生鲜农产品冷链服务的需求也就相对更高。而在经济发展水平相对较差的地方，人们的人均可支配收入可能不足以支持大家追求更高质量的食品，满足温饱、价格低廉可能是大家更追求的食品要

素，那么对于生鲜农产品冷链物流服务的需求也就相对更低。

2. 产业结构

除区域经济发展水平外，一个地区的产业发展结构也同样能够表现出该地区的经济发展状况。从整体上看，一般情况下，第一产业比重相对较高的地区，意味着该地区主要发展农业，像种植业、林业、牧业和渔业，该地区服务行业发展相对较差，那么意味着该地区对于物流行业的需求量也相对较低；而第三产业比重相对较高的地区，意味着该地区流通业及服务业发展水平相对较高，人们生活水平相较于其他区域也相对较好。在这样的区域，人们对于生活质量水平的要求也更高，流通服务业也就发展得更好。

从各产业部分来看，研究的对象是生鲜农产品的冷链物流需求，而生鲜农产品主要来源于第一产业农业，农业的生产一方面会影响生鲜农产品的产量，另一方面会影响生鲜农产品的价格，在市场其他因素不变的情况下，生鲜农产品产量越高，价格可能相对较低，反之价格则相对较高；冷链物流的运行离不开社会基础交通设施的建设，第二产业的发展水平越高，一定程度上意味着该地区公路、铁路等相关运输设施的配备也相对更加完善，有助于推动冷链物流服务的运行；第三产业主要分为流通和服务两大部分，冷链物流就是在流通行业的服务性产业，第三产业的发展有助于推动冷链物流服务行业在全社会的运行与进步。

3. 人口发展水平

生鲜农产品的最终消费者是人民，是冷链物流需求产生的最终决定者。区域的人口发展水平主要表现在地区的人口数量、居民的可支配收入、城镇化率等方面，人口发展水平越高，意味着该地区的人口数量相对较多，城镇化率相对更高，居民的消费水平整体较高，消费水平的不断提高推动着人们对于生活质量追求的提高，进一步有助于社会物流服务需求的增加及生鲜农产品物流质量的提高。

4. 社会固定资产投资

社会固定资产投资的主要含义是指以货币的形式来加以体现的、在一定经济阶段内、社会资产所有者用于建造和经营使用的固定资产所需要发生的实际工作量以及其他各种与此相关经济费用的实际投资量的总称。对生鲜农产品来说，政府及社会各界对于农林牧渔业的固定资产投资有助于推动农林牧渔业的基础设施、设备的建设，提高农林牧渔业的生产效率，推动区域内第一产业的发展，第一产业的发展对于生鲜农产品在市场中的价格、需求量都具有重要作用。

5. 区域交通运输情况

区域交通运输的情况主要包括一个国家或地区的交通营运情况及其货运能力，营运情况主要包括一个国家或地区的交通营运行驶里程数及其营运车辆的拥有量，营运行驶里程的数值一定意义上直接反映了一个国家或地区生鲜农产品冷链交通运输的发展情况，营运车辆的拥有量反映了一个国家或地区生鲜农产品冷链交通运输基础设施配备的情况。针对生鲜农产品的冷链运输在进行具体分析时更需要关注的是公路的营运里程数及公路的冷链营运车辆数，营运里程数越高，意味着该地区的物流运输需求越强；营运车辆数越多，意味着该地区冷链基础设施建设得越好，也能够在一定程度上反映出一个地区的物流需求水平。而货物运输能力则包括地方或国家所处区域内所要运输的货物总量和货物周转量。货物的总量就是指一定的时期内所运输的货物数量之和，而货物的周转量则是指整个运输中实际交付的货物数量与货物的平均运输距离的乘积，货运量及货物的周转量都能够综合地反映出一定期间或者区域内全社会对于货物运输的要求。

6. 产品供需

在经济学之中的供需关系理论中已经提到，在一个具有竞争力的市场中，供给和商品需求的相对稀缺性，也就是供给和商品需求的多少，决定了一个商品的价格和生产率。生产的产品数量、生产的价格等因素都会直接影响供需基数的变化，生鲜农产品的供给是反映当地对冷链物流的需求基数变化，是冷链物流产生需求的动力源头。生鲜农产品的供给价格也直接影响了居民对于该类食品消费的需求量，由于目前针对不同品类的农产品没有统一的平均生产价格，本书在研究生鲜农产品供给价格时，是利用农产品生产价格指数来对生鲜农产品需求进行预测的。

7. 冷链运输情况

分析一个国家或者地区的物流行业发展情况，可以把物流的需求作为衡量标准，物流的需求和发展与物流产业的发展之间也有着密切的联系，生鲜农产品的冷链物流需求也是如此。随着现代人们工作和生活品质的进步和提高，对于服务的专业化程度也有了更高的技术要求，同时由于市场竞争的日益剧烈，促使我国物流服务行业在其服务水平上仍然亟待给予更高的认识和重视，高效高质的冷链物流运输是生鲜农产品在市场流通过程中平稳运营的基础保障，冷链基础设施及设备的建设决定了冷链运输的流通率与损耗率，而冷链运输中的损耗率、流通率也决定了生鲜农产品的生产、销售者在市场中的供货比例，从而影响生鲜农产品在整个冷链物流运输中的需求量。

（二）需求预测指标体系的构建

合理地进行生鲜农产品冷链物流需求预测的第一步就是要根据其影响因素来建立有效的相关的冷链物流需求预测指标体系，为了有效保证需求预测结果的准确性及合理性，需求预测指标的正确选择应当遵循以下的原则。

（1）全面性原则。物流需求的影响因素涉及社会经济发展的方方面面，为保证预测结果的合理性，指标的选取应尽可能考虑到冷链物流运行的全流程，且针对物流行业的相关指标应在数据可获得的情况下进行冷链物流需求预测。

（2）相关性原则。在遵循全面性的基础上，指标的选取要保证每一项要与本书的研究对象——生鲜农产品冷链物流需求具有较高的相关度，只有预测指标与预测目标具有较高的相关度，需求预测模型才能呈现较高的预测精度。

（3）可量化性原则。在进行具体模型的需求预测时，为了能够较好地分析解释变量与被解释变量之间的关系，指标的选取要尽可能地选择目前的统计数据中明确有的或者通过某种方式能够进行量化的，要保证在实际模型运行过程中可以进行数据分析。

（4）连贯性原则。针对需求预测选取的相关指标应在若干年内，在统计数据中保持连续，保证预测对象的连贯性、可比较性。

1. 生鲜农产品冷链物流需求预测指标体系

根据各影响因素分析，结合全面性、相关性、可量化性及连贯性的原则，可以得到如表3-3所示的生鲜农产品冷链物流需求预测指标体系，共计20个具体指标。

表3-3　生鲜农产品冷链物流需求预测指标体系

研究目标	一级指标	二级指标
生鲜农产品冷链物流需求	经济整体发展水平	GDP
		交通运输、仓储、邮政业地区生产总值
		农、林、牧、渔业总产值
		社会消费品零售总额
	产业结构	第一产业产值
		第二产业产值
		第三产业产值
	人口发展水平	人口规模
		城镇化率
		人均可支配收入
	社会固定资产投资	农、林、牧、渔业固定资产投资
	区域交通运输情况	营运里程数
		货运量
		公路营运汽车拥有量
		货物周转量

续表

研究目标	一级指标	二级指标
生鲜农产品冷链物流需求	产品供需情况	生鲜农产品产量
		农产品生产价格指数
	冷链物流发展情况	冷库容量
		冷链物流损失率
		冷链物流流通率

2. 生鲜农产品冷链物流需求预测指标灰色关联度分析

根据生鲜农产品冷链物流需求的相关影响因素，本书在遵循指标选取的原则下确立了 20 个需求预测指标，但这 20 个指标与本书研究对象的相关密切程度还需要进一步进行分析，通过关联性分析结果，从中选取与冷链需求相关度相对较高的指标进行需求预测。

关联性分析方法就是以各个影响因素的发展状况和态势的相似性或者差别程度为基础，来衡量影响因素间的关联度。在众多基于灰色关联度的分析方法中，灰色关联度的分析方法主要是根据各个影响因素之间的几何曲线相似性和复杂程度等因素确定其相关性，它对于无规律的数据集同样适用。针对生鲜农产品的冷链物流需求和各个影响指标之间的错综复杂关系，本书采用灰色关联法进行了关联性分析。

结合本书的研究对象，该方法的具体计算步骤如下。

（1）确定参考数列和比较数列。在本书中参考数列为生鲜农产品冷链物流需求量，比较数列是指影响冷链物流需求量的各个指标组成的数据序列。

（2）对各变量进行无量纲化处理。由于各个影响指标其数据的量纲并不相同，例如在影响指标中，像营运里程数货运量的数值可能达到上万，而损耗率、流通率的数据可能只有个位数，对于数据直接进行关联度分析可能会导致结论有所偏差。因此在计算关联系数前，应首先对物流需求量及 20 个影响因素的具体数据进行无量纲化处理。

（3）计算关联系数。对于一个参考数列物流需求量 X_0 来说，有 20 个比较数列 $X_1, X_2, \cdots, X_{20}$，各指标与物流需求在每个指标每年的关联系数 $\xi_i(k)$ 可由下式计算得出。其中 ρ 为分辨系数，一般情况下在 0~1 之间，通常取 0.5。两级的最小差为 $\Delta_{\min}$，两级的最大差为 $\Delta_{\max}$。设 X_0 为生鲜农产品的需求量参考数列，$X_1, X_2, \cdots, X_{20}$，分别为各影响指标进行无量纲化处理后的数据列。关联系数公式如下：

$$\xi_i(k) = \frac{\Delta_{\min} + \rho \Delta_{\max}}{\Delta_{0i}(k) + \rho \Delta_{\max}} \quad (3-47)$$

式中，$\Delta_{0i}(k)$ 为比较数列 X_1 曲线上的每一个点与参考数列 X_0 曲线上的对应点的绝对差值。

(4) 求关联度 r_i。步骤 (3) 求得的关联系数是每个指标在每一年分别与物流需求量求得的关联系数,也就是说每个指标对应着每个关联系数值,为了得到各个指标与物流需求的整体相关水平,我们将每个指标对应的关联系数的平均值作为关联度的最终结果。关联度公式如下:

$$r_i = \frac{1}{N}\sum_{k=1}^{N}\xi_i(k) \qquad (3-48)$$

式中,r_i 为比较数列 X_i 对于参考数列 X_0 的灰色关联度的值,根据计算结果,r_i 的值越接近1,表明相关性越强;反之,则相关性越差。

(5) 关联度排序。若 r_i 的值大于 r_j,则表明 $\{X_i\}$ 对于同一参考序列 $\{X_0\}$ 的相关性优于 $\{X_j\}$,即 $\{X_i\} > \{X_j\}$。在本研究中,将20个指标对于生鲜农产品冷链物流需求量的关联度根据其值的大小进行排列,记作 $\{X\}$。

对于生鲜农产品冷链物流需求预测的各项指标,为避免影响模型精度,在后续的实证研究中利用灰色关联分析将关联度相对较低的指标进行剔除,确定最终的需求预测指标体系。

三、生鲜农产品冷链物流需求预测模型的构建

根据上述需求预测指标体系,选取主成分分析法对原有的指标数据进行降维,根据提取的主成分指标分别从非线性及线性的角度建立多元回归及BP神经网络模型需求预测模型,并以Shapley值法作为建立组合模型的权重确定法。

(一) 主成分分析的相关理论及步骤

主成分分析 (principal component analysis, PCA) 是一种利用线性代数进行降维的工具,它能够在损失尽可能少信息的前提下,把多个成分转化为几个综合成分。在对生鲜农产品的冷链仓储和物流供应的需求情况进行预测时,构建的预测指标共有20个,这20个影响指标中可能存在着一定的相关性及数据冗余,在面对这种原始变量比较多的一些复杂问题时,该方法能够在避免原始信息被遗漏的必要条件下,提取出有用的信息,去除冗余的信息,简化这些模型的结构,减少因为原始变量之间的信息重叠而大大降低模型准确率的现象。

(二) 基于多元回归的冷链物流需求预测模型

1. 多元回归预测的相关理论

多元回归模型主要是研究一个解释性的变量与两个或两个以上被解释性变量之间的回归,也可以简称为多元线性回归,它研究的是一种现象随着两种或两种以上的现象而变化的问题。针对本书的研究对象冷链物流需求,作为研究的因变

量与经济社会中各发展要素都存在着一定的关联关系，而且有时候受到这些影响的因素也难以准确地区分其中的主次；有些影响因素看起来比较次要，但它们的作用却无法被忽视，因而不能轻易舍去其中的某个相关因素。采用多元回归分析法能够较好地对解释变量与被解释变量之间的相关关系做出数据性的解释。

2. 多元回归预测的计量模型

多元回归需求预测的具体模型公式如下：

$$Y = \beta_0 + \beta_1 X_1 + \beta_2 X_2 + \cdots + \beta_n X_n + \varepsilon \tag{3-49}$$

该模型主要反映的是 Y 如何根据其影响指标 X_1，X_2，$\cdots$，X_n 进行变化，Y 为本课题的研究对象，即生鲜农产品的冷链物流需求；X_1，X_2，$\cdots$，X_n 为根据主成分分析提取的 20 个影响指标的主成分；n 为主成分提取的个数。β_0 是一个常数项，当 X_1，X_2，$\cdots$，X_n 都为 0 时，这个常量就表示 Y 的值。β_n 是回归系数，如 β_1 所表示的是当 X_1，X_2，$\cdots$，X_n 不变时，X_1 每增加一个单位对于 Y 的影响变化。ε 是误差项，即除 n 个自变量对数值 Y 影响后的随机误差，也称残差。此外，根据主成分分析法提取的各个主成分之间应不存在完全的多重共线性，即其中的一个主成分并不能用其他主成分的线性函数来表示，否则多元线性回归需求预测模型就会失效。

3. 多元回归模型的检验

为了验证所建立的多元回归需求预测模型的科学性与合理性，还需要进行拟合优度检验、显著性检验以及多元回归系数的显著性检验。

拟合度检验的是所有样本的观察值的拟合程度，即检验物流需求量 Y 与各主成分指标 X_1，X_2，$\cdots$，X_n 之间的相关程度。可决系数也称判定系数 R^2 是用来判断回归方程拟合程度大小的值，它表示 X 与 Y 的回归关系可以解释全部偏差中百分之多少的偏差。R^2 的结果取值范围在 [0，1] 之间，越接近 1，说明模型的拟合度越高，其计算公式如下。以总离差平方的分解作为基础，总离差平方和 $SST = SSR + SSE$，其中，$SST = \sum_{i=1}^{n}(y_i - \bar{y})^2$ 残差平方和 $SSE = \sum_{i=1}^{n}(y_i - \hat{y}_i)^2$，回归平方和 $SSR = \sum_{i=1}^{n}(\hat{y}_i - \bar{y})^2$，$\bar{y}$ 是样本均值，$\hat{y}$ 是估计值，判定系数 R^2 是回归平方和占总离差平方和的比例：

$$R^2 = \frac{SSR}{SST} = \frac{\sum_{i=1}^{n}(\hat{y}_i - \bar{y})^2}{\sum_{i=1}^{n}(y_i - \bar{y})^2} \tag{3-50}$$

回归方程的显著性检验，也称为 F 检验。它是针对回归方程进行的检验，检验多元线性回归方程中所有提出的主成分和物流需求之间线性关系的显著程度。

首先要提出两个假设：H_0 假设和 H_1 假设。H_0：$\beta_0 = \beta_1 = \cdots = \beta_k = 0$，线性关系不显著。$H_1$：$\beta_1$，$\beta_2$，$\beta_k$ 至少有一个不等于 0。其计算公式如下：

$$F = \frac{\dfrac{SSR}{k}}{\dfrac{SSE}{n-k-1}} = \frac{MSR}{MSE} \leftrightarrow F(k, n-k-1) \qquad (3-51)$$

然后可以确定显著性水平 α，基于分子自由度以及分母自由度 $n-2$ 找出临界值 F_α，以此做出判断，如果 $F > F_\alpha$，则拒绝 H_0；如果 $F < F_\alpha$，则不能拒绝 H_0。

回归方程中各个系数的显著性检验为 t 检验。检验各主成分 X 对物流需求 Y 的影响程度的大小，从而确定所提取的各个主成分是否应该保留在线性回归方程中。同样先提出两个假设，H_0 假设和 H_1 假设。H_0：$\beta_i = 0$，即主成分 X_i 与物流需求没有线性关系。H_1：$B_i \neq 0$，即主成分 X 与物流需求 Y 有线性关系。若 $|t| > t_{\frac{\alpha}{2}}$，拒绝 H_0，表明该主成分是影响物流需求的一个显著因素；若 $|t| > t_{\frac{\alpha}{2}}$，则不能拒绝 H_0。

综上所述，生鲜农产品冷链物流需求规模预测系统中，物流需求规模的大小很有可能会受一种或几种其他因素的影响，回归模型作为一种比较经典的预测模型，可以很直观地看出这些自变量如何对因变量物流需求规模产生相应的影响。在研究之初，并不能直观确切地确定哪些指标更有效地适合于预测，因此，在遵循指标确定原则的基础上，应尽可能全面地确定需求预测的指标。在多元回归实际进行预测时，可以分别进行输入性回归及逐步回归，逐步回归可以用来消除指标之间可能存在的多重共线性问题，从而得出最优的预测模型。

（三）主成分分析 BP 神经网络预测模型

BP 神经网络的原理是通过对于样本数据的训练学习，探究发现其输入层和输出层存在的某种关系，从而完成一个 n 维到 m 维的映射关系。针对本问题，BP 神经网络中的输入层为根据所建立的指标体系通过灰色关联分析、主成分分析所得出的各个主成分指标，输出层为生鲜农产品冷链物流需求量。

BP 神经网络由输入层、隐藏层、输出层 3 部分构成，其主要包括正向传播及反向误差传播两部分。正向传播的过程从输入层的神经元接收到根据生鲜农产品冷链物流需求指标提取的主成分开始，然后输入层的神经元将各个主成分的信息传递给隐藏层；隐藏层对接收到的主成分信息通过处理传递给输出层，即对于生鲜农产品冷链物流需求的预测值，通过对预测值及实际值进行误差分析，若误差没有达到期望值，则进行反向误差传播。反向误差传播从输出层的物流需求量到隐藏层再到输入层的主成分指标，根据正向传播中的误差最小的权值及阈值重新对网络进行训练，直至冷链物流需求预测值和实际值的误差达到期望值。

正向传播的具体计算公式如式（3-52）及式（3-53）所示，其中 H_j 为隐含层输出，O_k 为预测输出，w_{ij} 和 w_{jk} 为权值，a_j 和 b_k 为阈值，f 为隐含层激励函数，激励函数 PURELIN 的具体公式如下：

$$H_j = f\Big(\sum_{i=1}^{n} w_{ij}x_i - a_j\Big) \quad (3-52)$$

$$O_k = \sum_{j=1}^{l} H_j w_{jk} - b_k \quad (3-53)$$

$$f(x) = \frac{2}{1 + e^{-2x}} - 1 \quad (3-54)$$

误差反向传播中更新阈值及权值的具体计算公式如下，其中 e_k 为预测误差，η 为学习率。

$$w_{ij} = w_{ij} + \eta H_j(1 - H_j)x(i)\sum_{k=1}^{m} w_{jk}e_k \quad (3-55)$$

$$w_{jk} = w_{jk} + \eta H_j e_k \quad (3-56)$$

$$a_j = a_j + \eta H_j(1 - H_j)\sum_{k=1}^{m} w_{jk}e_k \quad (3-57)$$

$$b_k = b_k + e_k \quad (3-58)$$

根据以上对于神经网络的相关介绍可知，BP 神经网络一个突出的优势是它具有很强的非线性映射能力，信号正向传播和误差反向传播的权值较高，以逼近预测期望值，这个特征使得其中神经网络模型在对物流需求的预测领域有着其他一般方法不能比拟的优点，其主要的特征包括：非线性映射的特征、泛化性特征、记忆特征和容错性。

1. 非线性映射能力强

神经网络算法相对于多元回归算法来说能够较好地解释变量与被解释变量之间非线性的数量关系。而生鲜农产品冷链物流需求及其影响因素之间的关系非常复杂，各变量与物流需求之间的相关关系可能存在线性关系，也可能存在非线性相关关系，仅利用多元回归可能无法较好地解释非线性的变量关系，通过具有非线性映射能力的神经网络函数可以更加有效地解决这类问题。

2. 泛化能力较好

神经网络具有较好的泛化能力，即训练好的网络对于新数据也能够达到较好的应用效果、较高的模型精度，减少了研究工作的重复性，提高了预测工作的效率。

3. 网络记忆能力好

在模型运行过程中，当输入新的运算数据时，神经网络可以优先匹配已保存好的在进行需求预测中表现结果相对较好的权值，从而减少了冗杂重复的数据训练过程，加快需求预测的进度。

4. 容错能力较好

神经网络的容错能力是指在模型进行训练或预测时，即使输入或输出变量中存在有部分缺失或数据收集统计上的误差，也不会对模型的预测结果产生较大的影响。这是因为模型在进行权值调整时，主要依据的是所有的样本数据特征，不会因为个别误差对最终结果产生较大的影响。

通过以上对 BP 神经网络的相关优势及特征分析可知，针对生鲜农产品冷链物流与各影响因素之间相对复杂的线性与非线性关系，BP 神经网络能够较好地处理各影响因素与冷链物流需求之间的相关关系。本书选用 BP 神经网络对生鲜农产品冷链物流需求进行预测。

（四）基于 Shapley 值法的组合需求预测模型的建立

针对冷链物流需求预测的问题来说，目前从传统统计学方法到智能理论方法，每一种单一的需求预测模型都存在着其各自的优势与劣势，而组合模型可以综合不同模型的优势，有效提高需求预测的准确度。目前组合预测的方法主要包括线性及非线性组合方法，本书选取线性组合的预测方式对多元线性回归模型及 BP 神经网络模型进行组合，线性组合方式的原理就是根据每个单一预测模型的模型精度对其进行权重赋值，模型精度高的其权重就高；模型精度低的，其权重就低。本书采取两种预测方法进行组合，组合预测模型如下。

$$Y_t = \sum_{i=1}^{n} \lambda_i Y_{it}, \ i = 1, 2, \cdots, n \tag{3-59}$$

式中，Y_t 为在 t 时刻的组合预测值；λ_i 为第 i 种方法的权重系数，$\sum_{i=1}^{n} \lambda_i = 1$；$Y_{it}$ 为第 i 种方法在 t 时刻的预测值。

第 i 种方法的预测结果的绝对误差平均值为：

$$E_i = \frac{1}{m} \sum_{j=1}^{m} |e_{ij}| \tag{3-60}$$

式中，m 为样本空间；e_{ij} 为第 i 种方法在 j 时的误差值。

该组合预测误差的平均值为：

$$E = \frac{1}{n} \sum_{i=1}^{n} E_i, \ i = 1, 2, \cdots, n \tag{3-61}$$

由此可见，组合预测模型最终的精度大小取决于各单一模型权重比例的分配，目前各行业学者对于权重赋值主要运用的是等权重法、方差倒数法、标准差法、根据有效度确定权重法等。本书选取 Shapley 值法来确定权值。

Shapley 值法是一种运用于经济学中，主要解决利益分配问题的方法，它由美国学者 LloydS. Shapley 提出，常被运用于博弈论中。其基本思想是，对于 M 个合作者，对于不同的组合合作形式 C 对应的贡献函数 Y，得出最优的成本分摊方案。其中的每一个合作者所能得到的利润分配等于它所参与的联盟的边际期望贡献值。

针对本研究中的组合预测问题，每一个单一模型就是一个合作者，对每一个单一模型在组合模型中所要赋予的权重就是其应得到的利润，组合预测模型就是利用 Shapley 值法为每一个单一预测模型赋予合适的权重，从而使组合预测模型最后的精度最高，得到最好的预测结果。

本章有两种单项预测模型，记为 $C = \{1, 2\}$，I 的子集分别 $A = \{1\}$，$B = \{1\}$，$C = \{1, 2\}$。以子集 A 和 B 为例，$E(A)$ 和 $E(B)$ 分别表示组合 A 和组合 B 的误差，而对于子集 A 和 B 来说，有 $E(A) + E(B) \geqslant E\{A \cup B\}$，其中 $E(A)$、$E(B)$、$E\{A \cup B\}$ 为各自的误差。若 $A \subseteq I$，$i \subseteq A$，y_i 为第 i 种单项预测方法和预测中所分担的误差值，则有 $\sum_{i \in A} y_i \leqslant E(A)$，组合预测总的误差为两种单项预测误差的总和，误差分配公式如下：

$$E'_i = \sum_{S \subseteq S_i} w(|s|) \left[E(s) - E(s \setminus i) \right], \quad i = 1, 2 \tag{3-62}$$

式中，$w(|s|)$ 为组合中成员 i 所承担的组合边际贡献；i 为第 i 种预测模型；E'_i 为第 i 种预测模型所分担的误差值；s 为包含预测模型 i 的组合；$|s|$ 为组合中单项预测模型的个数；$s \setminus i$ 为组合中排除模型 i；n 为组合中预测模型的总个数。

权数的计算公式为：

$$\lambda_i = \frac{1}{n - 1} \cdot \frac{E - E'_i}{E} \tag{3-63}$$

四、北京市生鲜农产品冷链物流需求预测实证研究

以北京市影响冷链物流需求的各项指标及物流需求量的数据进行实证研究，分别完成基于两个单一模型的北京市生鲜农产品冷链物流需求预测及基于 Shapley 值法的北京市组合需求预测模型的构建，根据模型误差结果验证所建立组合模型的有效性。

（一）北京市生鲜农产品冷链物流发展情况及问题分析

（1）生鲜农产品供需不平衡，外省市向北京保持供应亟须完备的冷链物流基础设施建设。2017~2019 年北京人均消费支出及人均生鲜农产品消费量均呈现逐步上升的趋势。但北京市的生鲜农产品的生产量却在逐年递减，北京市生鲜农产品产量已由 2015 年的 456.1 万吨降至 2019 年的 255.4 万吨，北京市的生鲜特色农产品

的年生产量并不能完全满足市民的实际需要，必须从外地采购。在京津冀一体化的发展趋势下，北京市的生鲜农产品供应主要来自河北省，而河北省生鲜农产品在足够满足本省人的需求下，为了解决市场饱和的问题，就需要面向本省以外的省市进行销售，而北京就是其最近也是最大的销售区域。因此，完善的冷链物流运输与仓储建设体系能够有效地保障北京市和河北省的经济与生鲜农产品发展平衡。

（2）冷链企业、冷库数量、冷藏车等基础设施建设不断扩充，但人均保有量较低。2017~2020年北京市冷链企业数量、冷库容量均呈现逐渐增长的趋势，其中冷库容量在2020年有明显提升，较上年增长了18.8%（表3-4）。冷链基础设施的逐渐完善为北京市冷链物流的发展提供了更多发展机遇与更广阔的发展前景。虽然冷库的总容量在不断增加，但不可忽视的是北京市的人均冷库容量截至2019年底仅人均0.013m³，而发达国家如新西兰、美国、加拿大等人均冷库容量则分别有0.503m³、0.49m³、0.316m³，是北京市的25~40倍。相较于发达国家，北京市的冷库容量建设还任重而道远。

表3-4 北京市2017~2020年冷链企业及冷链基础设施发展情况

年份	冷链企业数量/个	冷库容量/吨	冷藏车数量/辆
2017	72	1601465	2751
2018	64	1634718	2670
2019	62	1759655	5434
2020	73	2089708	3835

冷藏车数量在2017~2019年均呈现增长趋势，且2019年冷藏车数量较2018年增长超100%，冷藏车运输发展迅速。虽然冷藏车整体发展趋势向好，但与发达国家相比，冷藏车的人均配有量仍有一定差距，在美国和日本，平均约每500人配就有1辆冷藏车，而在北京市平均约每5000人才配有1辆冷藏车。

（3）北京交通运输的管制、货运车辆数量的减少、冷链物流的流通率低，降低了配送的效率。在经济及一体化的发展趋势下，北京和河北已经建设了完善的冷链物流运输网络，但在北京的交通管制下，河北的货物运输车辆只有办理进京证才能正常进京，且在白天北京城内并不允许货运车辆进入。这就导致一方面生鲜农产品从京外运输进京的流程烦琐，花费大量的时间与精力，使得生鲜产品在路途中耽搁太久，运输产品大量损坏，成本也有所增加；另一方面，由于北京的限行政策，目前有很多生鲜产品使用普通货运车辆进行配送，从而使得产品在最终到达消费者的手中时，其新鲜度、质量安全度都有所下降。截至2019年年底，北京地区的公路货运车辆拥有量为8.56万辆，比2016年的18.11万辆下降了52.7%，而且针对生鲜农产品的冷链运输率不到20%，普通货运车的运输使得运输中的腐坏率有所增加。

（4）2020年12月1日发布的《北京物流发展规划》指出，到2035年，北京的冷链流通率要争取超过80%。在现有4个物流基地的基础上新增昌平南口和房山窦店2个物流基地，全市布局约46个配送中心，其中包括17个生鲜冷链配送中心。在昌平回龙观、顺义、延庆、怀柔、门头沟各规划了生鲜冷链配送中心一处，进一步完善通州马驹桥物流基地的口岸、冷链、终端配送的功能，减少商品的加工与转运环节，降低人力、物料消耗，增强信息化、标准化、智能化设备与管理在物流服务中的作用。在政策的支撑下，北京市未来冷链物流的建设将会不断完善，而如何能有效地依托政策、合理规划资金支持，推动北京市的冷链物流发展，也必将成为一个关键的研究课题。

综上所述，北京市未来生鲜农产品冷链物流的发展存在着机遇，也存在着一定的挑战。本书构建的生鲜农产品冷链物流需求预测，旨在为区域性的生鲜农产品冷链物流发展规划的制定、区域冷链物流基础设施投资方向的确定提供必要的数据支持。

（二）数据来源及数据处理

针对北京市关于生鲜农产品影响因素指标选取、区域经济发展水平、产业结构、人口发展水平、社会固定资产投入、区域交通运输状况下的各项指标数据主要来自《北京统计年鉴2000—2020》《数说北京——改革开放三十年》和《中国统计年鉴》，冷链运输情况下指标的数据主要来自《中国冷链物流发展报告》及相关研究文献。

由于我国物流研究起步相对较晚，尤其是针对冷链物流行业的数据统计工作开始得也相对较晚，关于冷链物流的部分数据也较难获得。例如冷链物流基础设施建设中冷藏车的数据统计并没有完整的统计结果，且较早期的数据也都缺失，因而在对北京市生鲜农产品冷链物流进行分析时，对于冷藏车不做具体研究指标设定。此外，根据相关文献研究结果，北京市冷链物流流通率及冷库容量数据在2000~2004年存在缺失，鉴于冷链物流流通率及冷库容量与冷链物流损耗率的相关性，本书利用曲线回归的方法对其中的缺失值进行补充。

以人口数量×人均生鲜农产品消费量的结果作为生鲜农产品冷链物流的需求量，其中人均生鲜农产品消费量为人均年水果、蔬菜、肉禽、蛋奶及水产品的消费量之和，需求预测指标中生鲜农产品产量的数据同样根据北京统计年鉴中水果、蔬菜、肉禽、蛋奶及水产品的生产量之和得出。由于目前北京市的冷链运输主要以公路为主，因此指标中的货运量与货物周转量均选择公路的具体数据。各指标的定义如下，具体数据见表3-5。

表 3-5 指标数据表

年份	Y	X_1	X_2	X_3	X_4	X_5	X_6	X_7	X_8	X_9	X_{10}	X_{11}	X_{12}	X_{13}	X_{14}	X_{15}	X_{16}	X_{17}	X_{18}	X_{19}	X_{20}
2001	390.61	3161.70	213.50	188.6	79.30	1033.30	2049.10	1363.60	77.54	471.4	471.4	3.6	13600.00	28010.00	82.60	7.94	660.00	95.00	—	57.20	—
2002	418.92	3708.00	227.60	202.2	80.80	1142.40	2484.80	1385.10	78.10	528.7	528.7	1.9	13891.00	28007.00	82.60	9.43	710.30	102.00	—	55.00	—
2003	435.96	4315.00	249.20	213.5	82.40	1250.00	2982.60	1423.20	78.60	540.2	540.2	2.2	14359.00	28375.00	83.60	10.56	752.50	92.40	—	52.80	—
2004	455.34	5007.20	271.10	224.7	84.10	1487.20	3435.90	1456.40	79.10	596.4	596.4	2.3	14453.00	28361.00	79.00	11.97	746.10	102.50	—	50.60	—
2005	472.12	6033.20	303.40	234.9	87.40	1853.60	4092.20	1492.70	79.50	644.9	644.9	9	14630.00	29256.00	82.30	12.03	712.30	106.20	—	48.40	30.86
2006	504.31	6969.50	333.90	239.3	88.70	2026.50	4854.30	1538.00	83.60	751	751	14.2	14696.00	30050.00	85.50	12.92	632.20	102.90	4.57	46.20	37.36
2007	537.67	8117.80	373.50	240.2	88.80	2191.40	5837.60	1601.00	84.30	818.8	818.8	16.6	20503.00	30953.00	88.60	16.7	579.80	99.10	4.61	45.60	47.91
2008	570.40	9846.80	412.50	272.3	101.30	2509.40	7236.10	1676.00	84.50	940.4	940.4	19.2	20754.00	17872.00	79.30	13.78	584.00	114.40	5.05	42.30	48.01
2009	617.31	11115.00	408.40	303.9	112.80	2626.40	8375.80	1.771.00	84.90	1073.3	1073.3	28.1	20340.00	18689.00	84.10	15.09	563.70	112.30	5.19	40.00	49.96
2010	651.21	12153.00	449.20	315	118.30	2855.50	9179.20	1860.00	85.00	1201	1201	54.5	20755.00	18753.00	87.90	17.96	565.00	98.30	6.27	35.70	53.99
2011	663.24	14113.60	570.40	328	124.40	3388.40	10600.80	1961.90	86.00	1354.7	1354.7	40.4	21114.00	20184.00	101.60	15.75	541.40	106.50	8.01	33.60	61.60
2012	693.07	16251.90	637.30	363.1	136.30	3752.50	12363.10	2018.60	86.20	1636.6	1636.6	40.6	21374.00	23276.00	132.30	18.6	535.80	110.70	8.15	32.30	71.89
2013	718.92	17801.02	635.50	395.7	150.30	4058.30	13592.40	2069.30	86.20	1759.9	1759.9	138	21492.00	24925.00	139.80	21.28	515.00	104.73	8.78	31.00	93.91
2014	744.79	19500.60	670.60	421.8	161.80	4352.30	14986.50	2114.80	86.30	1804.7	1804.7	173.4	21673.00	24651.00	156.19	24.11	495.10	104.70	9.21	28.90	110.91
2015	765.20	21330.83	724.80	420.1	158.99	4544.80	16627.04	2151.60	86.35	1860.5	1860.5	160.6	21849.00	25416.00	165.19	26.1	456.10	99.70	10.12	28.00	110.91
2016	793.67	23014.59	739.80	368.2	140.21	4542.64	18331.74	2171.00	86.50	1967.3	1967.3	109.4	21885.00	19044.00	156.36	25.08	414.90	99.80	10.97	24.30	125.18
2017	816.34	25669.13	790.80	338.1	129.79	4944.44	20594.90	2173.00	86.50	2296.7	2296.7	103.1	22026.00	19972.00	161.32	25.09	368.50	99.70	11.04	23.80	144.00

续表

年份	Y	X_1	X_2	X_3	X_4	X_5	X_6	X_7	X_8	X_9	X_{10}	X_{11}	X_{12}	X_{13}	X_{14}	X_{15}	X_{16}	X_{17}	X_{18}	X_{19}	X_{20}
2018	850.61	28014.94	901.00	308.3	120.42	5326.76	22567.76	2171.00	86.50	2489.3	2489.3	96.6	22226.00	19374.00	159.24	25.92	319.10	96.20	13.22	23.10	160.00
2019	867.58	33105.97	1015.90	296.8	120.56	5477.35	27508.06	2154.20	86.50	2586.3	2586.3	105.5	22256.00	20278.00	167.41	24.39	255.40	103.60	15.60	22.10	163.00

注 Y——北京市生鲜冷链物流需求量（万吨）；

X_1——地区生产总值（亿元）；

X_2——交通运输、仓储、邮政地区生产总值（亿元）；

X_3——农、林、牧、渔业总产值（亿元）；

X_4——第一产业产值（亿元）；

X_5——第二产业产值（亿元）；

X_6——第三产业产值（亿元）；

X_7——人口规模（万人）；

X_8——城镇化率（%）；

X_9——人均可支配收入（元）；

X_{10}——社会消费品零售总额（食品类商品）（亿元）；

X_{11}——农、林、牧、渔业固定资产投资（亿元）；

X_{12}——营运里程数（公路）（公里）；

X_{13}——货运量（公路）（万吨）；

X_{14}——货物周转量（亿吨/公里）；

X_{15}——公路营运汽车（载货汽车）拥有量（万辆）；

X_{16}——生鲜农产品（蔬菜、水果、肉禽、蛋奶、水产品）年产量（万吨）；

X_{17}——农产品生产价格指数（%）；

X_{18}——冷链物流通率（%）；

X_{19}——冷链物流损失率（%）；

X_{20}——冷库容量（万吨）。

生鲜农产品属于食品类产品,因而社会消费品零售总额具体为食品类商品零售总额;北京市冷链物流运输主要依靠公路,因此营运里程数、货运量及货物周转量均使用公路的相关数据。

1. 灰色关联度分析

首先利用灰色关联分析法计算 20 个指标与生鲜农产品冷链物流需求的关联度,关联度计算结果见表 3-6,对关联度进行排序得到:

$X_7>X_{15}>X_9>X_{10}>X_3>X_{16}>X_2>X_{17}>X_{20}>X_{18}>X_4>X_1>X_{13}>X_6>X_8>X_{11}>X_{14}>X_5>X_{19}>X_{12}$

表 3-6 生鲜农产品冷链物流需求与影响指标关联度

评价项	关联度	排名
地区生产总值/亿元	0.789	12
交通运输、仓储、邮政业地区生产总值/亿元	0.821	7
农、林、牧、渔业总产值/亿元	0.842	5
第一产业产值/亿元	0.796	11
第二产业产值/亿元	0.601	18
第三产业产值/亿元	0.78	14
人口规模（年末人口）/万人	0.941	1
城镇化率/%	0.756	15
人均可支配收入/元	0.877	3
社会消费品零售总额（食品类商品）/亿元	0.85	4
农、林、牧、渔业固定资产投资/亿元	0.711	16
营运里程数（公路）/公里	0.5	20
货运量（公路）/万吨	0.787	13
货物周转量/（亿吨·公里$^{-1}$）	0.639	17
公路营运汽车（载货汽车）拥有量/万辆	0.88	2
生鲜农产品年产量/万吨	0.83	6
农产品生产价格指数/%	0.807	8
冷链物流流通率/%	0.8	10
冷链物流损失率/%	0.509	19
冷库容量/万吨	0.8	9

表 3-6 中关联度小于 0.6 的有两个,分别为 X_{12}（营运里程数）、X_{19}（冷链物流损失率）,这两项指标与 Y（生鲜农产品冷链物流需求量）的关联度均小于

0.6，在后续的需求预测中将这两项指标剔除，最终确定进行需求预测的指标共18个，见表3-7。

表3-7 基于灰色关联分析的生鲜农产品冷链物流需求预测指标

生鲜农产品冷链物流需求量	地区生产总值	交通运输、仓储、邮政业地区生产总值	农、林、牧、渔、业总产值	第一产业产值	第二产业产值	第三产业产值	人口规模	城镇化率	人均可支配收入	社会消费品零售总额	农、林、牧、渔业固定资产投资	货运量	货物周转量	公路营运汽车拥有量	生鲜农产品年产量	农产品生产价格指数	冷链物流流通率	冷库容量
Y	X_1	X_2	X_3	X_4	X_5	X_6	X_7	X_8	X_9	X_{10}	X_{11}	X_{12}	X_{13}	X_{14}	X_{15}	X_{16}	X_{17}	X_{18}

2. 主成分分析

为了避免各数据之间量纲的不同对模型精度产生影响，首先对这18个指标进行标准化处理。归一化结果见表3-8（限于格式，在此处仅保留两位小数）。

表3-8 生鲜农产品物流需求预测指标归一化

Y	X_1	X_2	X_3	X_4	X_5	X_6	X_7	X_8	X_9	X_{10}	X_{11}	X_{12}	X_{13}	X_{14}	X_{15}	X_{16}	X_{17}	X_{18}
0.00	0.00	0.00	0.00	0.00	0.00	0.00	0.00	0.00	0.00	0.01	0.78	0.04	0.00	0.81	0.12	0.00	0.00
0.06	0.02	0.02	0.06	0.02	0.02	0.02	0.03	0.06	0.02	0.03	0.00	0.77	0.04	0.08	0.92	0.44	0.02	0.02
0.10	0.04	0.04	0.11	0.04	0.05	0.04	0.07	0.12	0.04	0.03	0.00	0.80	0.05	0.14	1.00	0.00	0.04	0.03
0.14	0.06	0.07	0.15	0.06	0.10	0.05	0.11	0.17	0.07	0.06	0.00	0.80	0.22	0.99	0.46	0.07	0.05
0.17	0.10	0.11	0.20	0.10	0.18	0.08	0.16	0.22	0.10	0.08	0.04	0.87	0.23	0.92	0.63	0.10	0.08
0.24	0.13	0.15	0.22	0.11	0.22	0.11	0.22	0.68	0.14	0.13	0.07	0.93	0.07	0.27	0.76	0.48	0.16	0.1
0.31	0.17	0.20	0.22	0.12	0.26	0.15	0.29	0.75	0.19	0.16	0.09	1.00	0.11	0.48	0.65	0.30	0.16	0.15
0.38	0.22	0.25	0.36	0.27	0.33	0.20	0.34	0.78	0.23	0.20	0.10	0.00	0.32	0.66	1.00	0.19	0.22
0.48	0.27	0.24	0.49	0.41	0.36	0.25	0.60	0.82	0.15	0.00	0.39	0.62	0.90	0.20	0.22
0.55	0.30	0.29	0.54	0.47	0.41	0.28	0.61	0.83	0.33	0.34	0.31	0.07	0.10	0.55	0.62	0.27	0.29	0.24
0.57	0.37	0.44	0.60	0.55	0.53	0.34	0.74	0.94	0.38	0.42	0.22	0.18	0.26	0.43	0.58	0.64	0.42	0.26
0.63	0.44	0.53	0.75	0.69	0.61	0.41	0.81	0.97	0.45	0.55	0.23	0.41	0.60	0.59	0.56	0.83	0.43	0.31

续表

Y	X_1	X_2	X_3	X_4	X_5	X_6	X_7	X_8	X_9	X_{10}	X_{11}	X_{12}	X_{13}	X_{14}	X_{15}	X_{16}	X_{17}	X_{18}
0.69	0.49	0.53	0.89	0.86	0.68	0.45	0.87	0.97	0.52	0.61	0.79	0.54	0.69	0.73	0.52	0.56	0.48	0.38
0.74	0.55	0.57	1.00	1.00	0.75	0.51	0.93	0.98	0.59	0.63	1.00	0.52	0.87	0.89	0.48	0.56	0.51	0.53
0.79	0.61	0.64	0.99	0.97	0.79	0.57	0.97	0.98	0.66	0.66	0.93	0.58	0.97	1.00	0.40	0.33	0.58	0.65
0.85	0.66	0.66	0.77	0.74	0.79	0.64	1.00	1.00	0.74	0.71	0.63	0.09	0.88	0.94	0.32	0.34	0.65	0.74
0.89	0.75	0.72	0.64	0.61	0.88	0.73	1.00	1.00	0.81	0.86	0.59	0.16	0.93	0.94	0.23	0.33	0.65	0.87
0.96	0.83	0.86	0.51	0.50	0.97	0.81	1.00	1.00	0.90	0.95	0.55	0.11	0.91	0.99	0.13	0.17	0.82	0.98
1.00	1.00	1.00	0.46	0.50	1.00	1.00	0.98	1.00	1.00	1.00	0.60	0.18	1.00	0.91	0.00	0.51	1.00	1.00

如表3-9所示，根据相关性分析结果，X_{16}（农产品生产价格指数）与其他17项指标的相关系数均值小于0.3，即农产品生产价格指数与其他17个变量弱相关，因此在后续的需求预测分析时，将X_{16}（农产品生产价格指数）单一指标作为各预测模型的输入。

表3-9　农产品生产价格指数与各指标的相关性

指标	皮尔逊相关性	Sig.（双尾）	个案数
X_1	-0.004	0.987	19
X_2	0.028	0.911	19
X_3	0.233	0.336	19
X_4	0.186	0.447	19
X_5	0.061	0.804	19
X_6	-0.018	0.943	19
X_7	0.106	0.667	19
X_8	0.295	0.220	19
X_9	-0.025	0.919	19
X_{10}	-0.054	0.825	19
X_{11}	0.001	0.998	19
X_{12}	-0.325	0.174	19
X_{13}	-0.119	0.628	19
X_{14}	-0.047	0.848	19
X_{15}	-0.001	0.996	19

指标	皮尔逊相关性	Sig.（双尾）	个案数
X_{16}	1	—	19
X_{17}	-0.016	0.948	19
X_{18}	-0.102	0.678	19

本书利用统计软件 IBM SPSS Statistics 25 对除 X_{17} 外的 $X_1 \sim X_{18}$ 指标进行主成分分析，得到的描述性统计数据见表 3-10。

表 3-10　KMO 和 Bartlett 的检验

KMO 取样适切性量数		0.791
Bartlett 球形度检验	近似卡方	965.92
	df	136
	p	0.000

如表 3-10 所示，根据检验结果可知 KMO 值为 0.791，大于 0.6，满足主成分分析的基本条件，也意味着进行需求预测的 18 个指标可以进行主成分分析，且也通过了 Bartlett 球形度检验（$p<0.05$），说明目前的研究数据是适合进行主成分分析的。

如表 3-11 所示，统计结果表明，当对这 17 个指标提取 3 个主成分时，3 个主成分所对应的累计方差贡献率达到了 97.478%，大于 95%，符合主成分提取的要求。经过 25 次迭代的结果显示，当提取第 4 个主成分时，其贡献率还不足 0.5，因此提取 3 个主成分较为合理。

表 3-11　总方差解释

编号	初始特征			主成分提取		
	特征值	方差解释率/%	累计/%	特征值	方差解释率/%	累计/%
1	14.674	86.32	86.32	14.674	86.32	86.32
2	1.109	6.521	92.841	1.109	6.521	92.841
3	0.788	4.637	97.478	0.788	4.637	97.478
4	0.226	1.33	98.808	—	—	—
5	0.087	0.513	99.321	—	—	—
6	0.053	0.311	99.632	—	—	—
7	0.031	0.181	99.814	—	—	—

续表

编号	初始特征			主成分提取		
	特征值	方差解释率/%	累计/%	特征值	方差解释率/%	累计/%
8	0.01	0.056	99.87	—	—	—
9	0.009	0.054	99.924	—	—	—
10	0.005	0.03	99.955	—	—	—
11	0.004	0.024	99.978	—	—	—
12	0.003	0.015	99.993	—	—	—
13	0.001	0.004	99.997	—	—	—
14	0	0.002	99.999	—	—	—
15	0	0	100	—	—	—
16	0	0	100	—	—	—
17	0	0	100	—	—	—

结合表3-12成分得分系数矩阵可得出原始变量与主成分间的函数关系式，用Z_1、Z_2、Z_3分别表示提取的主成分1、2及3，则由成分得分系数矩阵可以得出：

$Z_1 = 0.067X_1 + 0.067X_2 + 0.056X_3 + 0.058X_4 + 0.068X_5 + 0.066X_6 + 0.067X_7 + 0.059X_8 + 0.067X_9 + 0.067X_{10} + 0.059X_{11} - 0.065X_{12} + 0.064X_{13} - 0.043X_{14} + 0.066X_{15} + 0.066X_{16} + 0.065X_{17}$

$Z_2 = -0.163X_1 - 0.131X_2 + 0.506X_3 + 0.462X_4 - 0.028X_5 - 0.192X_6 + 0.118X_7 + 0.155X_8 - 0.144X_9 - 0.11X_{10} + 0.329X_{11} + 0.224X_{12} + 0.04X_{13} + 0.168X_{14} + 0.083X_{15} - 0.173X_{16} - 0.234X_{17}$

$Z_3 = 0.064X_1 + 0.059X_2 - 0.135X_3 - 0.081X_4 + 0.011X_5 + 0.075X_6 - 0.123X_7 - 0.366X_8 + 0.069X_9 + 0.049X_{10} + 0.267X_{11} + 0.029X_{12} + 0.363X_{13} + 0.912X_{14} + 0.118X_{15} + 0.086X_{16} + 0.134X_{17}$

表3-12 成分得分系数

名称	成分		
	成分1	成分2	成分3
地区生产总值/亿元	0.067	-0.163	0.064
交通运输、仓储、邮政业地区生产总值/亿元	0.067	-0.131	0.059
农、林、牧、渔业总产值/亿元	0.056	0.506	-0.135
第一产业产值/亿元	0.058	0.462	-0.081

续表

名称	成分		
	成分1	成分2	成分3
第二产业产值/亿元	0.068	-0.028	0.011
第三产业产值/亿元	0.066	-0.192	0.075
人口规模（年末人口）/万人	0.067	0.118	-0.123
城镇化率/%	0.059	0.155	-0.366
人均可支配收入/元	0.067	-0.144	0.069
社会消费品零售总额（食品类商品）/亿元	0.067	-0.11	0.049
农、林、牧、渔业固定资产投资/亿元	0.059	0.329	0.267
生鲜农产品年产量/万吨	-0.065	0.224	0.029
货物周转量/（亿吨·公里$^{-1}$）	0.064	0.04	0.363
货运量（公路）/万吨	-0.043	0.168	0.912
公路营运汽车拥有量（载货汽车）/万辆	0.066	0.083	0.118
冷链物流流通/%	0.066	-0.173	0.086
冷库容量/万吨	0.065	-0.234	0.134

依据上述公式计算得到的主成分数值，综合指标 X_{16}（农产品生产价格指数），最终确定生鲜农产品冷链物流需求预测指标见表3-13，为统一标记，令 $Z_4=X_{16}$。

表3-13 基于主成分分析的生鲜农产品冷链物流需求预测指标

年份	Y	Z_1	Z_2	Z_3	Z_4
2001	0	-0.000174993	0.444677858	0.263613703	0.118181818
2002	0.059353838	0.032401702	0.510966761	0.266344988	0.436363636
2003	0.095079355	0.06098637	0.576138056	0.279060949	0
2004	0.135710841	0.086905429	0.594790196	0.246091394	0.459090909
2005	0.170891251	0.10937351	0.612733357	0.265075902	0.627272727
2006	0.238379772	0.153735348	0.633765222	0.112949584	0.477272727
2007	0.308321278	0.187685106	0.616854388	0.117317839	0.304545455
2008	0.376941946	0.28833488	0.472036945	0.026691931	1
2009	0.475291947	0.329937758	0.61077228	0.04674108	0.904545455
2010	0.5463656	0.375382139	0.673131648	0.215668579	0.268181818
2011	0.571587312	0.438366364	0.669852757	0.143866469	0.640909091

续表

年份	Y	Z_1	Z_2	Z_3	Z_4
2012	0.634127933	0.516107636	0.823410921	0.279574716	0.831818182
2013	0.688324213	0.545452.78	1.045208562	0.826515914	0.560454545
2014	0.742562425	0.609588414	1.130877871	1.091738337	0.559090909
2015	0.785353377	0.653391915	1.021404689	1.091070172	0.331818182
2016	0.845042665	0.688234432	0.539157118	0.814985595	0.336363636
2017	0.89257186	0.715362011	0.295796345	0.853937724	0.331818182
2018	0.964421242	0.757247547	0.006815152	0.874466411	0.172727273
2019	1	0.798287887	−0.181040505	0.983855103	0.509090909

（三）基于主成分回归的北京市生鲜农产品冷链物流需求预测

基于需求预测指标，利用 SPSS 25 将 Z_1、Z_2、Z_3、Z_4 作为自变量，而将 Y 作为因变量进行多元线性回归分析，分析结果见表 3-14~表 3-16。

表 3-14 模型汇总表

模型	R	R^2	调整后 R^2	标准估算的错误	R^2 变化量	F 变化量	自由度 1	自由度 2	显著性 F 变化量
1	0.997[a]	0.993	0.993	0.0274459241	0.993	2.518.434	1	17	0.000
2	0.998[b]	0.996	0.995	0.0227816194	0.002	8.674	1	16	0.010

a. 预测变量：常量，×1。

b. 预测变量：常量，×1，×3。

表 3-15 方差分析表 ANOVA[a]

模型		平方和	自由度	均方	F	显著性
1	回归	1.897	1	1.897	2518.434	0.000[b]
	残差	0.013	17	0.001	—	—
	总计	1.910	18			
2	回归	1.902	2	0.951	1831.962	0.000[c]
	残差	0.008	16	0.001	—	—
	总计	1.910	18			

b. 预测变量：常量，×1。

c. 预测变量：常量，×1，×3。

表 3-16 模型系数表系数[a]

模型		未标准化系数		标准化系数	t	显著性	共线性统计	
		B	标准错误	Beta			容差	VIF
1	×常量	0.039	0.011	—	3.504	0.003	—	—
	×1	1.196	0.024	0.997	50.184	0.000	1.000	1.000
2	常量	0.041	0.009	—	4.450	0.000	—	—
	×1	1.270	0.032	1.059	39.602	0.000	0.380	2.630
	×3	−0.067	0.023	−0.079	−2.945	0.010	0.380	2.630

a. 因变量：Y。

在多元线性逐步回归中，将经过模型自动识别，最终余下 Z_1、Z_3 共 2 项在模型中，模型公式为 $Y = 0.041 + 1.270Z_1 - 0.067Z_3$。根据回归方程进行预测，并计算预测值与实际值的相对误差，平均相对误差为 4.08%。

进一步分析模型输出表，模型的拟合优度 R^2 值为 0.996，意味着 Z_1 和 Z_3 可以解释 Y 的 99.6% 变化原因，调整后的 R^2 为 0.995 > 0.9 型，模型拟合较好；而且模型通过 F 检验（$F = 1831.962$，$p = 0.000 < 0.05$），说明模型有效。通过检验共线性可知，该主成分回归模型的方差膨胀系数值（VIF）均小于 5，表明并不存在多重共线性问题。

最终分析可知，主成分 Z_1 的回归系数值为 1.270（$t = 39.602$，$p = 0.000 < 0.01$），代表该成分会对生鲜农产品的冷链物流需求量产生显著的正向影响关系，Z_3 回归系数值为 −0.067（$t = −2.945$，$p = 0.010 < 0.01$），则表示成分 Z_3 会对需求量产生显著的负向影响关系。

（四）基于 PCA-BP 的北京市生鲜农产品冷链物流需求预测

基于表 3-17 需求预测指标，选取主成分 Z_1、主成分 Z_2、主成分 Z_3 及农产品生产价格指数主成分 Z_4 为神经网络的输入变量，选取北京市生鲜农产品需求量 Y 为输出变量，选取已处理数据中的前 16 组数据为训练集，余下 3 组为测试集，隐含层节点数的选取参考如下经验公式：

$$\text{node} = \sqrt{n + m} + a \tag{3-64}$$

式中，n 为输入量的个数，m 为输出量的个数，a 为 1~10 之间的整数。在本研究问题中，主成分为 4 个，n 为 4，输出量为物流需求量，m 为 1，则节点的取值范围是。为了确定隐含层节点的最佳个数，本书选择 tansig 函数作为隐含层的转移函数持续性，选取 purelin 函数作为输出层的转移函数，并将模型的学习率设为 0.25，训练次数设为 300，精度设为 0.0015，动量因子设为 0.95，建立隐含层节点数分别为 4~13 的 BP 神经网络模型，分别进行模型运算，通过误差对比分析，确定能够使测试数据平均相对误差最小的隐含层节点数。表 3-18 为隐含层不同节点数误差对比。

表 3-17　生鲜农产品冷链物流需求量 2017~2019 年预测误差统计表

年份	实际值	预测值	误差/%
2017	816.34	822.3639015	0.7379
2018	850.61	849.2432415	0.1607
2019	867.58	855.2030547	1.4266

表 3-18　隐含层不同节点数误差对比

隐含层节点数/个	4	5	6	7	8	9	10	11	12	13
相对误差均值/%	3.7	1.89	4.3	2.1	2.3	5.1	4.6	5.78	8.38	8.56

根据不同隐含层节点数模型平均相对误差分析比较可知，当隐含层的节点数为 5 时，神经网络模型对于测试数据的平均相对误差最小。因此，根据神经网络结构与参数完成 BP 神经网络的建立。

为了检验神经网络的有效性，用 2017~2019 年 3 年的数据来对训练好的网络进行验证，将生鲜农产品冷链物流需求量预测值与实际值进行对比分析，计算出预测误差如表 3-19 所示，2017—2019 年平均相对误差为 0.78%，平均误差值在可接受的范围内。

（五）基于 Shapley 值法的组合模型预测

Shapley 组合预测模型的计算公式为：

$$Y = \lambda_1 Y_{1t} + \lambda_2 Y_{2t} \tag{3-65}$$

式中，Y 为组合预测值；Y_{1t} 为主成分回归对物流需求量的预测值；Y_{2t} 为 PCA-BP 神经网络对物流需求量的预测值；λ_1 为主成分回归在组合预测中所占的比重；λ_2 为 PCA-BP 神经网络在组合预测中所占的比重；t 为在 t 时刻的观察值。

根据主成分回归及 PCA-BP 神经网络两种预测模型对生鲜农产品物流需求量的预测值及与实际值的误差见表 3-19。

表 3-19　各预测模型预测值与实际值对比

年份	实际值	主成分回归预测值	PCA-BP 预测值	主成分回归绝对误差	PCA-BP 绝对误差
2001	390.61	410.5231	400.12	19.9131	9.51
2002	418.92	456.6532683	446.3565277	37.73326825	27.43652773

续表

年份	实际值	主成分回归预测值	PCA-BP 预测值	主成分回归绝对误差	PCA-BP 绝对误差
2003	435.96	459.2558874	415.8582378	23.29588742	20.10176216
2004	455.34	453.9615361	472.93253	1.378463943	17.59253529
2005	472.12	449.13411	477.0149102	22.98905888	4.894910217
2006	504.31	484.7202683	474.9977132	19.58973167	29.31228683
2007	537.67	474.2609207	495.0657577	63.40907933	42.60424233
2008	570.40	614.2202067	617.6163216	43.82020668	47.21632162
2009	617.31	594.0848963	594.7591312	23.22510369	22.55086876
2010	651.21	600.5120648	620.9338797	50.6979352	30.27612028
2011	663.24	683.0502541	668.183524	19.81025408	4.943524007
2012	693.07	741.3915705	699.7857257	48.32157045	6.715725683
2013	718.92	709.1813285	729.6910035	9.738671501	10.77100351
2014	744.79	744.9480474	741.80319	0.15804739	2.986809968
2015	765.20	777.9313138	766.6840602	12.73131381	1.484060232
2016	793.67	808.816906	796.253799	15.14690604	2.583799012
2017	816.34	816.7590118	822.3639015	0.419011773	6.023901452
2018	850.61	833.3659975	849.2432415	17.2440025	1.366758527
2019	867.58	858.6265744	855.2030547	8.9534256	12.37694531
平均值				23.08289675	15.82884752

根据式（3-61）可以求得该组合预测模型误差的平均值为：

$$E = \frac{1}{n}\sum_{i=1}^{n} E_i = 19.456 \qquad (3\text{-}66)$$

根据 Shapley 值的原理，参与组合预测模型误差分摊的 $I = \{1,2\}$，I 中各个子集的组合误差分别为 $E\{1\}$、$E\{2\}$、$E\{1,2\}$，各误差结果见表 3-20。

表 3-20 各个子集误差结果

组合误差	$E\{1\}$	$E\{2\}$	$E\{1,2\}$
误差结果	23.08	15.83	19.456

$$E_1' = \sum_{S \subseteq S_1} w = 11.541 \qquad (3\text{-}67)$$

$$E_2' = \sum_{S \subseteq S_2} w(|s|)[E(s) - E(s \setminus 2)] = 7.914 \qquad (3\text{-}68)$$

根据式（3-67）及式（3-68）可得 $E_1'+E_2'=19.455$，说明计算正确。

根据计算结果将 E_1' 和 E_2' 代入式（3-62）及式（3-63），可以得出权重值分别为 $\lambda_1=0.406$，$\lambda_2=0.594$，代入式（3-65）可得：

$$Y=\lambda_1 Y_{1t}+\lambda_2 Y_{2t}=0.406Y_{1t}+0.594Y_{2t} \qquad (3-69)$$

根据式（3-69），可以计算出生鲜农产品物流需求量的组合预测值，预测结果见表3-21。可以看出，组合预测模型的平均绝对误差为13.71124，均小于主成分回归预测模型的23.08及PCA-BP神经网络模型的15.83；组合预测模型的平均相对误差为2.42%，小于主成分回归模型的4.08%；2017~2019年的平均相对误差为0.616%，小于PCA-BP神经网络模型的0.78%，模型有效。

表3-21 组合预测结果

年份	实际值	组合预测值	绝对误差	相对误差/%
2001	390.61	402.4384	11.82838	3.03
2002	418.92	441.3336	22.41356	5.35
2003	435.96	449.7978	13.83776	3.17
2004	455.34	454.5212	0.818808	0.18
2005	472.12	458.4645	13.6555	2.89
2006	504.31	492.6737	11.6363	2.31
2007	537.67	500.005	37.66499	7.01
2008	570.4	596.4292	26.0292	4.56
2009	617.31	603.5143	13.79571	2.23
2010	651.21	621.0954	30.11457	4.62
2011	663.24	675.0073	11.76729	1.77
2012	693.07	721.773	28.70301	4.14
2013	718.92	713.1352	5.784771	0.80
2014	744.79	744.8839	0.09388	0.01
2015	765.2	772.7624	7.5624	0.99
2016	793.67	802.6673	8.997262	1.13
2017	816.34	816.5889	0.248893	0.03
2018	850.61	840.3671	10.24294	1.20
2019	867.58	862.2617	5.318335	0.61
平均值		13.71124	2.42	

表3-22是基于不同权值确定组合方法进行组合模型预测得到的相对误差结

果，等权重法将每一种预测方法都赋予相同的权重，虽操作简单，但效果最差，基于该法建立的组合模型预测的平均相对误差为 3.495%；优势矩阵法是根据每一种预测方法效果更好的次数确定权重，方差倒数法和标准差法分别通过误差平方和及标准差的大小确定权重，这两种权值确定法及根据有效度确定权重的方法其平均相对误差均大于基于 Shapley 值法建立组合模型的平均相对误差，基于 Shapley 值法确立的组合模型的平均相对误差为 2.42%。实验证明，Shapley 值法相较于其他权重确定法能够更好地综合两种单一模型的优势，有效提高模型的精度。

表 3-22　不同方法组合模型预测相对误差对比

方法	等权重法	优势矩阵法	方差倒数法	标准差法	根据有效度确定权重法	Shapley 值法
平均相对误差/%	3.495	2.9996	3.132	3.005	2.819	2.42

第四章

物联网环境下应急物流管理

第一节 物联网环境下应急物流管理体系的框架

一、应急物流组织体系的构建原则

应急物流组织体系是突发公共事件应急物流顺利运行的基本组织保证,也是对应急物流进行科学的指挥、协调和管理的重要保障条件。在构建应急物流组织体系时需遵循一些原则。

(一)统筹规划,协同运作

应急物流管理组织体系涉及多个层面,能为突发的各种公共事件提供有力的物资支援。具体来说,应在了解我国城乡发展现状和发展特点的基础上,由政府部门领导统筹规划,组织各级单位、部门及社会组织和个人,从国家到区域、从省市到乡镇,分级构建完善的应急物流管理组织体系,并充分调动和发挥人流、物流、信息流、资金流的最大效用,使灾害应急管理的各职能部门互相配合,共享资源,共同运作该体系,为公共事件发生后的受灾地区或国家提供及时、高效的物资保障。

(二)快速决断,实时管理

突发公共事件具有突发性,会对社会造成很大的影响,在进行决策时,应抓住时机,争取宝贵的应急救援时间,不拖延、不犹豫,尽可能地控制并减小事件的影响范围,提高救援的效率,提高受灾群众的满意度。因此,当公共灾害爆发时,紧急指挥中心应在最短的时间里做出判定并果断、迅速地采取有效的措施,下达指挥命令,调动人力、物力、财力等各方面资源,抢修受灾地区的通信网络和交通网络,及时获取受灾地区对应急物资的供需信息和其他灾情信息,调度并合理分配仓储库的应急救援物资,开通多个渠道向社会筹集应急物资,争取人力援助,以使应急物资快速、精准地运输和配送,保障受灾地区的基本需求。

(三)灵活适度,科学有序

突发性的公共事件常常伴随着范围较广、较严重的影响。应急救援的黄金时间往往在灾害发生初期,因此应急物流指挥机构应迅速对突发公共事件做出反应,抓住应急救援管理工作的重点,抓紧时间做出决策并部署救援工作,根据灾情信息快速分析受灾地区对救灾物资的需求,集结多方力量,组织稳重、干练的物流运输和配送队伍,快速、高效地为受灾地区提供物资援助。在为受灾地区运送应急物资的过程中存在多种潜在的危险,因此应在专家的建议和意见的基础上,做好风险评估和预防工作,根据评估标准,采用科学手段制订最优运输计划,灵活调控,使用尽量低的成本实现最高的物流运输效率。

(四)重视预案,依法管理

科学制订对应的应急物流预案,以便从容应对各种可能突发的公共事件,从而快速做出判断和决策,为应急物流争取更多的时间,进而为受灾地区提供物资保障。在设计管理应急物流的组织体系时,应考虑多个层面的组织性问题,制订科学可行的应急物流预案。我国发布的应急物流相关规定中明确了各部门的职能和责任,为各部门的救援行动提供了法律支持,解决了经费问题。因此,在构建应急物流管理体系时,还应结合各个地区的实际情况和相关管理办法和规定等,在遵循相关制度和规定的前提下,开展突发公共事件的应急物流活动。

除了以上4项主要原则之外,突发公共事件构建应急物流管理体系还应遵守很多原则。在管理应急物流活动的过程中,我们仍需要分析和结合各种突发公共事件,根据各个发展阶段的特点,构建科学、可靠的应急物流管理体系。

二、重特大突发事件应急物流管理体系

重特大突发事件具有前兆不充分、次生和衍生灾害发生隐患大、造成的损失严重、准确预防和有效控制难度大等特点。有效的应急物资保障是减少重特大突发事件造成损失的重要手段。先分析重特大突发事件对应急物资保障的需求;再为了有效实现应急物资保障,分析重特大突发事件应急物流管理体系应具备哪些特征。

(一)重特大突发事件对应急物资保障的需求

研究列举了应对常态事件、一般突发事件和重特大突发事件的物资需求特点,见表4-1。

表4-1 应对常态事件、一般突发事件和重特大突发事件的物资需求特点

特征	常态事件	一般突发事件	重特大突发事件
需求时间	有规律	有规律	发生突然、无规律性
需求地点	预先可知	可进行估计	突发性高、难以预知

续表

特征	常态事件	一般突发事件	重特大突发事件
需求量	比较稳定	有一定波动	非常不稳定
需求可预测性	可预测，进而可事先储备	预测准确度低，难以准备储备	无法有效预测，进而无法实现有效储备
需求可持续性	需求持续发生	间断发生	需求偶尔发生、概率较小
事后物资价值	可持续满足需求，保值高	可满足可预见需求，有一定保值	需求具有偶发性，未来需求未知，导致价值低
对供应时效性的要求	要求较低	有一定要求	要求较高，否则后果严重

由表4-1可以看出，重特大突发事件具有突发性特征，集中表现在难以预知时间和地点以及不稳定的需求量等方面。因此，不能通过提前的预测结果来应对重特大突发事件，并且因为重特大突发事件具有不连续性，灾害发生后需求量忽大忽小，所以容易造成物资储备的浪费。物资供应的时效性在重特大突发事件面前也很重要，不及时或不充分的供应都会对灾区人民造成二次伤害，并引发连带反应。以新冠肺炎疫情为例，疫情发生初期，由于应急物资供应不及时，不但耽误了病人的救治，而且对病人造成了更大伤害，甚至医护人员的安全都得不到保障，导致次生灾害，更多人出现了感染症状。这一系列问题还加重了供应物资的运输难度，形成了恶性循环。

根据以上论述可知，供应的及时性和准确性这两方面是在应对重特大突发事件时的基本要求。供应的及时性一方面是指能够迅速地完成灾区以及灾区人群的有效供应，另一方面是指能够满足救援方面的供应要求。供应的准确性是指应急物资的种类和数量要与需求相互匹配。在应对突发事件时，不仅要避免因物资不够造成应急救援的不及时，还要避免应急物资过多导致的灾后资源浪费。

（二）重特大突发事件应急物流管理体系的特征

应急物流管理体系建设是指为了实现应急物流管理的目标而制订的一整套方案，主要包括组织机制设计和物流运作优化。其中，组织机制设计可以决定物流运作优化的可能结果和可行空间，是物流运作优化的载体。目前，国内外应急物流管理体系的研究主要有3类：第一类是关于应急物流管理体系的研究；第二类是关于应急物流管理的组织机制设计研究；第三类是关于应急物流运作优化的研究。本书主要讲述第一类型的研究。

通过前面的分析可以知道，应急物流管理体系与常规市场经济环境下的物流管理体系存在许多不同之处。有效的保障机制和科学的管理方法一直是应急物流实体界和学术界的热点话题，是应急物流管理体系建设和实施的有效保障。基于内外部环境的高度不确定性，应急物流管理体系不仅要具有政府引导下的各政府职能部门、企事业单位和其他社会团体共同参与的多主体特点，还需要同时考虑经济效益及基于人道救援应急物资需求等多目标的要求，这是一项很大的挑战。

应急物流管理体系是保证应急物资目标实现的有效保障，也是提供应急物资保障的重要载体。关于重特大突发事件对应急物流管理体系的要求，可以参考重特大突发事件对应急物资保障的相关要求，见表4-2。

表4-2 重特大突发事件对应急物流管理体系的要求

供应的特点对体系的要求	对组织机制的要求	对物流运作的要求
供应的及时性	高效灵活，紧密合作	技术先进，渠道顺畅
供应的准确性	掌控全局，信息精确	动态调节，决策精准

1. 高效灵活，紧密合作

重特大突发事件应急物流管理体系由政府主导，由类别、职能、属性各不相同的多主体根据需要共同构成。这些主体不但包括应急管理、民政部门、粮食和物资储备等政府各职能部门，而且包括慈善协会、红十字会、志愿者协会等社会组织机构。这些主体需要做到以下2点：第一，为保证物资供给的及时性，需要构建灵活、高效的合作机制，以备在难以预料的各种情况下，各参与主体能够根据内外部环境的变化迅速做出反应；第二，在目标一致的基础上、应急物资供应的各主体之间必须紧密合作。也就是说，各主体只有紧密合作，才能保证重特大突发事件应急物资的及时供应。

2. 技术先进，渠道顺畅

组织体系不但要高效灵活、紧密合作，而且只有使在先进技术的支持下运作层面的渠道顺畅，才能保证应急物资供应的有效性。因为重特大突发事件的发生，平时顺畅的物流通道遭到各种破坏和干扰，严重影响了人民的正常工作和生活。在应对重特大突发事件时，既要善于运用物联网、无线射频等先进技术，采用无人机、直升机等先进配送工具，为应急物资的精确追踪和及时送达提供保障，又要把物流运输和配送过程中有可能出现的问题都考虑进去，重视物流运输过程中的各种不确定因素。

3. 掌控全局，信息精准

为了确保应急物资供应的准确性，组织体系需要具备在宏观层面和微观层面掌控全局的能力。宏观层面的掌控全局是指组织管理体系对重特大突发事件发展历程中各个阶段的情况有着准确的全局判断，能对协调和管理需求等供应能力进行及时、有效的调整，防止出现供需不一致以及大量应急物资和生产力浪费的状况。微观方面的掌控全局是指应急管理组织能够及时掌握供需情况以及从供应端到需求端的整个物流链状况，以便及时发现问题，从而对组织管理方式做出灵活、机动的调整。同时，供需信息的精准掌握也十分必要，需求和供应信息的实时化、动态化和透明化能够有效避免信息不对称的情况，从而保证供求的合理匹配，这一切都建立在应急管理组织高效的交互机制和信息传递的基础上。

4. 动态调节，决策精准

物流运作决策不仅包括物资的采购、运输、库存等方面的内容，还包括物流网络构建方面的内容。只有在对应急物资供需信息全面、准确把握的基础上，充分考虑信息的变动性和对未来情形的可能误判，才能保证决策的准确性。决策人员需要在避免不必要浪费和坚持人道主义救援的多目标指引下，运用高效的方法和优化理论，综合分析各种决策有可能造成的影响和在物流运作过程中各种不确定因素的干扰。另外，为保证应急救援整个过程中物流运作的精准性，除了对突发事件整个过程中外界环境的变化和应急物资供需的时变性进行分析并做出精准决策外，还需要实现物资供应在纵向时间维度上的动态调节。

三、应急物流快速反应机制的构建

应急运输在整个应急物流中处于十分重要的地位。在运输过程中，应急物流的效率受到运输工具的直接影响。在非突发事件发生时，需要在最短的时间内提供物资和人员进行救援，这时，运输工具选择的是否合适将直接影响救援的实效。在具体实施救援中，要尽可能选择时速快、适应强、方便运输的车辆负责物流运输工作。在突发事件实施救援中，不能一味考虑经济成本，有效救援才是第一考虑的因素。车辆的选择以能保证救援物资和救援人员快速、及时到达灾难发生地为标准，否则运输效率将不能保证，救援效果也会受到很大影响。应急物流需要大量物资的调动、配送，要想使应急物资精准、及时地送达需求地，需要满足应急物流实施的条件，建立完善的应急物流保障体系。这样，才能保证物流的信息准确、载体通畅、配送流程快捷、流向准确。保障应急物流有效实施的关键是物流基础设施建设的发展程度，物流基础设施包括通信系统、交通运输网络系统等。发达的通信系统能够在灾难发生之前发出预警，有利于防护筹备工作的提前布置；交通运输网络系统能够在突发事件发生时及时反馈信息，通过交通运输网络准确送达目的地；物流信息系统能够及时收集信息和数据，了解救灾情况的进展和物流运输信息。总而言之，快速、有效的物流体系能够大大提高救援的效率，把损失降到最低。

由于突发事件随机性和突发性，在突发事件发生时，信息很难在短时间内全面送达，这就容易造成对情况的误判和决策上的失误。突发事件的应急功能应该在约束时间内启动，超过约束时间，也就错过了突发事件的最佳救援时机，应急系统的有效性也将大大降低。系统能源约束指的是应急资金以及应急物资方面的约束。运载能力是指结合应急系统目标，综合信息，针对不同情况，制定不同的应急等级。运载工具方面包括飞机、火车、轮船、汽车等，可针对不同的应急等级进行运载能力的约束。运输基础设施约束指的是突发事件的发生，有可能对公路、港口、电讯、铁路、电力等运输基础设施造成损坏和影响，从而使活动的正常运行受到限制。

四、应急物流保障体系的构建

（一）应急物流保障体系的组成

1. 监测预警及应急预案

监测预警能够在突发事件发生之前预判出形势，为应对突发事件赢得时间。政府相关职能部门要先对搜集的相关信息进行归纳分析，然后制订相应的方案上传下达，争取在最短的时间内对突发事件中的潜在危害做出评估，并制定相应的措施，以把损失降到最低。应急物流的根本目的是面对突发事件的发生能及时启动应急保障。但应急物流不能临时抱佛脚，重点应该放在平时的演练和预备上。只有多练、勤练，在面临突发事件时，才能有条不紊、临危不乱，做到"有备无患，有患不乱""来之能战，战之能胜"。

在自然灾害频发地区或有可能面临突发情况的地区，相关职能部门应该制订相应的应急预案，并且结合本地突发事件的特点和规律，建立突发事件应急系统。此外，在平时还应多开展应急事件预演，积极组织相关人员进行突发事件应急的相关知识、技能和防护措施的培训并结合预演中出现的问题进行进一步评估、改进。

2. 全民动员机制

应急物流在面对突发事件时能够启动全民动员机制来实现信息的共享，从而使参与救援的人员准确获得突发事件的相关情况。其具有以下5个优势：一是能够积极调动群众的热情和能动性，发动全民参与到突发事件的应对、处理中，大家一起群策群力，共渡难关；二是能够掌握救灾工作的主动权，为救灾工作的开展争取环境、物料等有利条件；三是能够结合受灾情况，筹集应急款项和相应的应急物资；四是能够为突发事件应急体系提供必要的人员储备，使各个分系统启动时发挥积极作用；五是能够为应急物流的启动提供方便。

洪涝、火灾、地震等自然灾害发生时，不少人会因为巨大的心理压力产生惊恐不安、情绪失常等不良心理反应，甚至表现出不同程度的行为失常、语言反常、思维错乱等症状。此时，应该及时开展心理疏导和安抚工作，鼓励受灾群众勇敢面对困难，积极进行自救和他救，为救援工作的有序开展赢得宝贵的时间。

全民动员机制包括主动式动员和被动式动员。主动式动员指充分调动社会大众的主动性和能动性，通过宣传、鼓励等手段发动社会力量自觉参与到救灾工作中。被动式动员指利用法律、法规等规范救灾工作中出现的消极思想和利己行为，运用强制手段使部分思想行为不规范的人员被动参与到救灾工作中。在突发重大自然灾害时，各级政府和相关媒体应积极开展宣传工作，对救灾工作中涌现出的英雄人物和感人事迹进行宣传报道，树立榜样，充分调动社会各界人士的主动性和积极性。

3. 政府协调

在突发事件处理中，政府部门发挥着十分关键的作用。例如，国际、国内资源的有效协调和配置，对突发事件的处理方案和相关措施的制订，紧急物资的筹备、应急资金的筹集、应急物资的存储、配送，各部门之间的协调，各种不利于救灾工作开展的因素的排出等都属于政府部门的工作范畴。对此，国家应该建立相应的突发事件协调处理机构，从中央到地方设立专门的分支机构并安排专门人员进行运作，同时以法律法规的形式给予这些机构一些特定的权力和相关资源，为突发事件的救援工作提供保障。

在全球化趋势下，各国之间的联系越来越紧密，许多突发性灾难发生时，影响的不只是一个国家或地区。在应对环境问题、重大疫情、自然灾害等突发性事件时，只有充分发挥协调处理机构的作用，加强国家间的协同合作和科学技术的交流，才能取得共同的胜利。特别是近年来，重特大突发事件对各个国家的生态环境、社会经济等各方面的冲击更加明显，重特大事件的国际风险日益增加，只有加强国家间的进一步合作，加强相关领域的技术交流和互通有无，才能战胜灾难。

防灾减灾、抗灾救灾是人类生存发展的永恒课题。我国要勇于承担责任，大力推进防灾减灾和公共安全科技方面的创新，支持科学家开展国际的交流和合作，共享科技成果，共同构建人类命运共同体。

4. "绿色通道"

在应急物流体系中，应急物流配送体系十分重要。因此，政府有必要建立一条"绿色通道"。对此，政府可以从以下3个方面入手：

一是在紧急情况下，可与军方商讨救灾抢险事宜，动用军用运输装备、军用运输专用线路及相关设施，从而实现应急物资的快速配送。

二是政府应大力推进国内电子商务业的发展，着重优化电子商务系统的应急物流配送网络，加强应急物流指挥中心与电子商务的联系，减少物流环节，简化物流过程，提高应急物流配送的快速反应性能。

三是在应对突发事件时，政府可根据应急工作的需要，通过行政手段和舆论召唤，动员人民群众参与应急工作，还可组织地方干部、民兵、部队、公安、志愿者、防疫人员、医务人员等多方力量，以最快的速度将应急物资配送到受灾地区，这样可保证应急物流配送的速度和广度。

5. 应急报告与信息公布

信息的快速收集、及时准确传达是应急物流顺利运作的有效保障。随着我国信息技术的发展，不少先进技术和手段应用于应急物流信息系统，我们应该充分利用好技术优势，进一步完善信息的搜集、分享机制，完善信息运作系统。特别是在面对疫情等突发事件时，要做到及时、准确地公布信息，在引起重视的同时，消除因缺乏信息而有可能引发的群众顾虑，缓解紧张气氛。只有及时搜集和分享信息，并对事发地信息适时进行反馈和监控，才能掌握相关情况，为应急方案的制订和适时调整提供有效的参考信息。

不仅对突发事件有关灾害情况要做到透明共享，突发事件应急物流保障的有关信息也应该及时公布，以便社会各界及时了解救灾物资的供应情况和物流运输状况，方便相关职能部门和社会人员结合实际情况，制订和调整下一步的救援计划。这样，不但简化了操作流程，保障了救援的有效性，能够有的放矢开展工作，而且增加了救援工作的透明度，方便群众监督和积极参与，为救援工作赢得了更多社会力量的支持。

6. 应急基金储备

面对重特大突发事件和自然灾害，我国的财政预算部门每年都会准备相应的储备资金，但在应对突发事件和自然灾害时，还是有巨大的资金缺口。对此，我们应该发动社会各界力量，建立应急资金储备系统，并进一步使其规范化、法制化，以此应对重特大突发事件和灾难事件带来的负面影响与巨大的经济损失，为受灾地方的经济恢复和家园建设工作开展提供一份保障。同时，我们必须做好应急基金的相关管理和监督工作，积极接受群众监督，建立相应的法律、法规，建立合理、完善的监督制度，把钱用到最该用的地方。

（二）应急物流保障机构的构建

1. 机构的建立及人员组成

针对重特大突发事件、公共安全事件、自然灾害，可以结合需要建立应急处理机构，这些应急机构由中央、省或直辖市、地级市或区等各级职能部门构成。各职能部门主要由专职和兼职两部分人员构成。专职人员主要是应急事件处理中的相关专业人员、技术人员、物资保障人员等，他们往往处于救援工作的一线，负责应急物流的相关保障工作；兼职人员一般指突发事件中的各级政府领导、专家，他们在救灾工作中主要负责指挥、协调、监督等相关事宜。在非灾害时期，兼职人员还要重点做好物资的储备、传达等工作，以保证不时之需。

2. 机构的职能

"突发性自然灾害和公共卫生应急处理机构"的主要职能体现在以下 7 点：

（1）灾难的预测预警；

（2）有关灾害相关信息的搜集、整理、发布；

（3）结合灾害信息进行应急物资的筹备；

（4）应急物流系统的运行和调度；

（5）对灾害的积极应对和制定相关应对方案；

（6）抗灾救灾有关工作的具体协调和处理；

（7）行使法律法规赋予的突发性自然灾害和公共卫生应急处理的其他权利。

第二节　应急物流系统的整体构建与中心选址规划

一、应急物流系统与中心选址概述

（一）应急物流系统概述

1. 应急物流系统的概念

（1）应急物流系统的定义。应急物流系统涉及外部环境的概念，在这里所说的外部环境是指能够向系统中提供劳动力、社会资源、外部信息等的系统中具有"输入"功能的部分。在系统中将这种"输入"再经过相应的处理，转换为最终的成品，这个过程物流作为系统的"输出"。在系统运行过程中，外部环境的资源受限、系统需求的不确定性、外部影响因素发生变化等因素都会导致最终系统的输出结果不同，对于之前预计的目标有偏差。我们可以通过反馈机制将其进行修改，在输出的结果不满意时，通过反馈对系统进行调整和修正。物流系统能对物料、包装、运输、仓储、人员配置、通信活动等进行动态的控制，以实现各自的功能，保证整个系统的正常运行。

应急物流系统包含在普通的物流系统当中，是其中比较特殊的用于应对突发事件的系统，是指为了满足突发性的物流需求，由各个物流元素、物流环节、物流实体组成的相互联系、相互协调、相互作用的有机整体。

（2）应急物流系统的七要素：普通物流系统和应急物流系统在构成要素方面最主要的区别是"时间"要素上。流体、载体、流向、流速、流量和流程这几个要素构成普通的物流系统，而应急物流系统在普通物流系统的基础上增加了

"时间"要素。应急物流系统的成立是为了应对突发事件,在突发事件发生时,时间就成了非常关键的要素。合理充分地利用时间可以争取到更多的有利因素,避免或者降低自然灾害造成的损失。

2. 应急物流系统结构和约束条件

(1) 结构。应急物流系统分为许多模块,每一个模块都有不同的作用,主要包括应急指挥模块、应急物流节点模块、应急物流信息模块等。应急指挥模块是由制订指挥方案、实施保障计划、综合进行调度、分析物资需求等子模块组成的。应急物流节点模块是对中间物流节点进行的管理,如采购管理、运输过程、配送管理、仓储准备等各个环节上的把控。应急物流信息模块就是对物流的各个环节的信息进行及时的更新和整理,也是进行实时动态监管、处理应急事件的基础模块。

(2) 约束条件。应急物流系统比一般的物流系统要求要高,一般我们将对应急物流系统中的约束分为5个方面进行,分别是信息约束、时间约束、资源约束、运载能力约束和运输基础设施约束。下面就针对这5个方面展开叙述:

①信息约束。在突发事件发生后的短时间内,系统不能全面掌握有关突发事件的信息,造成预测和决策的误差。在汶川地震发生时,通信设备被毁,灾区和外界联系中断,在灾害发生的第一时间只有阿坝藏族羌族自治州人民政府的网站可以使用,这极大地影响了救灾活动地进行,这就是信息约束所带来的严重影响。

②时间约束。应急物流系统的目标是指在约束时间内应该实现的系统目标。美国的紧急医疗救护时间就具有非常严格的规定,对乡村地区必须能够在30min之内达到现场,城市由于交通便利必须在10min之内到达。我国对消防救援时间也进行了详细的规定,这种时间上的约束和规定就是为了能够尽快采取应急措施。

③资源约束。系统资源约束是指应急物资和应急资金的约束。

④运载能力约束。运载能力约束是指根据系统目标,对不同种类的应急物资和人员分别给予不同的紧急等级,在满足不同紧急等级下可以获得的运载工具包括飞机、汽车、火车、轮船等运载能力的约束。

⑤运输基础设施约束。由于突发事件可能对运输基础设施,包括公路、铁路、港口、电力和运输环境等造成影响,限制了应急物流活动的正常进行。

(二) 应急物流中心选址概述

应急物流中心选址是应急物流系统建设的首要环节。大规模突发事件发生之前,应急物流中心的科学选址能为灾害发生时的应急救援提供充足的救援保障,确保应急救援工作高效、及时地展开,降低灾害造成的人员和财产损失,保障灾后家园重建工作的实施。国家建立的应急物流中心是为了保障物资供应,保障基本人民生活而建立的在自然灾害、突发事故、突发卫生事件或重大军事冲突时进行应急处理的部门,是政府进行统一调度、管理分配的总指挥机构。针对突发的公共事件进行的应急物流中心的指挥能够帮助政府协调工作,减少信息传递重复和资源分配的不均,这也是对救灾抢险活动的专业保障,作用巨大。

1. 应急物流中心的组织结构

应急物流中心由中心本部和加盟的物流企业两部分组成。包括应急物流指挥中心、协调委员会、信息管理中心、应急物资筹集中心、应急物资储备中心、财务人事等职能部门、各加盟物流中心、物流企业。

2. 应急物流中心的运作流程

根据事前、事中和事后控制的原则,应急物流中心的运作流程。

(1) 突发事件发生前。在平时,应急物流中心的工作主要是做好与加盟物流中心、生产企业的合作,进行网络维护,建立供应商档案,充分了解可能用到的应急物资的生产、分布情况,以及做好应对突发事件的宣传、教育及应急预案的制定、演习等工作。同时做好日常信息的监测,运用信息技术等科学手段评价可能发生的突发事件种类、概率、规模,并设置应急处置预案。

(2) 突发事件发生后。根据突发事件的具体情况有针对性地制定有效的救援方案,并且启动应急预案,积极准备、筹集物资,做出合理的安排,核对各种物资的数量、规格、品种、分布情况,紧急联系加盟物流中心和生产企业开始应急物资的筹备和运送工作,及时将物资运往灾区。

(3) 突发事件处理完毕后。突发事件处理完后要进行工作总结,回顾工作中存在的问题和需要改进的地方,制定相应的政策,做好应对突发事件的各项准备工作。针对应急物流系统存在的漏洞和缺陷进行弥补,以使物流响应更加准确。对突发事件应对速度、物资准备、仓储调拨、运输效率、部门配合、信息传递、人员配置等进行合理的评价,查找不足,制定整改措施,为下一次的预警做好充分的准备。

二、应急物流系统设计与供应链构建

(一) 应急物流系统设计

应急物流系统包含着以下 4 个子系统,下面针对不同的子系统进行详细论述。

1. 应急物流指挥子系统

应急物流指挥子系统是将政府、企业、人才、设备等各种元素组合,进行分工管理,协调工作的指挥系统。在自然灾害、重大公共卫生事件、社会环境问题、社会安全问题出现的时候,进行各种应急物资的准备和调拨是应急物流指挥子系统存在的使命。在应急物流指挥子系统的建立过程中,各级政府首先要了解当地的实际情况,如人口数量、物资结构、交通状况、天气情况等,使指挥工作有据可依。一般应急物流指挥子系统是由国家机构、军队、信息中心、物资部门、运输保障部门协同配合组建的。组建统一的应急物流指挥子系统具有以下作用:

(1)对于应急物流的各项工作来说,可以最大限度地缩短审批、传达的流程,简化流程步骤就是在为救灾争取时间,提高应急反应速度。

(2)进行各项物资的统一安排,统筹规划,不会造成资源浪费和资源不足情况的发生,也可以避免贪污腐败,便于管理。

(3)统一采购可以降低采购物资的成本,缩短筹集物资的时间,对工厂来说,只要安排人员进行连续生产,就能够保证物资的供应。

(4)应急物资统一管理有利于全国物资的安排和布局,可以充分调动近距离和远距离物资,这是对全国资源的一种充分利用。

(5)建立统一的信息发布平台,提高管理的效率,这也为信息传递和数据共享提供了查询依据,对决策的制定和信息的更新起到了重要的作用。

(6)对国家制度的健全和法律的制定提供了经验支持,为应急物流的标准制度化建设和常态化管理提供了法律保障。

2. 应急物流保障子系统

应急物流保障子系统包括法律保障、人才保障、应急预案保障3个方面。

3. 应急物流信息子系统

应急物流信息子系统是用于数据存储和调用的平台,为数据整合和信息传递提供必要的技术支持。其主要包括通信平台、信息平台和电子商务技术平台等。通过通信平台可以将应急物流系统的各种信息进行汇总和传递,为制定应对措施提供帮助。信息平台的建设可以为应急物流提供更加准确可靠的数据,为及时采取措施和主动提供应急救援做准备。

4. 应急物资供应子系统

应急物流供应子系统包括应急物资仓储、运输、配送等部分,负责应急物资的筹措、组织运输与配送,直到送达灾民手中。相关部门应运用供应链的思想对该子系统进行管理,利用先进技术和现代管理手段,实现应急物流的集成、整体运作与管理,强调集成、协调、快速反应,对应急物资的筹措、储备和调运、配送进行科学组织。下面从应急物流筹措子系统、应急物流仓储子系统、应急物流运输子系统、应急物流配送子系统4个方面进行详细的介绍:

(1)应急物流筹措子系统。在自然灾害爆发、战争爆发和其他灾难发生时,需要进行应急物资的采购,以满足人们维持生存的基本需求。一般情况下,我们通过应急采购的方式对应急物资进行筹资和准备，也可以通过库存物资的调动、征用和各方的捐赠获得物资。应急采购有4种方式：第一种是单一来源的采购，一般是独家进行生产或者是由于时间紧迫无法从其他供应商处进行采购。第二种是询价采购，要在一至两天时间内进行的货源充足的采购，这种采购对货物的规格和标准进行了统一的规定，而且货源比较常见，所以可以进行短期的询价比较，最后决定采购流程。第三种是竞争谈判采购，这种采购一般是在三天内完成就可以，对供应物资无法确定具体的规格要求，或是无法计算总价的货物，可以采用谈判的方式最终确定采购方案。第四种是招标采购，这种采购的时限比较长，周期在一个月之上，供应商在招标成功后要签订购货合同，在采购数量、品种、时间上都做了具体的说明，因为采购时间充足，所以可以进行全面的考虑。

（2）应急物流仓储子系统。应急物流仓储子系统包括仓库布局规划模块、物资安排模块、储备容量模块等，针对储备物资的合理维护和管理进行有效设计。对于应急物资要进行分类管理，分类是为了能够迅速掌握物资的种类、数量、库存情况、筹备情况等，便于快速地进行资源的合理调度和布局。对于救援物资的仓储情况要进行定期的盘点，为了不影响应急情况下物资的搬运和筹集工作，一定要在第一时间能够准确说出仓储的数量、种类、耗损情况，以便能够及时地补货和调用。

（3）应急物流运输子系统。发生灾情后，根据灾情的发生地点、受灾面积、影响程度和对灾后情况的预估，临时征用汽车、货车、火车、船舶、飞机等各种交通工具，并且集中社会力量，使应急物资能够第一时间到达现场。对于应急物流运输子系统的全程指挥和调动都是在进行实时监控的情况下进行的。交通运输基础设施的建设对应急物资的配送有非常重要的作用，这也是影响应急物资送达目的地的时间的主要因素。

（4）应急物流配送子系统。应急物流配送子系统的物资中转站是建立在各个物资需求点上的，承担着接受、分发各种应急物资的重要责任。应急物流配送子系统的建立为后续工作的开展提供了便利条件，这种空间上的合理划分和配送地点的选择可以缩短救援需要花费的时间。对于救援地需要哪些物资、获得了哪些物资、后续还需要进行哪些补给等都是配送中心进行统计并上报的。通过配送中心和配送路线的合理布置，可以大大提高配送的效率，为救援提供可靠的数据支持。

（二）应急供应链系统构建

1. 应急供应链管理的内涵

（1）应急供应链的概念。应急供应链就是针对应急物资的筹措、生产、运输、存储、配送、分发等各个环节组建的整体网络。应急供应链包括资金流动、信息传递、业务来往等各种各样的涉及应急物流的一切活动。

（2）应急供应链管理的概念。利用现代信息技术对应急供应链进行的管理是一种对整体和各个部分进行的全方位管理。应急供应链管理是一个广泛的概念，应将应急供应链管理看作一个完整的系统，并将其中的各个环节分别赋予不同的功能。通过各种集成方式，包括横向集成、纵向集成和端到端集成，可以进行各种应急资源的优化配置，构建一个完整的应急供应链。

（3）应急供应链管理的主要目标。从整体出发，统筹规划，利用科学的管理手段使应急供应链各个组成部分进行紧密配合，以最大限度地减少资源的浪费，从而使应急供应链保障总费用最低、保障质量最高、反应速度最快、补给周期最短、储备规模最宜、保障关系最和谐、五流（商流、物流、资金流、信息流、业务流）合一，以实现应急供应链保障绩效的合理化，我们从以下5个方面进行介绍：

①最终保障对象服务最优化。通过建立高效、优质的应急供应链网络结构，在降低成本的前提下提升服务质量。

②应急供应链总储备适度化。企业供应链希望达到零库存的目的，这说明供应链设计合理、公司运行良好、供应需求保持平衡，不压货、不浪费、不耗资，但因为应急事件属于非正常事件，因此在应急供应链中要始终保持一定的库存储备量，目的是应急时能够短时间内进行补给。这种应急供应链总储备的适度化就是为保证企业供应链正常运转而做的储备工作。

③总周期时间最短化。应急供应链和普通供应链之间进行比较，不同之处在于应急供应链可以提供快捷、高效的供应服务，最大限度缩短物流供给所需要的时间。在进行物资配送的过程中，将其消耗的时间称为总周期，相比普通的供应链，应急供应链能够快速响应、立刻执行、调配仓储、安排运送、准时到达。

④应急供应链总成本最小化。应急供应链存在多种成本，各个成本之间都具有关联性。比如，筹集成本、生产费用、运输加工费用、配送过程中的损失等，这些都属于应急供应链总成本当中的一部分。为了使应急供应链能够更好地发挥作用，也为了使应急供应链得到充分的利用，需要对应急供应链进行成本管控。

2. 应急供应链系统的设计

（1）应急供应系统的设计原则。

①简洁性原则。对供应链各个环节进行简化，以实现紧急物流运输的顺利进行，对供应链组织机构和业务流程进行简化处理有助于提高执行效率。

②动态性原则。对供应链信息进行动态监管，保证供应链运作环节的正常进行，以提高供应链信息传递的灵活性和高效性。

③开放性原则。扰动因素的出现导致既有供应链运作失效，其中的原因包括

资源约束瓶颈、能力约束瓶颈、时间约束瓶颈等，这客观上要求既有供应链更加开放，通过拓宽供应链范围以消除或降低约束瓶颈。

（2）基于经济因素的应急供应链系统逻辑模型设计。基于经济因素的应急供应链系统是一个具备多重柔性能力的核心企业应急物流管理中心的协同管理下集成了非常态资源参与其中的柔性供应链系统。

应急供应链系统受到经济因素的影响，最终呈现出具有柔性机制的各个企业之间进行合作、协调、统一的运营，在一线、二线供应商的配合下，供应链核心企业应急物流管理中心采用战略层柔性管理、战术层柔性管理、执行层柔性管理层层递进的方式将物资供应转移到分销商部分，再由分销商应急物流管理中心或二线分销商进行零售商应急物流管理中心的配送，最终到达指定用户手中。

（3）基于非经济因素的应急供应链系统逻辑模型设计。对于突发性的不可预见性的扰动属于非经济因素的范畴，这种扰动因素的影响要远远大于经济因素的扰动影响。一般这种突发性的灾难性的扰动就是使物流通道受到阻断，致使常态化的供应链物流系统在短时间内难以恢复，所以必须选择新的运输方式、运输路线，从而修补中断的常态物流渠道。

①基于突发性自然灾害应急供应链系统。突发性自然灾害主要包括山洪暴发、冰雪灾害、火灾、沙尘暴、龙卷风、地震、泥石流、火山喷发等各种不能预料到的突发性灾难。在自然灾害面前人类往往是弱小的，这种无力感使人们越来越重视对大自然的保护，在自然灾害来临前人们就做好了应急准备，这种提前预知也是为了能够在第一时间给予抢救，为了实现应急物流通道的顺利布局，需要动用国家、地方、军队、企业、群众等社会上所有的力量，开通抢险救灾绿色通道，共享军用资源，实施各种物资的空运和空投等，通过人们齐心协力、众志成城、万众一心进行积极救援，灾区的群众可以感受到祖国的强大、集体的温暖。

从企业微观运行角度来看，这些措施对于降低受灾企业的经济损失来说起不到直接的指导作用，因为企业不属于此类灾害的第一时间受助对象，同时企业也无法以自有力量实施以上措施，从而只有被动等待政府力量恢复常态社会物流渠道后再调整企业自有商业物流渠道。在当今时间价值至上的经济社会，等待就意味着丧失市场利润与空间。面对此类状况，供应链的应急物流系统建设模式有以下两种：

A. 采取"搭桥模式"绕开常态渠道的中断点的模式。在医学上有一个术语是"心脏搭桥"，在这里我们借用"搭桥"的概念，进行物流系统的建设。在常态物流渠道中，如果因为突发自然灾害使物流渠道受到了阻塞，那么就形成了类似于医学上的血管阻塞问题，血管阻塞使心脏、大脑或其他器官的供血不足进而导致身体各种疾病的产生。医生可以使用心脏搭桥手术恢复心脏的供血功能，使心脏的血管能够重新建立通路，将堵塞的血管恢复畅通。在应急物流系统的建设过程中，需要通过选择新的物流中转节点或采用三维立体运输方式重构物流回路。

要提前对搭桥的成本和收益进行分析。这种搭桥模式所获得的收益主要是指经济上的收益和社会效应方面的收益。使用这种搭桥模式时应该注意两个方面的内容：第一，在选择新中转点时，应尽量选择使总流程较短、可实现快速转移的节点。通过多边市场治理或三边治理的方式短时间购买市场服务资源，从而实现成本最小化。第二，选择三维立体运输方式时，在遵循经济性和时效性的原则下，应尽量选择单一运输方式，少选择多式联运方式，以减少物流中转环节，节约时间。

B. 采取"自给模式"形成离散节点自满足运作的模式。自给模式是指将应急用的仓库作为临时供应源，并且在封闭的节点范围内进行物资的一种系统运行模式。由于缺乏和外部相连的物流渠道，物资无法输入和输出，需要预先储备应急库存。

下面从3个方面进行供应链物流运输渠道自给模式的应用介绍。第一，要注意完善供应链物流渠道的信息预警机制。在应急事件发生前会有一些预先的警示，这些警示往往容易被人们所忽略。例如，持续长时间的降温、大范围的降水、温度突然升高、动物有些反常行为，如老鼠成群结队从鼠洞中跑出这一系列的异常情况都应该引起人们的关注。建立供应链物流渠道的信息预警机制是为了能够及时监测到这些灾难来临前的警告。第二，应该建立库存应急配给制度。应急库存是自给模式中的唯一供应源，也是物流系统渠道中断后能够提供物资的最主要的供应来源。因此，一定要建立库存应急配给制度，保证短时间内的物资供应。第三，要建立潜在的供应源关系储备。寻找附近的供应链节点，也就是其他的供应源，并建立契约关系，一旦应急事件发生，则启用这些供应源。

②基于突发性社会危机事件与疫情的应急供应链系统。突发性的社会危害事件包括集体罢工、恐怖袭击、突发性灾难等危害社会公共安全的事件。突发性的传染病具有非常严重的危害，这也给供应链物流渠道造成了一种障碍。所以，要建立一条供应链物流系统的绿色通道，借鉴搭桥模式和自给模式。此外，还应当注意以下两个方面。第一，事先了解政府突发性公共事件应急预案。企业要积极配合政府做好预案的准备工作，采取各种应急措施，做好应对准备，随时出发。第二，要与当地重点企业建立物流战略联盟关系。战略联盟关系的建立可以使常态时的物流资源得到合理的规划和利用，这也是对绿色物流通道的一种有效利用。通过对企业供应链的运作模式进行分析可知，业务外包是以较低成本较快获得资源的一种捷径，是当前我国企业发展自有物流系统的有效途径。

三、应急物流中心选址决策方法

（一）应急物流中心选址原则

应急物流中心选址目的是更好地服务于物流工作安排的。因此，选址问题的研究有着重大的社会和经济意义。应急物流中心应本着应对突发事件、覆盖特定救援区域、利用现有资源、优化物流网络和控制建设成本的思想进行选址，具体原则主要表现为以下几个方面：

1. 统一规划原则

应急物流中心不同于普通商业性物流中心，其应由国家和各级政府工作部门根据地区易发的突发公共事件类型、储备资源特点，统一规划设计。在规划应急物流中心时，应将国家的物流网络作为一个大系统进行考虑，对宏、微观环境综合考量。

2. 高效性原则

为了能够高效高质量地完成应急物流活动，就必须重视应急物流中心的建设。借助各种检测手段，通过实地考察建立一个高效应急物流中心。

3. 安全性原则

安全性是应急物流中心建设过程中首要考虑的问题，应急物流中心选址的安全性直接影响应急保障的效率和效果。

4. 交通便利性原则

应急物流中心应靠近港口、机场、铁路编组站、公路等各种运输方式的运输据点或中转点，并应设在交通主干道附近，既便于交通疏导，也有利于交通安全。

（二）应急物流中心选址的影响因素

在应急物流中心选址决策中，要综合考量多种因素，并主要从以下 4 个方面来考虑。

1. 自然条件因素

（1）气象条件。自然条件中气象条件是首先要考虑在内的，通过对天气的检测，可以使应急物流中心避开风口等地带。

（2）地质条件。充分观察周围的环境，结合当地的地质条件做出最优的选择。

（3）水文条件。应急物流中心选址要考虑洪涝灾害的发生，应急物流中心所处的地下水位不能过高，避免选择洪涝区、干河滩等地。

（4）地形条件。应急物流中心要选择地势平坦之处，面积适宜。首选完全平坦的地形，其次是稍有起伏的地方，陡坡要避开，对外形上要以方方正正的为宜，避免狭长不规则形状的地区。

2. 环境因素

（1）交通条件。应急物流中心要建立在交通枢纽，以确保交通运输顺利进行。

（2）公共设施状况。应急物流中心的周边配置要完善，如水、电、热、燃气等基本的生活保障。

3. 社会因素

依据可持续发展理论进行应急物流中心的建设，要充分考虑到应急物流中心对城市生活的干扰问题。

4. 经济因素

精简人力、物力，最大限度地建立一个经济、实惠、环保、可行的应急物流中心。

（三）几种常用的应急物流中心选址决策方法

1. 基于重心法的应急物流中心选址决策

应急物流中心的选址非常重要，其可以影响后续的一系列工作，因此一定要注重应急物流中心的位置、规模、面积等情况，对物流的畅通、反应速度、经济适用性等情况也要重点关注。下面是针对突发事件地区建立应急物流中心所进行的详细介绍。

问题描述及模型构建：应急物流中心进行地址选择时要考虑应急服务地点的需求、交通便利情况、地域范围的便利情况等。通过对应急物流中心建设的模式探讨，对地址选择也就会有所不同。对于影响地址选择的因素都要进行一一考虑。

2. 基于 GIS 区域的应急物流中心选址决策

（1）问题描述及模型建立。应急物流中心选址问题可采取以下模型建立方式：设有 N 个可能的灾害发生地，需要建立 M 个应急物流中心，需要预先规划出 P 个备选址区域，以合理的规模建立配送中心，为 N 个需求点配送物品，使在选出点建立的应急中心在满足配送需求的前提下，成本（包括建造成本和运营成本）最低。

当在某区域建立多个应急物流中心时，需要确定选址区域，设 $N = \{1, 2, 3, 4, \cdots, n\}$ 表示 n 个需求点；$M = \{1, 2, 3, 4, \cdots, m\}$ 表示 m 个配送中心；(x_i, y_i) 表示 i 个需求点；(x_j, y_j) 表示第 j 个配送中心选址位置；d_i 表示规划期内需求点的需求量；c_j 表示第 j 个配送中心的规模；a_{ij} 表示第 j 个配送中心对第 i 个需求点的需求量；h_j 为应急物流配送中心 j 每单位配送规模所需的成本。$S_{ij}=\sqrt{(x_i-x_j)^2+(y_i-y_j)^2}$ 表示物流配送中心 j 到需求点 i 的距离，由于配送中心选址时只考虑运输成本，所以配送中心 j 的建构成本 $f_{ij}=a_{ij}\times s_{ij}\times k$，其中 k 为运费率。由于不同的配送中心位置不同，因此建构成本也各不相同。配送中心 j 的建构成本为 $g_{ij}=c_j\times h_j$。考虑到上述两项成本，则成本优化配送中心选址模型为：

目标函数：

$$\min\left(\sum_{j=1}^{m}\sum_{i=1}^{n}a_{ij}\times s_{ij}\times k+\sum_{j=1}^{m}c_j\times h_j\right) \quad (4-1)$$

约束条件：

$$\text{s.t.} \sum_{j=1}^{n}a_{ij}\leq c_j \quad \sum_{j=1}^{n}a_{ij}=d_j \quad \sum_{j=1}^{n}d_i\leq \sum_{j=1}^{m}c_j \quad a_{ij}\geq 0 \quad (4-2)$$

（2）模型求解。将某地发生的台风灾害的救援作为案例进行分析，将6个潜在的应急物资配送中心作为供货点，提供给10个受灾的地区。这6个潜在应急物资配送中心在物资储备的规模上和应急物资配送的成本上都不尽相同，但是每一个潜在的应急物流中心都可以使用多种车辆为不同的灾区提供服务。在20km×20km 的范围内灾区点和潜在应急物流配送中心具体的配送服务将随机产生，这也就使灾区的需求量、位置坐标和应急物资配送中心的需求量、位置坐标都能够随机产生，10个灾区和6个应急物资中心的供给信息见表4-3、表4-4。

表4-3 应急物资需求点的信息

需求点	坐标	需求量	费率
1	(10, 13)	20	1.0
2	(12, 14)	6	1.0
3	(20, 15)	10	1.0
4	(15, 20)	12	1.2
5	(14, 17)	25	1.0
6	(13, 18)	8	1.0
7	(20, 12)	16	1.1
8	(16, 8)	8	1.0
9	(10, 8)	18	1.1
10	(16, 12)	6	1.0

表 4-4 应急物流配送中心的信息

配送点	坐标	配送量	配送成本
1	(6, 10)	50	8
2	(9, 11)	15	9
3	(10, 10)	20	12
4	(12, 18)	20	6
5	(14, 17)	25	10
6	(13, 18)	30	5

市区内的编号为2,3,4,6的救援中心比编号为1的救援中心的位置好,这就使编号为1的救援中心不能被选择在内,这是因为编号为1的救援中心远离市区属于郊外,其建造成本和运输成本都比较高,相比其他救援中心来说,费时又费力还起不到更好的效果,因此考虑将应急救援都设置在较接近灾区的中心位置。通过分析定界算法的验证,选择了以下的救援方案作为最佳救援方案。

通过对应急物流时间效益的分析,使灾害损失降至最小,在救援中心地址选择上要控制建造成本。

第三节 物联网环境下应急物流信息平台关键技术

物流信息平台是一个对物流信息数据进行采集、处理以及交换,从而为企业物流提供各种信息支撑的平台。在物联网的基础上构建物流信息平台能够有效提高企业内部信息资源的有机整合能力,以便实现物流信息的高效传递及共享,提高物流效率,从而实现物流业务流程智能化及可视化管理的目的。

一、中间件技术

中间件技术具备高度专业化、开发效率高的特点,也是软件技术未来发展的一个趋势。该技术有利于变革传统的生产方式和部署方式,促进生产方式由个别生产变革为建立在构件基础上的标准化分工协作,使软件生产的效率得到大幅度提高,同时质量也得到了保障,中间件实际上是软件构件化的一种表现形式,利用该技术将典型的应用模式抽象出来后,应用软件制造商能够在标准中间件的基础上实行二次开发,这是一种对软件构件化进行具体实现的操作方式。由此可知,中间件可以称为分布式计算机系统中将各个组成软件进行集成的软件黏结剂。

（一）中间件的架构

中间件的架构如图 4-1 所示。

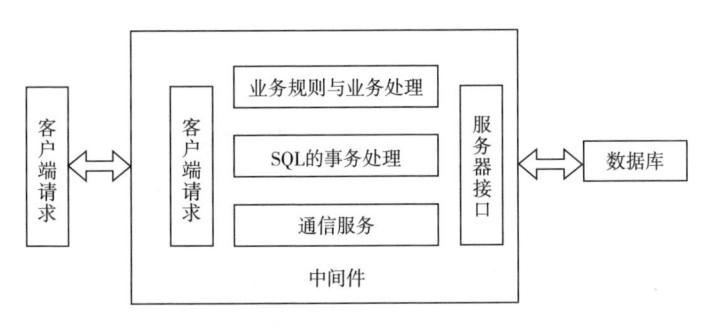

图 4-1　中间件的架构

（二）中间件的分类

中间件不仅是一个实际的软件产品，还包含了一组标准或技术。一般来说，中间件产品可以从不同的角度进行分类。可根据功能的不同将中间件细分为以下几类：通信处理中间件、事务处理中间件、数据存取中间件、分布式对象中间件、安全中间件、网络服务中间件、专用平台中间件等。

（三）中间件技术的关键特性

中间件技术的关键特性有：

（1）异构性可以屏蔽软件平台和硬件平台。

（2）构造出具有可伸缩性的分布式系统。

（3）将一定程度的分布式透明性提供给最终用户。

（4）改善应用系统的服务质量。

（5）提高系统的可用性。

（6）提高系统的可靠性。

（7）增强系统的性能。

（8）提高系统的可维护性。

（9）提高用户的友好性。

物联网环境下的物流信息平台是一种基于分布式处理的软件应用，因此中间件在应用终端和服务器端发挥了重要的作用，并扮演了 RFID 硬件和应用程序之间的中端桥梁功能，从而成为物联网应用解决方案的中枢。基于物联网的物流信息平台中所需要应用的中间件技术主要包括企业集成应用（EAI）中间件、无线应用中间件（如 RFID 中间件）、自适应中间件和嵌入式中间件等，其中，RFID

中间件是企业进行物联网物流信息平台建设的基础,是必不可少的平台架构关键技术。

二、云存储技术

(一)数据存储技术

数据存储技术主要是指管理文件存储、读取、修改的一系列技术,主要是为了以文件系统的形式实现分布式环境下的数据存储,同时兼顾高效可靠的性能需求。

云计算的文件系统和数据处理方法是目前云计算中比较主流的数据存储技术。云计算的文件系统和数据处理方法为数据存储提供了一套较为成熟的解决方案,其中包括设置用于提供客户端接口并记录存储到数据节点中的数据路径目录节点和连接所述目录节点,用于存储数据的数据节点。目录节点生成数据存储列表,并将数据和所述数据存储列表发送到数据存储列表中的第一数据节点;当前数据节点接收数据,并在接收到预定大小的数据块后,将接收到的数据块及所述数据存储列表发送到下一数据节点;直至获得预定数量的冗余存储份数。该方法通过目录节点对数据进行存储、读取、修改,并通过冗余存储保证数据的可靠性和存储的高效性。

(二)存储管理技术

云存储系统中往往存储着海量的数据,且数据分布在各个存储服务器上,如果没有很好的存储管理系统,云存储系统的效率、可靠性等都会大幅降低,甚至无法使用。存储管理系统主要负责存储系统的动态扩展管理,如增加或减少存储服务器;故障维护,如果出现服务器宕机,应立即启用备份服务器,维护备份数据等;负载监控,监控存储服务器的负载情况,并及时进行存储调整;数据的复制、分区、备份、恢复等;安全管理,主要是控制用户的读写权限。

基于云计算架构的云存储系统中涉及的云存储管理技术是目前比较主流的云存储管理技术。基于云计算构架的云存储系统由主服务器、存储服务器、监控服务器组成,其中主服务器和监控服务器构成该系统中的存储管理子系统。存储服务器实现与用户终端连接,同时存储服务器还连接主服务器,监控节点的存在促使存储服务器与监控服务器进行连接,监控服务器的另一端连接着主服务器,主服务器通过网络与用户终端连接。该存储管理系统具有高效、安全、易操作的优点。其中,主服务器主要用于索引存储服务器以及对存储服务器进行管理。监控服务器主要是监控各个存储服务器的状态,如果监测到存储服务器宕机,则启动备份的存储服务器,并更新主服务器的索引状态。这样,用户只需要两次寻址就可以准确定位到每个数据的存储地址。用户在不经过主服务器的条件下就能访问存储服务器，从而实现了用户与存储服务器的直接连接，既促进了数据访问效率的提高，又防止了主服务器降低数据访问效率。存储服务器中的每份数据都会有三份以上的备份副本，分别存储于不同的存储服务器中，这样做是为了使数据的可靠性得到保障。这些存储信息也是在主服务器中进行维护，并且由监控服务器进行监控。当用户修改某份数据时，只有所有副本都更新完毕，更新操作才算完成。

（三）存储虚拟化技术

虚拟化技术在异构集群存储系统中起着关键性的作用，是数据中心虚拟化的核心技术。虚拟化技术可以将集群中的空闲资源进行虚拟划分、组合，从而满足客户的数据存储要求。此外，虚拟平台的池化技术可以动态满足系统变化，提高存储系统的可扩展性。

目前，很多 IaaS 框架的云存储模块都提供了存储虚拟化技术，如 Cloud Stack、Open Shift 及 vSphere 等。存储虚拟化已经成为云存储中不可或缺的技术之一。

（四）网络传输技术

存储服务器之间的数据传输采用 NFS/CIF 数据传输协议，该协议可以实现异构平台间的数据无障碍传输，在分布式平台上已经比较成熟且表现良好。然而，它有一个缺点就是传输效率低。如果可以拥有自己的专用网络，就可以使用 iSCSI 协议，该协议在集群环境下效率较高。如果费用允许，甚至可以采用高速光纤通道，这会使数据传输的效率大幅提高，但成本会非常高。

三、分布式缓存技术

分布式缓存系统包括如下关键技术，以保证缓存的高可靠性、一致性，以及高吞吐、低延时的访问服务。

（一）数据存储策略

数据存储策略是缓存系统的关键技术。将数据存到内存以提高数据访问效率，但是内存又是一个极不安全的空间，一旦断电，内存中的数据就会无法获取。因此，无论是单机还是分布式环境，都需要对缓存数据进行持久化操作，防止缓存数据丢失。另外，一台服务器的缓存数据一般不会太大，因此可以选择固态硬盘（solid state drives，SSD）作为存储介质，其与硬盘相比访问效率明显提高；如果缓存数据非常巨大，也可以将其持久存入硬盘中。数据存储功能模块可以提供一套自适应的数据存储技术，提供内存/SSD/硬盘三级缓存策略。

（二）数据可靠性与一致性

分布式缓存通过多副本机制以保证数据的可靠性，但是多副本带来的一个弊端就是缓存数据一致性难以保证。这里主要有两种解决方案，NRW 多副本机制和主从备份机制。

NRW 多副本机制中，N 是一个数据的副本数，R 是读取操作时至少需要读取的副本数，W 是写入操作时至少需要同步写入的副本数。分布式缓存的访问模型满足 $R+W>N$ 时，就能保证数据访问的可靠性和一致性，但是系统的访问性能和可用性会受到影响；相反，如果 R、W 值偏小，又会使数据一致性与可靠性降低，因此 NRW 理论一定要在真实环境中经过一定量的模型训练，以找到最合适的 N、R、W 值。

主从备份机制可以较好地保证数据的一致性以及在缓存服务器中缓存数据的高可靠性，提高网络服务质量。在主从备份机制的设计中需要考虑不同数据的访问频率和负载特点，设计适当的分布式缓存策略。

（三）负载均衡

负载均衡主要是指各个缓存服务器数据负载的均衡，一方面可以使分布式环境中的缓存节点均匀地负载缓存数据，另一方面也保证了不会因为部分缓存服务器的宕机导致大量缓存数据的丢失。目前比较主流的技术有负荷分配技术和基于一致性哈希的负载均衡策略。

对于分布式缓存系统中的负荷分配技术，根据节点的状态信息和负荷处理所有服务器节点分配负荷权重，根据各服务器节点的负荷权重生成路由信息，提高系统的可用性、运行效率及稳定性，从而提高集群的访问能力。

基于一致性哈希的负载均衡策略原理是通过哈希散列算法，将缓存数据散列到环状编号排列的服务器集群中。较为均匀地将负载数据分布到各个服务器节点。如果需要达到更为均匀的负载分布，可以采用虚拟节点的思想，即将哈希环状结构上的节点作为虚拟节点，并非直接对应物理节点，而是将其用散列算法分配若干个（视集群规模而定）虚拟节点对应一个物理节点，这样就能更好地实现缓存数据的均匀分布。

（四）路由数据一致性

分布式缓存系统中为了最快、最准地定位各个缓存数据的位置，一般会有一张全局路由表。为了提高路由效率，各缓存节点上会保存全局路由表的副本，因此需要实时保证路由数据的一致性。为了保证路由数据的一致性，该表采用分布式同步锁系统存放，从而保证了路由表在数据更新时，其他服务器无法读取数据，只有当路由表更新完毕后，分布式系统释放锁，各个服务器才可以重新读取路由表数据进行路由。同时，为了在路由数据发生更新时，所有服务器节点同时更新本地路由表，需要定时发送路由交换信息，保证路由数据变更在所有服务器节点中迅速生效。

（五）故障检测及服务器控制

需要对分布式缓存集群中各个服务器的状态进行实时监控，以保证缓存数据的可靠性和及时性。现有的技术主要提供了一种分布式缓存控制方法，这种方法支持多种数据访问协议，并能够灵活控制分布式缓存。这是由于该方法可以根据缓存服务器的状态信息灵活切换所使用的缓存服务器。

四、消息中间件技术

（一）高级消息队列技术

为了提供可靠的数据传输，消息中间件使用队列的方式进行消息管理，数据按照用户自定义的尺寸，被拆分成若干的消息放入消息队列，消息中间件以同步或异步的方式进行消息的发送和接收。为了进一步保证数据传输的可靠性，消息中间件还提供附加技术，如消息优先级、断点续传、遇见连接、可靠消息队列、内存队列、流量控制等。

另外，超大规模的应用往往被部署到不同的计算节点上，分布式的部署应用常常是出于平衡多计算节点计算负载的考虑。因为消息中间件所负责传输的消息是应用的输入，所以需要在消息的分发上做到负载均衡。所谓消息的分发是指在同时有多个可用的目的队列的情况下，将消息投到最适合的消息队列中。在分布式消息中间件架构中，RabbitMQ 支持分布式的应用。当有多个可用的目的队列时，RabbitMQ 默认会开启轮询模式，将消息按次序发给不同的消息队列。这样的机制可以在绝大多数场景下平衡应用模块之间的消息负载。但也有个别情况仍会导致消息负载的不均衡，这时 RabbitMQ 可以提供非常智能的队列管理，保证将消息分发到消息个数小于某个阈值的消息队列中。

消息中间件传输消息使用标准的 IP 包封装，从而能够提供跨平台的数据通信和信息交换。消息中间件通过提供非常丰富的 API，为几乎每种平台都提供相应的接口，因此各种主流平台都可以找到相应的接口，从而完成跨平台的数据通信和消息交换。

在消息中间件架构中，JMS 是较为常用的 Java 平台下的消息中间件 API，许多产品都会尽可能地支持 JMS 的 API。mom4j、Apusic Message Queue、Active MQ 等使用 Java 开发的消息中间件系统，具有很强的跨平台和操作系统的特性。在客户端开发方面，主流的消息中间件系统往往会支持多种开发语言，服务端系统提供各种语言的 API 接口，客户端的开发只需要面向这些接口就行。以金蝶的 Apusic 为例，它提供了 Java、NET、C/C++的接口，也提供了 Oracle、My SQL、SQL Server 等的数据库服务专用接口。

跨平台的 API 接口在为用户提供统一的消息中间件解决方案的同时，尽可能地兼容了用户的使用环境。但要将不同语言、不同平台下的 API 做到一致，对开发者而言是一个不小的挑战。

（二）异步通信机制

分布式环境的对象调用往往需要涉及大量的网络传输，这样的同步调用会带来大量消息阻塞。相比于传统的分布式对象调用，消息中间件通过消息队列实现异步通信机制，大大提高了通信效率，从而提高了平台的数据处理效率。

在 IBM 的消息中间件 Web Sphere MQ 中，异步通信机被认为是通信的首选方式。因为一套可靠的消息中间件系统足以保证消息传输的准确性和可靠性，并不需要收发端通过同步握手确认反馈保证通信质量。消息的收发端作为应用的主体，本身的职责在于完成各自的业务，如果在业务系统中减少了对消息传输 QOS 的确认功能，则可以提高代码的内聚性。

要实现异步的通信机制，消息中间件客户端与业务系统主体是线程独立的，业务系统的线程运行并不完全依赖于消息中间件的消息。如同 Web Sphere 所强调的，异步通信在速度较快的情况下，效果可以与同步通信相当。异步通信实现同步应用的效果，其实是分别从收发端各进行一次异步通信。因为异步通信数据对消息中间件系统的网络压力较小，用它实现的同步应用往往在性能上较直接的同步通信更胜一筹。

（三）远程过程调用通信机制

RPC（远程过程调用）是专门用于进程间远程调用的通信方式。它的特点在于发送方的消息将启动接收方程序的某个过程，在接收方运行出结果后再调用发送方的进程继续执行。

远程过程调用通信需要发送方和接收方分别设立两个专门用于远程过程调用通信的队列，即在客户端启动后，会创建一个专门为远程调用异步回收消息服务的独占消息队列。在需要发送一个远程调用的通信请求前，客户端发送的消息中需要指定依赖的异步回收队列和它的关联号，相当于消息队列的注册。客户端发送请求给异步消息队列，接收端接收到请求，完成请求的计算并将结果返回给客户端指定的异步回收队列。之后客户端在回收队列接收到反馈消息，检测反馈消息的关联号。如果关联号与请求的关联号相符，则客户端接收该反馈消息，否则客户端将忽略该消息。

(四)分布式环境下的进程间通信

在云环境中,单个服务应用可能分布在不同的物理机上运行,如何实现高效的进程间通信成为较为迫切的需求。经过相应的扩展,消息中间件不仅可以实现分布式环境中应用间的同、异步通信,还可以实现分布式环境下的进程间通信,从而更加高效地完成分布式环境下的信息交换。

第四节 物联网环境下应急物流信息系统整体架构

一、物联网环境下应急物流信息系统的基本目标

本书对物联网应急物流信息系统的介绍是基于社会公众的立场,从这个角度分析,系统的基本目标如下:该系统要允许众多参与方参与进来,不仅包括应急救灾中心,还包括社会慈善组织、基金、救灾团体、个人、应急物资供应商和应急救援指挥中心等。其中,应急救灾指挥中心要对所有参与方进行统一指挥协调。该系统要包含应急物流的各大环节,必须能够对应急物资需求进行统计分析,能够实现采购、仓储、运输、配送、分发应急物资的功能。以上目标的实现离不开物联网技术的支撑。物联网应急物流信息系统可以根据各个相关部门提供的数据,如水文气象、地理交通、公共信息等方面的数据,对救灾行为进行综合分析,从而提升应急物流的快速响应能力和救灾效率,应急决策和指挥的效率也会得到提高,从而把灾害带来的影响降到最低,并且使救灾更加科学高效。

在紧急情况下救灾时,不仅要把收集和处理灾害信息的时间控制到最短,还要保证数据和信息的正确性以及传输的准确性,一旦出现误传,就会造成更加严重的损失。因此,与普通物流信息系统相比,应急物流信息系统必须要对整体质量进行更加严格的把控。以物联网为背景建立起来的应急物流信息系统必须具备以下特点才能更好地发挥其作用。

首先,系统必须准确完整地采集信息。从应急物资的采购到配送,物联网可以与各个环节实现全面互联,从而能够准确识别、采集并记录救灾物资的运输方式以及运输节点等各种信息。其次,系统必须实时控制信息的传递和共享。物联网的传感器等技术要能够采集、记录、储存和监控救灾物资在物流各个过程中的信息,并将这些信息实时地传递到系统中,系统管理人员和用户都可以看到,从而实现救灾信息的内外部共享。为了及时处理应急物流中的异常情况,必须动态监控物资的相关信息。最后,系统的救灾服务要保证科学高效。物联网为科学救灾决策的实施提供了非常大的便利,因为有了物联网,就可以更加准确且快速获

得救灾物资的物流信息。为了进一步发挥物联网的优势，提高救灾能力，必须对应急信息系统反馈的信息进行及时处理，并完善救灾方案，这样受灾群众的生命和财产安全才能得到进一步的保障。

下面将对采集与传递受灾信息、整理与发布受灾信息和应急指挥与实地救灾3方面进行详细介绍。

（1）采集与传递受灾信息。为便于便捷读取管理对象的动静态信息，可以按照业务管理的要求，将感应装置安装在不同位置。例如受灾地带的空气土壤干湿度的测定、常发地质灾害地区的地质状态的检测、道路上的车流量信息的感知、公共基础设施状态的检查、农田中土壤的干湿度和酸碱度的获取等状态信息可以实现随时随地获取。

事实上，为了提高应急救援的效率，可以将地理信息系统（GIS）、全球定位系统（GPS）等技术广泛应用在物联网中。利用这两种技术手段能快速收集地理环境、位置以及交通运输线等必要信息，根据这些信息，获取最近救援路线以及受灾地点就变得容易很多。获得地理位置信息后，借助系统可以准确地查明受灾地区的人口分布密度和分布状况，这些信息会被收集并传输到相应的信息子系统中，以便于预测和评估当地突发事件风险级别和灾害损失。除了上述两种技术手段之外，气象卫星也被广泛应用在救灾活动中。

（2）整理与发布受灾信息。科学且有针对性的救灾方案能够使救灾工作顺利开展，因此必须得到重视。利用物联网技术，不仅能够收集和处理受灾信息，还能够高效统计和总结这些海量信息。假设，某地区发生了紧急突发事件，在该事件周边的交通状况无法确定的情况下，可以利用物联网技术调查受灾信息，如灾区桥梁、房屋以及路面的受灾情况等，应急指挥中心得到这些信息后，同时结合其他方面的信息以及救灾的时间限制等，作出决策，寻找最优救援路线。物联网可以利用联机处理技术对海量数据进行处理，除此之外，数据挖掘技术和云计算技术也是处理海量数据的关键技术。这些技术能够有效梳理整合海量救灾信息，以便于相关人员通过电视、互联网等媒体发布信息。

（3）应急指挥与实地救灾。应急指挥中心应该在收到突发事件的报警信息后，应第一时间确认信息的准确性，若信息无误，相关部门要根据应急信息系统尽快收集所有受灾信息，这是科学制订救援计划、成立救灾指挥中心的重要依据。具体来说，根据受灾信息，应急指挥中心能够确定受灾的区域和范围，并对突发事件类型和级别进行有效估计，最终启动相应的救灾预警。在实施救灾工作时，根据这些受灾信息，同时结合应急预案内容，可以迅速调运救援人员与物资，及时有效地展开救援。与此同时，统计和上报救灾工作也是十分重要且必要的。应急指挥中心负责安排和调度现有的应急救灾资源，在对各救灾小组进行救援任务的具体分配时，不能忽视实际受灾情况。为了提高救援效率，应急指挥中心应该依托于应急信息系统，对整个救灾活动进行统筹和协调。在受灾情况严重的情况下，应急指挥中心应及时请示上级部门，请求增派其他救援人员或增加其他救援工具。

二、物联网环境下应急物流信息系统的分析

（一）系统主要功能和需求分析

在整个应急救灾活动过程中，以物联网技术为基础的应急物流信息系统主要发挥以下作用：

第一，获取信息。系统要准确且及时地收集受灾信息、物流运输各个阶段的信息、应急物流运力信息等，以便于应急救灾管理部门全面及时了解受灾群众和受灾地区的状况，了解应急救援物资、救援设备的数量、分布情况，应急物流存储能力和收发能力，机场、车站的吞吐量等。全面掌握这些信息有利于应急救灾管理部门高效科学地做出救灾决策，以便于后续应急救灾工作的顺利实施。

第二，实时指挥并控制。在应急救援过程中，系统要及时采集与管理救灾人员的位置信息，设备和运输工具的吨位、类别以及位置信息，整个运输组织及其状态变化和情况处置等信息；如救灾过程中出现意外情况，系统要指挥调整保证运输过程顺利进行。

第三，管理应急物流业务。一方面，系统要对救灾物资、救灾装备和器材的数量和质量进行管理。相关部门和受灾群众可以在系统中查询救灾物资等信息。另一方面，要制订应急采购计划，及时补充救灾物资，监管救灾物品的分配、运输、调拨以及供应等过程。受灾用户安全进入系统后，可以申请救灾物资，审批通过后，系统可以按照流程规定向受灾用户发送需要物资。

第四，辅助决策。应急物流模型的建立可以为应急指挥人员提供多个备选方案，以提高应急决策的科学性。

第五，其他功能。从国家相关信息标准来说，系统要对救灾物资进行标准化编码，提高内部管理的效率，实现救灾信息的内外部共享；从现代物流的发展方向来说，要提高系统的扩展性、易用性和可维护性。

（二）应急物流业务流程分析

1. 应急物流系统的业务运作流程分析

相比于一般的企业物流活动，应急物流更急，因此应急物流系统追求的是时间效益的最大化以及灾害损失的最小化。应急物流系统必须对救灾物资进行高效配送，以最快的速度在最短的时间内将救援物资和设备送到灾区。一方面，对自

然灾害和突发事件的快速响应可以将灾害带来的损失降到最低，且及时解决灾区群众缺乏必备生活物资的难题，完成各级救灾组织的任务；另一方面，要最大限度降低应急物流的运行成本。应急物流系统和普通物流系统有诸多差异，下面对两者进行比较：

首先，从系统目标来看，一般物流系统以损失最小化以及利益最大化为主要目标，而应急物流系统则以时间效益最大化以及保护人们生命安全为目标。其次，从系统运作特点来看，一般物流系统较常规，可满足日常使用需求，而应急物流系统适用于突发且紧急的情况。最后，从系统配送方式来看，一般物流系统通常为往返式的，而应急物流系统有单向和往返两种配送方式。

应急物流过程中几乎没有时间间隙，因此要系统性地分析和设计应急物流的整个业务运作流程，构建一个高效运作的应急物流信息系统。实施快速应急救灾，一方面可以将自然灾害或者突发事件对人民生命和财产安全造成的损害降到最低，另一方面又能大幅度降低物流成本。基于对应急物流系统特征的分析，结合物流供应链的管理思想，可以将应急物流的整个活动过程划分为以下4个环节：受灾需求端信息的统计、应急物流协调指挥中心、物资仓储采购供应端以及应急物流配送中心。

（1）受灾需求端信息的统计。发生灾害时，受灾地区的交通、社会秩序等会被破坏，无法维持正常生活节奏，灾情、医疗援助等信息混杂且短时间内难以向外界传递。因此，灾情发生的第一时间可能很难了解到第一现场详细的受灾信息，无法详细了解受灾需求，进而无法精准实施救援。通过借助外部工具，如直升机航拍、卫星遥感等技术手段的帮助，能够获取第一手灾情资料，再结合灾区地理信息、人口分布、气候、产业结构以及社会发展程度等，进行详细的分析和预测，根据险情的后续发展情况制定详细的救援方案，包括救援物资的种类、数量以及救援手段等。之后，随着救援活动的有序展开，灾区需要的救灾物资种类、数量以及急迫程度更加明晰，从而快速调整救援方案和物资运输方案，为灾区群众的基本生活提供保障。此外，政府有关部门需要持续、高度关注灾区，尤其是灾害频发区及重灾区的险情变化，及时调整更有效的救援保障方案。

（2）应急物流协调指挥中心。为灾区提供救援服务时，应设置多个应急物流协调指挥中心，各个指挥中心共享灾区受灾信息，互相配合指挥整个抢险救灾活动，统筹救援物资的采购、筹集、申领、调度、运输以及配送等工作。这些工作不是由应急物流协调指挥中心直接执行，指挥中心只负责指挥、调控各个救灾组织的具体救援行动，从整体层面协调应急救援工作顺利、高效地进行。例如，指挥中心收集并汇总各个灾区的详细需求信息，再指挥各个物流配送中心完成物资采购、出库、装配以及运输配送等工作。

(3) 物资仓储采购供应端。目前,国家已经在全国范围内建立了多个中央级别的应急物资储备库,以便在灾情发生后迅速做出响应,第一时间向灾区运送救援物资。此外,也会有很多民间团体出于人道主义募集捐赠资金、物资等送往灾区。一般情况下,物流企业通常与供应单位有着较为稳定的合作关系,运输时间比较固定,而应急物流有所不同,其运输的物资可能是国家储备的应急物资,也可能是社会组织募捐的救灾物资,后者是种类繁多的,如水、食物、衣物、帐篷以及药物等。

(4) 应急物流配送中心。由于社会各界提供的救灾物资种类多样,因此需要对其进行分类整理,再根据各个灾区的需求配送,否则很有可能会造成物资重复配送,浪费物资且降低配送效率。因此,应急物流配送中心科学地统计和归纳救灾物资很有必要。应急物流配送中心是整个配送活动的中心,利用网络时代信息传播速度快的优势,充分发挥自身强大的流调功能,精准、高效、有序地安排应急物资的运输。由应急物流配送中心收集并整理各个受灾地区的物资需求情况,结合这些信息对国家应急物资储备库的物资和各地提供的社会救援物资制定合理的分配方案,再安排运输车辆,将物资输送到各个灾区,在整个运输途中尽可能减少转运及装卸的次数,使物资能够尽快送往灾区分配到受灾人员手中。

2. 物联网对应急物流现有业务的影响

物联网技术对应急物流现有业务产生的影响表现以下两个方面。

(1) 业务流程自动化。目前,物联网技术具有高度自动化、信息化的优势,其对应急物流业务流程产生的影响包括以下几点:

①实现信息自动化采集处理,辅以物联网的感知技术,如射频识别、传感设备以及信息扫描等,全面、实时地完成非接触式、自动化的信息采集工作。

②目前,各大物流企业采用了先进的感知技术与电气化技术,甚至应用大量半自动化机器人来操作物流业务。

③云计算处理技术、数据挖掘技术等进一步推进了信息处理的自动化,物联网环境下应急物流信息系统可以通过这些先进的技术手段更加精准、高效地处理信息,以达到自动化处理系统数据的目的。

(2) 业务流程智能化。现代物流采用了多种先进的数据处理技术,优化了应急物流的业务流程,将流程中很多需要人工处理的部分交给了机器,系统操作准确率有了很大程度的提升。

(三) 系统运行环境分析

1. 计算机应用现状

就计算机行业在社会上的整体发展水平来看,其目前的发展情况如下:

(1) 新技术的产生为计算机行业注入了新鲜血液,软件制造商与硬件制造商积极推行新技术。近年来，随着 CPU 的核心技术不断更新，计算机行业的发展势头迅猛。2010 年，双核处理器作为领军技术在处理器市场占据了主要地位。Intel 推出了酷睿双核处理器，该处理器无论是在功能消耗方面、计算性能方面、还是散热及核心频率等方面，优势更加突出；随即，AMD 等厂商也发布了自己的双核处理器，大大优化了计算机的硬件性能；微软相继发布了多种操作系统，新的操作系统操作界面更加直观、简约，功能上更加强大，逐渐取代了之前的操作系统，在全球范围内流行起来，进一步提高了市场占有率。

（2）数字技术逐渐深入人们生活的方方面面，相关产品尺寸逐渐向微型化发展，应用量呈指数级增长。随着低碳节能环保理念逐渐深入人心，许多节能环保技术被应用于 PC 的设计中，节能、低功耗逐渐成为 PC 发展的新趋势，获得了更多用户的认可。

（3）目前，在云计算基础上研发生产的相关产品和服务已经广泛应用于网络技术中心和科技产品中。许多先进的数据处理技术使人类社会生产活动变得更加快捷，相关产品和服务随之迅速扩大了应用范围。云计算技术的发展为科技产品提供了基础设施、软件服务及平台服务等，打造了全新的 IT 服务模式，实现了从概念提出到现实应用的成功演变，更为下一代数据处理器的发展提供了核心技术。云计算技术的应用为信息产业的发展注入了更多的动力，为传统产业与新兴产业的革新发展提供了更加广阔的空间，有利于进一步加快社会发展进程。

（4）随着科技的进步，组装计算机必需的软硬件价格逐渐降低，各种款式的计算机，无论是在性能、应用方面还是价格方面的差距进一步缩小。

2. 信息系统的模式选择

目前，信息系统主要有两种开发模式：一种是 B/S 模式，即浏览器/服务器模式；另一种为 C/S 模式，即客户端/服务器模式。以下将对比介绍这两种开发模式。

（1）B/S 模式。首先，B/S 开发模式是基于互联网的需求而出现并发展起来的，其实质就是以网页 Web 技术作为核心支撑技术，把信息系统开发平台的模型应用到其中。通过把 C/S 开发模型中的服务器直接换成根信息服务器和多个子数据服务器，从而实现多个层次构架的用户服务。

B/S 开发模式具有以下优势。

①在该开发模式下，操作客户端变得更加简单便捷。与 C/S 模式不同的是，在 B/S 模式中不需要在计算机上安装各种程序的客户端，只需要在浏览器上进入相应的网站，注册或登录相关账号，就能够进入和使用系统或程序，进而完成相关操作，这样的访问形式不仅比 C/S 模式更加快捷，还能避免频繁安装不同的软件造成的麻烦。

②B/S 开发模式更便于开发系统，维护系统和升级系统也更加方便。开发者利用 SMTP、TCP/IP、HTML 和 HTTP 等技术，可以在 Web 服务器中集中多项服务功能，根据用户的级别开放不同程度的使用权限，不需要再为不同的用户量身设置客户端应用程序，就可以满足各级别用户的需求。使用 B/S 模式，在 Web 服务器上升级总服务程序就能够完成对系统的维护或者升级，不需要对客户端做出任何操作，这一点 B/S 模式比 C/S 模式的操作更加灵活便捷。此外，B/S 模式对计算机的配置并没有太高的要求，通过简单的操作就能够对系统进行升级，避免盲目升级硬件而产生其他的错误操作。

③在 B/S 模式中，信息的发布和交流更加灵活便捷。互联网技术强化了 MIS 的功能，实现了信息的实时传输和共享。越来越多的用户使用电子文件代替纸质文件办公，既节省了办公用纸，又简化了办公手续，大大提高了办公效率。此外，B/S 模式所具有的高集成性、开放性等特点以及众多优势逐渐获得了更多的开发者和用户的认可，超越了 C/S 模式成为开发信息系统平台的首选开发模式。

（2）C/S 模式。C/S 开发模式主要由三大部分构成，分别是 Client、Middleware 和 Server。Client 代表用户应用程序，能够实现系统与用户的信息交换；Middleware 为中间软件组件，用于连接 Client 和 Server，并协助客户完成数据管理业务的具体操作，如查询、删除或修改信息等；Server 为服务器管理程序，可以根据用户的操作指令调度和管理信息系统资源。系统开发人员需要了解客户的需求，适当结合两种开发模式的特点，研发出相应的系统。在研发新系统时，研发人员需要交互并行运用这两种模式，对子系统做出分类处理，结合相关的要求和标准，决定分别使用两种模式开发哪些对应的子模块，并将其详细地标注于使用说明书中。设计程序时，开发人员需要使用不同的编码方式对相应的子系统进行编码。例如，在 QQ 系统中，使用 C/S 模式开发了 IM 部分，其余部分使用了 B/S 模式完成开发。这种开发模式虽然比较灵活，但在进行模式的选择时难度较大，开发成本较高，难以保证系统的兼容性。

3. 系统开发工具的选用分析

（1）开发工具。在开发信息系统时，首先应该对相关开发工具有充分的了解，根据系统的开发要求，结合各种技术的特点，从中挑选出适合的开发工具，完成信息系统的开发工作。在选择开发工具时，不仅需要考虑其适用范围，还需要考虑4项"最少"原则：

①维护最少原则，选择开发工具应优先考虑开发人员工作强度低的，且可以提供多种便捷功能的，这样的开发工具有利于提高整个开发团队的工作效率。

②错误最少原则，使用常用的编程语言开发信息系统时，应充分考虑试运行的便利，设计简易的测试检验流程。

③最少技巧性原则。在开发过程中,开发人员最好不用经过培训学习或很少学习新的开发方法就能开发信息系统,尽量减少开发的间接成本。

④最少工作量原则。即花费最小的工作量和时间成本,在保证系统质量的情况下,让信息系统按要求正常、顺利地进行开发。

(2) 开发单位信息化现状。实际上,在开发企业级信息系统时,应将开发单位的信息化现状考虑在内,此外还需要考虑以下几点:

①对用户的要求必须做到精准掌握,虽然有些用户本身没有明确的目标系统和具体要求,但开发人员仍需要充分了解用户的业务情况,挖掘其需求,为其开发信息系统。

②选择开发类型,不同类型的信息系统对应不同的程序编写要求和不同的数据库,大多数情况下,在进行信息系统的开发时,需要频繁操作DBMS,生成的数据量非常庞大。因此,选择的开发工具应具有强大的数据库操作能力,常见的大型数据库有Oracle及SQL Server等。

③考虑开发人员的熟悉程度和开发经验,在开发系统时,应该尽量挑选有类似开发经验的开发人员,开发工具也应尽量选择开发人员熟悉的工具。

根据目前信息系统常用开发工具的特点和应用范围进行分析,本书主要采用以下系统开发工具进行物联网环境下应急物流信息系统的开发。

(3) 系统开发。

①选择开发工具时,应优先考虑开发效率、开发模式、用户界面、数据接口等方面,开发工具需要满足开发团队中的所有人都能够使用这一要求,还要能够支持面向对象技术,如Delphi、PowerBuilder等具备数据处理能力强、运行速度快以及兼容性强等优点。

②选择系统建模工具时,应优先选择可以提供图形化界面、系统设计和分析等支持的工具,如RationalRose工具,使用该工具建模时,可以实现以图形代替编码、快速进行需求定义等功能。

③选择数据库系统时,首先应考虑操作是否便利、流畅;其次要考虑该系统中数据是否安全,能否进行信息备份、内容扩充、数据共享等工作;最后还需要考虑该系统组织与处理数据的能力和系统的可靠性,要求该系统能够及时发现并解决出现的问题。综合以上各种因素,Oraclellg更适合用于开发企业级的数据库系统。

选择应用信息系统的服务器时,应主要从服务器的安全级别、响应速度、管理功能、外设挂接以及吞吐量等方面进行考量。WebLogicServer9.0既有图形化的浏览器用户界面GUI,又有磁盘阵列、纠错内存等功能,还支持分布式实物功能,支持任何操作系统平台上的多语言应用程序和热插拔等功能,因此推荐选用其作为系统应用服务器。

三、物联网环境下应急物流信息系统的构建

（一）系统整体结构设计

1. 系统设计原则

物联网环境下应急物流信息系统的质量取决于用户是否满意、该系统是否实用以及该系统的开发目标是否已经完全实现。在开发应急物流信息系统时，应重点考虑以下几点：

（1）用户界面必须非常友好。由于开发系统的本质目的是应对应急事件，用户的每次使用都需要争取在最短的时间内尽可能地解决更多的问题。所以，系统应充分考虑这一点，操作流程越简单、方便越好，系统的反应速度越快越好。由于情况紧急，操作系统的人员可能是第一次接触该系统，为了保障应急支援行动有序进行，系统必须具有高度的友好界面，极易理解和操作。

（2）操作系统必须可靠。操作人员因需要协调各方面的工作，难免出现错误的操作，在这种情况下，系统应给出提示，避免影响后续应急救援工作。

（3）系统实用性强，具有可拓展性。系统通常会涉及非常多的单位部门和社会组织，开发难度较大。一方面，在开发系统时，应充分考虑系统各项功能的实用性，所有功能必须围绕着应急物流、支援救灾的主题设计，突出主要功能。另一方面，随着科技的进步，更多现代化手段的运用能够丰富应急物流的筹备、运输及配送等工作，这需要系统能够结合科技的发展增加相关的功能或者服务，以适应当下社会发展。

（4）易维护性和集成原则。信息在该系统中经历了从收集到处理再到传递的流程后必须与最初的信息高度一致，且能够在一定范围内共享。开发者在开发过程中必须考虑该系统在使用过程中的维护工作，实现用简单的操作就能够完成对该系统进行日常维护和更新升级。

2. 子系统和功能模块划分

该系统可分为4大功能模块，分别是事前预防模块、事中救护模块、事后总结和系统管理模块。本书将系统划分为以下10个子系统。

（1）地理信息系统（GIS）和卫星遥感灾情实时公布子系统。利用GIS系统中的地理信息模块，可以获得我国地貌地形等全面测绘数据，并与交通、水利、国土及统计等部门共享这些数据信息，在情况紧急时为抢险救援活动提供更多的保障。采用卫星遥感技术，即通过卫星收集气球表面受灾地区的信息数据，传输到国家相关部门中，这些数据也可以共享，在灾情紧急时，可以进行调用及发布。此外还有很多公司，如谷歌、百度、SOSO等，能够提供免费的地图服务，

在发生灾情时,也能够支援国家相关部门快速获取受灾信息,减少受灾地区的伤亡和损失。在 GIS 和卫星遥感技术的支持方面,指挥中心能够第一时间收集到受灾地区的受灾情况,如房屋等建筑是否有倒塌、路面等是否受损影响车辆往来等,将灾情信息与相关部门作出的预测结合起来,从而了解和掌握灾害造成的影响和灾害的级别,以最快的速度提出并实施救援计划。例如,芦山地震时,我国就使用了卫星遥感技术第一时间采集了受灾地区的实时图片信息,结合中国地震台对地震等级的判定,以最快的速度确定了地震灾害的大致级别以及灾害造成的损失。

(2)应急救灾辅助决策指挥控制(DSS)子系统。随着计算机等行业的发展,各种技术逐渐成熟,利用其中先进的辅助决策技术,有助于在全面分析受灾情况的基础上快速做出应急救灾的决策,帮助指挥中心快速制定救援方案,辅助指挥人员顺利进行指挥及部署工作,以便相关部门按计划迅速开展救援行动,以最快的速度和最高的效率完成救援活动。该子系统中涵盖多个模块,能够快速收集、统计受灾情况,并整理出统计报表,包括灾情分布详情,受灾人员信息及伤情记录,房屋、道路及桥梁等建筑损毁统计,现有物资及补充物资清单,现有救灾人员名单以及相关行政指令文书等。计算机还能够根据相关部门现有的物资和救援力量,科学、快速地制订初步救援计划,保障应急物流及时、快速抵达灾区,保证灾区有序进行救灾活动。

(3)RFID、GSM、WLAN 应急物资管理子系统。该子系统主要用于管理应急物资的采购活动,从计划到采购、存储和出入库盘点管理等,全程实现可视化管理。该子系统利用 WLAN、RFID 及 GSM 技术,可实现数据的高速无线传输和读取,实现了在盘点、仓储及配送的全程自动化、智能化管理,改变了传统人工盘点的做法,节省了更多宝贵的救援时间。

(4)应急物资 GPS 装配、运输管理子系统。将具备 GIS、GPS 功能的设备安装在救灾物资的运输车上,就能够实时掌控车辆的位置信息和路况信息,根据路况随时调整应急物流的运输方案,争取用最短的时间将应急物资运送到受灾地区,分发到每一个受灾居民手中。该子系统提供了择优选用及设计最佳路径功能、管理运输计划功能以及实时跟踪应急物资定位信息功能。

(5)救灾资金、物资发放监管子系统。该子系统主要负责监管和发放资金、物资。在救灾过程中,由于大部分受灾群众的情绪比较激动,现场秩序比较混乱,所以在发放资金、物资时,应做到公开、公平、公正,保证受灾群众都能获得救灾物资和资金。该子系统具有实时查询救灾物品与资金和计划、监管救灾物资及资金发放的功能。

(6)应急预案管理子系统。该子系统包含了应急车辆与设施器材管理模块、救灾预案演练模块以及应急预案管理模块等，提出重在预防及防治结合的救灾思想，预先提出多种预防和应对各类灾害的方案。另外，还应科学设计应急预案，定期进行应急演练，定期更新盘点应急物资，做好应急救灾车辆的维护检验工作。

（7）医疗卫生和饮食管理子系统。该子系统主要实现对医疗卫生救援的统筹管理和伤病员的及时医治，保障灾区人民的生命和饮食安全。

（8）灾区现场管理和救灾情况实时公布子系统。该子系统的设置有助于指挥中心远程管理救灾现场，实时跟踪、了解以及发布受灾情况，还能对受灾地区投放物资、资金的情况作出统计，以便进行后续物资支援安排。政府及其他救灾机构等不仅可以利用该系统科学安排受灾人员和救灾人员，还可以通过该子系统发布救灾活动的进度状态，将救灾资金及物资的使用情况和来源通过电视、广播等及时向社会公众公布。

（9）灾害汇总留档子系统。该子系统由灾情汇总、救灾能力评估、救灾数据存档、救灾资金物资统计汇总、通用物资回收以及灾害汇总反思等模块组成，以便相关部门在每次应急救灾活动结束后，对灾害造成的损失、救灾中得力措施进行总结；对应急救援活动中存在的不足之处加以改进，提高救灾效率，全面提升国家的救灾能力。做好通用物资的回收工作，如帐篷、救生衣等，实现救灾物资的循环利用。

（10）系统维护管理子系统。该子系统主要有两种使用形态，一种是"平时"，另一种是"灾时"，两种形态能够互相转换，从而提升系统的利用率。该子系统包括 DB 管理模块、升级维护模块、日志管理模块以及状态转化模块等。

3. 硬件平台

在设计了应急物流信息系统后，就可以着手分析运行该系统需要的硬件平台了。目前，我国实行各级人民政府对各自管辖地区的应急救灾行动负责的管理制度。假设应急物流信息系统每天的访问量约为 2.4 万人次，在高峰时段，每分钟的访问量约为 2.4 万人次×2.5 倍÷8h÷60min，约等于 125 人次。如果每一个用户在使用过程中，平均需要访问 10 个应用服务子系统，大约产生 10 笔增、删、改、查的记录，每次记录产生约 10 个数据库事件，数据库系统的访问数量 TPC-C 约为 125 人次×10 笔记录×10 个数据库事件 1 万，即 TPC-C 值就会超过 1 万。最高值估计至少是平均值的 4 倍，即至少为 4 万。再加上其他救灾相关部门的访问数据，按照约 3 倍 TPC-C 的值估算，数值大概为 12 万。根据节省经费的原则，以不影响系统的性能和保证系统安全为前提，在满足系统开发要求的基础上，结合访问量和相关信息数据，研究配置出的硬件平台如下：省级以上的平台在硬件配置上稍高，省级以下的平台在硬件配置上也能够满足系统运行的基本要求。

（二）代码设计原则与说明

代码即编码，能够以符号的形式反映客观事物的名称、状态以及属性等，常表现为一串有规律的数字及字母的组合，用以实现人与计算机之间的沟通。计算机能够识别的是二进制的编码。

1. 编码原则

（1）唯一性。即一个客观对象对应一个唯一编码，无重码。在现实生活中，一个客观对象可能对应多个名称，但在编码体系中，代码必须与客观对象具有一对一的关系。

（2）简单性。即编写代码时，为保证计算机能够将其中的信息准确地识别出来，编写人员在编写代码时不仅要做到准确无误，更要做到编制的代码结构简单，信息易于确认，这样能够使计算机快速完成计算，避免产生差错。

（3）标准化。目前，计算机已在全球范围内普及应用，各个国家对编码都有了一定的了解，分别规范了各自国家的编码规范，因此在进行编码时，应参考各个国家和行业标准。

（4）可扩充性。客观事物都具有持续发展、不断变化的特征，为满足未来发展的需要，编码体系应具备可扩充的特点，以便为编码中的某对象添加新属性或向系统中添加新的代码时，不会对编码体系造成影响。

信息编码指使用代码将整合归纳出的大量信息表示出来。使用标准的形式分类编码信息并发布的编码就是标准信息分类编码。美国于1945年着手研究标准信息分类编码，从1952年开始，用了6年的时间研究并完成了标准化的物资分类编码工作。我国制定编码的相关标准工作是从1979年开始进行的，目前已经制定出来的信息分类编码标准达几十个。

2. 物流信息的分类编码

物流信息编码工作是物流行业信息分类标准化工作中的重点，主要是加强现代物流系统的信息化标准化建设，将信息分类编码标准化技术应用其中，实现物流信息系统自动数据采集和系统间的数据交换与资源共享，推进物流活动的现代化、信息化、合理化发展。物流信息的分类编码可分为门类、类别以及项目3个层次。其中，门类层面有3个标准。

（1）基础标准。即国家的统一标准，长期保持稳定且具有一定的指导作用。

（2）业务标准。即一种技术标准，涵盖物流活动中搬运、装卸、仓储、流通加工、包装、运输等流程，对编码物流业务的流程有指导性的意义。

（3）相关标准。即一种随着社会进步、技术升级而形成的专门的领域标准，尤其与通信和信息处理技术密切相关。该标准涵盖与物流活动相关的电子数据交换（EDI）、政府审批、贸易、报关等活动。

编写物联网环境中的应急物流信息系统的代码时，应依据国家的相关标准以及代码的编写原则，参照国际编写标准，借鉴国际中成熟的工业标准，使用国内的编码标准，在尽可能节约人力、财力及物力的情况下完成标准化的信息系统编码工作。

（三）数据库

数据库是由大量数据按照一定结构有组织地储存在计算机上的数据总和，是一种有秩序、有组织的数据集合。通常情况下，信息系统储存了大量的信息。为大批量处理这些数据，人们研发了数据库技术。数据库技术是信息系统的一个核心技术，是一种计算机辅助管理数据的方法。

1. 数据库 $E\text{-}R$ 图

有很多方法能够将数据库的概念模型描述出来，实体联系 $E\text{-}R$ 图，就能够描述出现实中数据的属性、实体及联系。使用实体联系 $E\text{-}R$ 图不仅能够将用户的需求准确地体现出来，还能够为数据库建立逻辑模型提供基础。

2. 数据库的物理设计

在对数据库进行物理设计时，可在计算机的物理设备上，结合计算机实际软硬件环境为数据库设计科学、恰当的存储结构和存取方法。总结之前分析的数据库的概念和构建的逻辑模型，得到关系表格。

第五章

5G供应链重构的关键技术

第一节 供应链重构的关键技术

一、非网络型企业的边际成本

当企业满足一定条件，随着生产或销售规模的扩大，企业的经济效益会相应提高，即为规模效应或者规模经济。企业要满足的条件为边际成本递减。因为企业经营总成本包含固定成本与可变成本，固定成本属于沉没成本，不会因为生产或销售规模的扩大而发生变化，可变成本则与生产或销售规模基本上呈现同比例变化。因此，当企业的生产或销售规模扩大时，原有的固定成本被分摊，单位平均成本下降，经营状况得到改善。

规模效应是企业追求的理想目标，企业可通过规模化生产或销售来获得更多利润。能否实现规模效应，要看企业规模化之后能否分摊原有的固定成本；即并不是简单的规模化就能产生规模效应。有些走多元化路线的企业，营业收入虽有较大幅度的增长，但增收不增利，原因在于新增业务不能分摊原有的固定成本。另外，前期固定成本投入较大而可变成本较小的企业，更容易获取规模效应，如互联网企业前期的产品研发成本、硬件设备成本等占比较高，可变成本较小，一旦产品研发成功推向市场，规模化可以显著降低其平均成本，规模效应明显。

反观物流行业，其中快递业具备明显的规模效应优势。2019年上半年的数据显示，快递行业CR8的市场份额达到81.7%，相比上年同期增长了0.2个百分点，规模效应让市场集中度持续提升。由于快递企业属于网络型物流企业，前期需要在全国范围建设分拨转运中心、末端配送网点，固定成本投入巨大；起网成功后，在其负荷承载范围之内，新增用户的可变成本小，规模化可以使其边际成本快速下降，进而获得可观利润。因此，网络规模、网络覆盖率、网络管控力、网络连通率等对于快递企业而言尤为重要，是其生存发展的核心竞争力。

而合同物流企业这类非网络型物流企业，拥有资产较少，更多的是通过整合各类运作资源，形成解决方案，为客户提供定制化、满足其个性化需求的综合物流服务。非网络型物流企业的固定成本投入较少，从商务公关、应标投标、仓运资源采购到流程管理等，几乎都是变动成本。项目制的业务形式导致其每新增一个客户所需的投入很难与之前的项目投入协同共享，难以分摊原有的成本投入，管理成本、间接成本、人员成本往往居高不下，难以实现边际成本递减，规模效应较弱；业务规模与成本投入成正比，往往会出现业务量小的时候能盈利，一旦业务快速增长，就会出现盈利下降，甚至亏损的局面。

对于合同物流这类非网络型物流企业，结合不同行业的经验及个人理解，笔者总结了4类办法，降低其边际成本、规避规模效应天花板的办法。

（一）服务模块化

2018年底，顺丰以55亿元收购DHL大中华区业务；2019年初，壹站（上海）供应链管理有限公司完成Pre-A轮融资，合同物流逐步受到资本的高度关注与认可。但合同物流企业仍然难以实现规模化，其中一个重要原因是合同物流缺乏标准化。合同物流需要围绕客户需求，整合内外部资源，形成综合的、一体化的物流服务解决方案，客户需求千差万别，在考核指标、运作要求、货量批次、车型要求、交付时效、增值服务等方面均有较多的个性化要求。合同物流一般服务于大中型企业，货主企业拥有高度话语权，合同物流企业的议价能力低、议价空间有限，报价上也存在不规范缺乏标准的问题。

合同物流企业提供的是定制化的综合解决方案，而不是标准化物流服务产品。中国外运、宝供物流曾尝试往提供标准化服务产品的方向努力，中国外运曾重金聘请清华大学智库团队为其出谋划策，但收效甚微。原因主要在于客户需求是个性化的，随外部需求而动的合同物流企业难以实现标准化；同时，标准化的实现需要以成本投入为支撑，没有固定的仓运配资源作为支撑，物流服务难以标准化。

因此，打造像数码产品那样完全标准化的物流服务产品，对于合同物流这类非网络型物流企业来说并不合适。我们可以借鉴信息技术中软件设计模块化思路及中台战略思维，依据物流服务中不同场景、不同环节的服务内容、标准、所需设备人力、操作流程等，形成不同的基础服务模块，每个服务模块对应不同的标准；底层运作拆解分块形成菜单式能力清单，类似于制造业生产过程中的不同组件，按需抽取、微调并组合成综合的物流解决方案。如此，可以有效地降低应用基础服务所产生的额外成本，有助于实现规模化效应。

由合肥维天运通信息科技股份有限公司运营的路歌平台近几年的快速发展，正是得益于其将运力对接流程进行标准化，形成一套涵盖运力搜索、虚拟车队、资源筛选、运单匹配、承运完结、循环交易等在内的标准运力对接模块，将车辆资源转化为可控、可管的运力单元，实现直采到车或直采到经纪人，赋能物流企业构建自己的运力供应生态。

将服务模块化，需遵循以下4个原则：一是模块功能单一性，每个模块承担一项主要服务；二是模块稳定性，尤其是核心的、底层的模块，归纳总结好，尽量少改动；三是模块间的独立性，尽量减少不同模块间内容的交叉，避免模块之间相互依赖；四是提升模块的完备性，依靠数据与经验，优化模块内容，减少模块缺陷。

（二）业务集中化

亚马逊的物流费用2001年约为12%，2009年降至8.4%。原因是亚马逊大规模建设物流中心，将分散的货物、订单集中到相应的物流中心，通过快递配送公司完成最终的履约，从而实现仓储及配送的规模效应。同样，为了有效降低管理的边际成本，越来越多的基金公司将投研以外的工作外包给第三方管理平台，主要包含基金宣传推介、基金发售、基金份额认（申）购、基金分红、基金赎回（退出）等。通过远程云服务，配以少量外派人员，第三方管理平台可以同时服务于众多基金公司，将不同基金公司的同类工作进行合并集中处理，大幅降低了基金公司的边际成本。2018年，碧桂园大力开拓在管项目，提升项目密度，通过管理集约化，有效降低人工的边际成本，使碧桂园净利润率由2017年的12%提升至2018年的20%左右。以上途径都是将信息、实物或业务集中化，实施集约化管理，促使边际成本下降，进而实现规模效应。

物流提供商潘世奇物流公司与福特公司的合作也说明了这一点。福特公司生产福特、路虎、林肯、阿斯顿马丁等多种品牌汽车，拥有复杂的采购、生产、运输和分销网络。当时福特公司在北美的20家装配工厂都是自己管理物流业务，分散式管理虽然有助于工厂对物流的直接管控，但也付出了高昂的成本代价。为改变这一现状，福特公司决定变分散式物流管理为集中式物流管理。在此背景下，福特公司与美国潘世奇物流公司达成合作协议，将19个装配工厂与7个冲压厂的入厂物流业务交由潘世奇物流公司管理。

接手这项物流业务后，潘世奇物流公司立即开始现状诊断，并针对问题制订物流转型计划与新的解决方案。福特公司原先的做法是以工厂为中心，一个供应商需向不同的工厂供货，由于各工厂要货时间不同，导致供应商的车辆往返次数多且空载率较高，运作效率低下。新的物流解决方案建立1个物流中心和10个新的订单调度中心，后来订单调度中心进一步压缩为4个，并以新的物流网络来实现集中运输与配送。不同供应商配送到同一个工厂的物料，先在订单调度中心集中，再按要货计划进行合并及配送交付；从而减少运输次数并提高车辆的装载率，多数车辆装载率提升到95%以上。同时，帮助工厂减少了15%左右的库存占压，有效降低了供应链的整体成本。

（三）资产数字化

在移动互联网时代，数据是知识的原材料，是一种新的"燃料"。奇点大学创始执行理事萨利姆·伊斯梅尔在其《指数型组织》一书中指出，信息技术以及由此产生的信息或数据，是驱动指数型组织发展的重要支点。我们生活在一个数据大爆炸时代，未来还将产生更多的数据。有专家测算，一辆无人驾驶的汽车，每秒产生的数据量约为1G，2min 就可以塞满一部普通手机的内存。企业向数字化转型已不仅是一个发展趋势，也已是一个不争的事实。数字化可以借由流程自动化、合约智能化等方式，优化产能、减少不必要的低效工作，帮助企业实现降本增效；数字化还有助于我们提高洞察能力，利用内外部数据帮助企业做出更合理、更准确的商业决策，而不再是靠"拍脑袋"。同时，数字化有助于实现人、货、场的重新分工与组合，形成新的商业模式，变革服务价值链，开拓新的收入源。

回顾"互联网+"物流的发展历程，起初是车货匹配类平台，利用互联网技术实现交易信息的配对与撮合；后出现 SaaS 类物流管理软件，向企业提供软件服务的租赁业务，减少物流企业的信息技术投入；近期，有业内人士宣称未来物流一定是数字化向数智化方向发展。物流数字化正在加速，数字化是物流企业实现升级的利器，正在给物流行业带来深远的影响。

中国物流的体量世界第一，年度快递包裹数量突破 500 亿件，比美、日、欧总和还要多，世界十大集装箱港口有 7 个在中国。中国物流行业战绩辉煌，但我们无法忽视物流效率普遍低下的现状，中国公路运输的空载率均值在 40% 左右，远高于德、美两国的 10%~15%。物流资产数字化是提高行业效率、释放行业发展新动能的有效路径，7 个发达的工业化国家（美国、日本、德国、英国、法国、意大利和加拿大）可以说是这一领域的佼佼者。

七国集团首脑会议（G-7 Summit，简称 G7）致力于建设中立、开放的技术平台，通过"人工智能+智能资产"战略，赋能物流企业与车队客户、提升行业整体效率；G7 将定位于资产服务化平台，以技术驱动物流资产的智能化升级改造。早在 2018 年 6 月，G7 便以物联网、人工智能、大数据等技术为基础，推出智能挂车产品，让传统挂车拥有"自我感知、自动交互、自动学习"三大核心能力，帮助物流企业提升运输安全性的同时，有效降低管理成本。2018 年底，G7 又对智能挂车产品进行升级，加入"数字货舱"功能，通过传感器、电控悬挂系统等技术，实时自动称重并记录载重曲线，之后再利用高精度传感器和人工智能（AI）摄像头对车厢内的货物进行体积测量，计算出装载率后实时传输给终端，指导优化之后的配货工作。

数字化既可以有效地帮助企业降低获得某种产品或服务的成本，也能大大减少地理空间上的障碍。物流资产的数字化，将人、车、仓、动作等进行数字化，并映射到系统平台，为智能物流的发展打下坚实基础；同时，由于易于升级、具有更高效率及梅特卡夫定律效应，领先的平台将获得更大优势，边际成本变得更低，从而利于其实现规模经济。杰里米·里夫金在《零边际成本社会》一书中指出，数字化物联网平台的应用，将使未来的边际成本趋近于零。

（四）协同共享化

爱彼迎、滴滴、货拉拉、摩拜等众多共享平台以互联网技术为依托，解决各行业中的信息不对称问题，撮合处于分散状态的供应方与需求方，聚沙成塔，达成惊人的交易数量。这些现实案例告诉我们，所有权不再是衡量财富的唯一标尺，平台规模不再被资源所制约，使用权、访问权、连接权成为盘活潜在资源、实现超边界发展的关键因素，协同共享是新商业模式的主要驱动力之一。

通过协同共享，物流企业不必花费巨额成本购置设备或建设仓库，通过业务合作或股权控制方式，便可以获得或调动所需的物流资产；通过信息技术将内外部、分散独立的各方资源整合起来，形成平台的一体化服务能力。除韵达的联合仓外，强调自营属性的京东物流，自2017年也开始注重外部资源的整合协同，推出京东云仓产品。

京东云仓是一个开放的物流供应链服务平台，与符合京东物流服务要求的三方物流企业强强联合，以整合共享为基础，通过系统、技术、品牌、标准、数据的输出，赋能商家与合作伙伴，建设具备仓储、运输、配送等一体服务能力的云物流基础设施平台，最终形成共生、互生、再生的物流资源生态体系。截至2019年上半年，京东云仓面积已达250万平方米。在云仓模式的助力下，京东的履约费用率进一步下降至6.1%，比2018年同期下降了0.6个百分点。云仓模式不仅帮助京东物流实现仓库资源的整合与共享，助推其降本增效，而且为合作的三方物流企业带去其所缺乏的销售预测能力、品牌传播能力、成体系的渠道资源、内部培训提升能力、运营管理优化能力，实现多方共享共赢。

物流资源协同共享的另一个例子是托盘的循环共用。据估测，我国各类企业使用的托盘数量在12亿片左右，其中超过一半是在企业内部应用，闲置的情况时有发生，造成资源浪费。共享经济模式为托盘租赁事业提供了新思路：出让闲置资源的使用权，让托盘循环共享，在生产商、销售渠道商、物流企业和货主企业之间流通、共享和循环，提高托盘的利用率，降低运营成本。与此同时，有托盘平台商利用射频（RF）电子标签、全球定位系统（GPS）、传感器等物联网技术，将托盘数字化；借此实现托盘的线上跟踪与管理，实现物流、信息流、资金流的整合与应用，挖掘托盘的衍生价值。招商路凯已设立29个营运中心、200多个托盘收发点，拥有将近1000万片托盘，为需求方提供托盘的收发、分拣、维修与存储服务，并凭借一套专业化托盘管理系统，实现对托盘的需求管理、全程跟踪、盘点结算等管控。未来，招商路凯将以其运营管理体系和专业运作经验为依托，有效协同、整合更广泛的社会资源，打造一个循环共享的托盘开放式服务平台，吸引更多货主企业、物流同行及托盘厂商加入，共同打造托盘循环共享生态圈。

二、物流企业的规模经济效益

在降本增效大势下，物流供应链企业能否实现营收与利润的双丰收？传统的商业逻辑告诉我们，只要提高市场占有率，利润就会随之而来。但中国物流业在经过三四十年的高速发展后，面临营收与利润增长"瓶颈"，一些物流企业甚至营收与利润双降。

虽然有几家企业体量较大，但物流企业小、散的格局没有发生根本性改变。2018年零担市场CR10的份额小于3%，行业前30强的门槛仅为4.5亿元，年营业收入超过百亿元的仅有德邦一家，市场非常分散。在合同物流领域，营收规模超百亿元的占比仅为14%；多数合同物流企业的营收规模在10亿元以下。

依据中国物流与采购联合会调研报告，我国重点物流企业的平均利润率在6%。另据中商产业研究院的统计数据，2018年上半年，41家物流上市公司中，利润同比下滑的有12家，占比约30%。京东物流在2018年上半年亏损额约24亿元，菜鸟网络2017财年亏损额为22.5亿元，我国物流企业整体利润情况并不理想。

为什么经过几十年的发展，物流行业仍没有产生规模经济效应？为什么大型物流企业的利润水平没有得到明显优化？为什么整个物流业仍然为小而散的格局？原因在于物流行业的规模经济效应具有有限性、波段性特征，即在限定的容量之内，物流行业具有规模经济效应，超过一定容量就会转为规模不经济，待各类资源要素得到充分利用，再次进入规模经济阶段。

如在仓储领域，运营一个存储容量为100万吨的仓库，当实际存储量无限接近100万吨时，由于仓租、货架、叉车、系统软件等成本是固定的，平均成本越来越小，因而具有规模经济效应；当货量超过100万吨时，需要额外寻仓、租仓、购置货架叉车、部署系统，此时仓储运营平均成本并没有简单地随着货量的增加而下降，因而不具有规模经济效应，利润与收入难以保持同步增长。

在运输领域，平均运输成本曲线是一个先降后升的"U"形。开始时因各类资源得到充分利用，平均成本随运输量的增加而下降，表现为规模报酬递增；当运输量扩大超过一定规模，平均成本的增加快于运输量的增加，经济效益下降，是为规模不经济。

同城配送领域，在运力单价与时效要求不变的情况下，影响配送成本与效率的主要因素不在于订单数量，而在于订单密度。例如，A 站有 20 个订单，分布于半径 3 公里范围内，而 B 站有 15 个订单，分布于半径 1 公里范围内，虽然 B 的订单数量少于 A，但显然 B 站的配送成本大大低于 A。因为 B 站只需一名配送员就可以完成配送任务，A 站则需要至少 2 名配送员。

在很多种情况下，规模大，利润未必多。因此，物流企业不可一味地追求规模的扩大，应更重视仓储的满仓率、运输的满载率、配送的订单密度。效率或者资源的利用率才是物流企业利润的真实来源。概括起来，企业可以通过以下 3 种方法提高效率：

一是通过联合、共建等方式，降低物流资源的使用成本。例如，京东物流的共建车队模式，联合运输承运商 30 万家；韵达的联合仓模式，将满足条件的仓储加盟商纳入其联合仓体系，使其拥有仓配一体化能力，就近配送，缩短运输距离，降低运营成本的同时带来了新的利润点。

二是通过内部整合优化，提升人员或设备的利用率。例如，某合同物流企业通过三星多仓整合模式，人员及设备的集约利用率提升了 30% 以上；韵达通过路线整合优化，减少干线运输线路约 200 条，平均每个转运中心连接的干线线路数量提升至 79.6 条，既降低了运输成本，又实现了规模效应。

三是扩展订单来源，提升订单密度。截至目前，京东到家已与沃尔玛、万宁中国、屈臣氏、国大、大参林、一心堂、步步高等形成战略合作或深度合作关系，做大了京东到家的订单池，提升了订单密度，降低了配送成本。

对于少数拥有雄厚资金，或是追求品牌价值，或是出于资本运作目的的物流企业而言，可以采取互联网企业的做法，前期依靠巨额投资，做大规模，后期以流量换利润。总之，由于规模经济有限、阶段式特点，单纯地依赖规模获取利润，对于物流行业来说并不可行。物流企业不必将货量水平、营收规模看得过重，而应把精力放在满仓率、满载率、订单密度等效率指标上。

第二节 供应链重构的主要方式

一、多链重构

（一）多链重构的定义

多链是指与企业经营紧密相关的产业链、供应链、价值链，三者既有区别又有联系。

产业链是指某一领域各相关行业之间基于一定的技术经济关联,并依据特定的逻辑和时空布局,形成的链条式关联形态。供应链是指生产及流通过程中,核心企业,原材料供应商、制造商、分销商、零售商直到最终用户等通过上游和(或)下游成员连接形成的网链结构。价值链是指从原材料加工到产成品到达最终用户所有环节,产生价值的一系列活动。

产业链、供应链、价值链3条链式关系,反映了企业内外部经济活动,从不同维度或层面串联企业的原材料供应、研发设计、生产制造、流通物流、信息传递、品牌推广、分销零售、结算支付等环节。因此,对任何一个链条进行重构,必然会涉及其他环节,离不开其他链条的协同调整。

多链重构是指以增强客户核心竞争力与盈利能力为出发点,协同上下游或相关企业,整合链条上利益相关者的业务活动,优化企业生产及销售流程,为客户提供物流、商流、信息流、资金流的整合和优化解决方案,协助客户建立高效、通透、最优的多链协同体系。

(二)多链重构方案:快消品多行业分销体系重构项目

多链重构是一个新概念,初次接触较难理解,下面介绍一个多链重构的实操范例,以便大家有一个具体、直观感受。

1. 项目背景

首先,快消品可细分为日化、食品、饮料、酒类等多个子行业,商品特性相对而言比较接近,流通渠道也较为相似。但是,在传统供应链中,存在大量的并行主体,各快消品制造商或代理商均建立了自己的仓配体系,物流体系各自独立且重复浪费。这些具有相似或同质需求的个体,如果彼此可以协作并交由专业机构管理,成本上显然优于其各自为政。

其次,传统供应链模式下,品牌制造商与下游企业联动性差。通常情况下,制造商无法与下游企业建立快速沟通渠道,无法快速了解、准确预知下游企业的销售情况;只能被动接收信息,难以提前做好原材料采购、生产排期、渠道备货等工作,库存优化更无从谈起。

最后,由于无法优化库存管理,企业容易出现无效备货或商品短缺的情况。要么库存压力大,占用大量流动资金;要么铺货不及时,丧失最佳市场销售机会。

2. 多链重构解决方案

重构前,同一区域市场,酒类、食品、饮料等快消品牌制造商的部分上游原材料供应渠道重复,如谷物、食品添加剂、外包装材料及设备等;分销仓、电商仓、渠道商、零售终端、消费者等节点有较大范围的重叠。

针对酒类、食品、饮料等快消品的同质化及重复浪费的问题,某合同物流企业设计了一套切实可行的多链重构解决方案。

第一步，联合当地行业协会等具有号召力、公信力的组织机构，协同制造商或代理商成立合资实体平台，统合当地原有的快消品企业或代理商物流体系，包含线上线下、仓运配的融合，实现协同式供应链库存管理（CPFR）。

第二步，集合原辅材料、包装材料订单，实现规模化集采，获取优惠的采购价格，降低企业生产成本。

第三步，以制造商或代理商的库存为保证，以零售门店交易数据为凭证，为上下游提供仓单质押、应收款项融资、预付款项融资等供应链金融服务，缓解企业流动资金压力。

第四步，将平台打造成为综合服务共享中心，除以上3项服务外，同时为有跨境进口业务的企业提供保税区通关、清关结算等服务；提供可循环使用的绿色环保单元化装载器物，缩短装卸搬运时间，提高效率；应用区块链技术为企业提供智能合约、防伪溯源、物权认证等增值服务。

总而言之，该解决方案协同食品、饮料、酒类等行业，实现产业链的整合；同时，将制造商、渠道商、供应商、物流商、金融服务商等供应链链条上的利益相关方进行重构并建立新的关系。在此基础上，要求制造商或代理商在其内部重构组织和流程，以配合、适应新环境的要求。

二、商流物流一体化服务

（一）服务模式：以益商物流为例

益商物流开展商流业务的平台为"万商购"，这是一个以经销商和零售店为主体的B2B流通电商平台。简单来说，其商业模式就是零售店在万商购平台上选择各经销商的货物，而各经销商的货物由万商购统一仓储、统一集单、统一分拣、统一装车、统一配送、统一收款。

益商物流整合当地数百家经销商，提供B2B线上交易与统仓共配服务，提升了传统分销体系的订货效率和服务体验，并降低了经销商运营成本；而益商物流向入驻平台的经销商收取服务费及相应的仓配费用，平台服务费为商品交易额的3%。

益商物流这种统销统仓统配服务模式之所以取得成功，关键在于其取得了当地经销商的信任与认可。一方面益商公司让当地经销商确信其不会抢夺其下游资源；另一方面益商物流的统仓统配能力得到了当地经销商的认可，确信统仓统配可以有效提升效率与降低成本。

（二）综合模式：以山东华奥集团为例

山东华奥集团（以下简称山东华奥）成立于2004年，前身是成立于2003年的淄博华奥物流有限公司。目前的华奥集团是一家集物流、电子商务、商贸、供应链管理、供应链金融服务为一体的综合性企业，主要围绕周村家居产业开展业务，通过B2B2C模式及商贸物流一体化，以商流带动物流。

首先，山东华奥依托线下采购团、家具采购会、电商家居产业基地、销地体验店等渠道，促成销售。这些渠道撮合的销售订单由华奥集团负责运输配送，华奥集团由此获得物流服务收益。

其次，山东华奥在销地成立终端仓，承担当地家具产品的配送、安装、维修等业务，并收取相应的服务费用。

最后，山东华奥借助子公司——淄博奥术商贸有限公司，创立自有家居品牌，设计、生产并销售台布、餐垫、罩巾等家居用品，赚取差价。

以华奥集团为代表的多综合模式有以下3个关键因素：

一是当地有知名的产业集群。华奥集团所在的周村是全国五大家居产业集散地之一，相关企业超过4000家，产值约500亿元。

二是有能力建设多元的to B销售渠道，且有较高的撮合交易能力。以线下采购团这一销售渠道为例，2014年至2015年8月，仅山西省，山东华奥物流集团便组织了15批次考察团到周村家具生产企业考察订购，家具成交额为8600万元；按8%的物流费用率计算，物流服务收入约688万元。

三是发展与客户不冲突的产品品牌，且有品牌运营与管理能力。华奥集团自营的主要是台布、餐垫、罩巾等家居配套（饰）用品，月平均销售额400万元，经营能力较强。

第六章
智慧化港口物流与湾区经济发展

第一节 国内典型港口物流的发展模式与启示

关于港口物流，是指在一系列的规章安排和政策的约束下，围绕港口物流在国际贸易物流以及区域经济发展中的定位，建立一个完善的物流体系模式。本节主要对国内主要港口物流发展模式进行经验分析。

一、大连港发展模式

大连港位于辽东半岛南端的大连湾内，是该区域进入太平洋、面向世界的海上门户。大连港始建于 1899 年，原名为大连商港，距今已有百余年的历史。大连港海陆空交通网络比较发达，交通十分便利，初步形成了分工较为明确、布局比较合理的集约化、专业化、现代化的港口城市群。其在环渤海经济圈中占有举足轻重的地位。大连港的物流服务模式是以港口为核心的虚拟供应链服务模式。

（一）港口经营策略

港口经营策略方面，布局打造"一岛两湾"港区建设，即长兴岛临港工业型港区、大窑湾（包括大连湾）综合物流型港区和太平湾腹地产业型港区。打造以合作为基础、以共赢为目的的港口合作联盟。构建港口物流、工商贸服务、临港产业、港口建设和金融 5 大业务板块。搭建综合物流体系服务平台和工商贸一体化服务平台。在主营业务发展的经营策略上，整合两大服务平台的综合作用，集成 5 大业务板块的联动作用，形成全程物流综合服务体系。

在具体措施上，结合企业管理和对外服务 10 大工程，建设全程综合物流服务体系，整合资源，加快体系建设；建设商品贸易平台，增加市场交易活跃度；调整合作方式，在多领域建设战略合作关系；建设 3 个核心港区，实施港区共建工程；扩大招商引资，加快临港产业建设；进行科技创新，建设智能化港口；建设港口集疏运网络，保障交通通畅；建设港口安全系统，加强安全保障；推动改革，建设品牌优势。除了在对外宣传、港口建设、临港产业发展等方面加强，大连港还加强了物流、金融、商贸和信息等 4 个方面项目的建设，形成了综合物流服务体系的核心内容。

（二）市场定位

在市场定位方面，随着港口物流企业竞争的加剧，辽宁沿海港口间的竞争逐渐呈现无序和同质化状态，东北区域内货物的货源没有被充分开发利用。港口在世界经济和物流供应链发展中发挥的作用在人们对港口物流功能的认识中不断提升，从而导致人们对港口所能提供的物流服务越来越向综合化方向发展，也因此逐渐改进和提升港口功能。港口物流已经不仅仅扮演着提供后勤保障与物流服务的角色，而是逐渐在供应链中向更加核心的位置发展。

（三）业务内容

在业务内容方面，大连港集团经过多年的发展和建设，现在除了物流业务外，还在信息化的基础上，逐步拓展了金融、商贸、信息和地产业务。集团现有港口物流、工商贸服务、临港产业、港口建设和金融五大业务板块。港口物流与商贸业务板块主营油品及液体化工品、矿石、散粮、集装箱、散杂货、客运滚装、汽车等相关物流业务。大连港集团的商业模式创新正是依托物流业务完善的基础条件和资源优势，逐步构建"信息化覆盖，贸易、金融和地产联动多元化服务，实现多方共赢"的全程物流综合服务体系。

二、宁波舟山港发展模式

宁波舟山港是浙江省海洋经济发展示范区和舟山群岛新区建设的重要依托，也是宁波市和舟山市经济发展的重要推动力。宁波舟山港位于长三角经济圈内，又紧靠上海港，所以宁波舟山港应利用自己的地理位置优势，依托上海港的发展促进自身的发展步伐。由于宁波舟山港的经济腹地范围和上海港等周边港口重合地段较多，所以为了守住自己的优势，要做好港区集疏运系统的建设，提高港口的综合竞争能力，加快大宗商品交易平台的建设，提高港区的信息化水平。具体来说，主要从以下方面展开：

（一）强化宁波舟山港主体区位优势，细化港区功能

在发展方面，首先，宁波舟山港可以利用港区水深这一天然优势，使其成为港口区位增长的重要因素。长久以来的经验证明，船舶经济与航线呈正相关，航线越长，船舶经济越大。在忽略外部成本的影响下，不考虑油价、船舶造价等因素，通过对不同船型的单次航运运输成本进行分析比较发现，大型船的成本优势比较明显，所以现在远洋运输的船舶吨位都越来越大，大型化趋势越来越明显。同样，大型化船舶对航道的要求也非常高，需要深水航道和泊位。宁波舟山港的

锚地水深能够挂靠超40万吨及以上级别的船舶，这在国内都是屈指可数的，可以满足任何大宗型散货船的需求。应该利用这一优势建设发展大宗货物的中转运输服务，提高自己的核心竞争力，加快招商引资力度，吸引大型钢铁、石油等国际企业供应商共同参与宁波舟山港口的建设，扩大港口的经济腹地吸引力，提升港口的区位势。

将现有的19港区划分为重心发展区、优化发展区及特色发展区3类，实施健康建设与发展战略。依次开发重点岛屿口岸以促进港口泊位规模化；优化老港区码头布局，调整功能以促进泊位集约化；合理安排客运、渔业等港区布局以促进港口泊位特色化；依靠舟山江海联运服务中心和国际化枢纽港建设，助推大宗商品泊位区、集装箱泊位区分别向北、向南集聚。

（二）增强国际影响力

宁波舟山港立足本国、东海沿岸区域，逐步走向国际化。因为伴随着世界贸易全球化，港口的发展早已不能仅仅局限于港口所处区域，应该从世界贸易的角度来分析定位，明确发展方向。宁波舟山港积极出台相应政策，创新管理体制，以优厚条件吸引世界一流大企业到港投资或建立地区总部，同时，根据国际产业发展演变规律，努力把握全球海洋新技术革命发展路径和海洋产业发展方向。

加快大宗商品信息交易平台的建设，利用现有的和潜在的客户资源拓展自己的腹地范围，根据巴西、澳大利亚、中东等地区大宗散货供应商的需求，积极提升港口服务水平。

（三）建立大宗商品交易平台

从现有的经营状况出发，充分发挥海洋资源优势，加快海洋产业转型升级和海洋经济发展，以镇海、北仑等综合港航物流服务区为基础，建设港口物流信息"互联网+"数据网络平台，积极发展跨境电商业务、大宗商品交易业务。宁波舟山港根据国际航运产业发展演变规律，努力把握全球海洋新技术革命发展路径和海洋产业发展方向，建设港区内贸易、航运、报关等一站式服务体系，实现由传统工业向第三产业转变，大力发展能耗低、环境污染小、经济效益明显的高新技术产业。

同时，也要保持港区的可持续性发展，把宁波舟山港打造成为一个绿色、安全、和谐的港口。实现由地方大港到国家甚至世界强港的转变，加大港区对世界航运界的影响力，提升港区的国际知名度。另外，也要注重升级智慧型港区的建设，提高港区的服务功能和执行效率。

第二节　国内湾区经济发展研究与启示

一、我国主要湾区经济形成的历史与现状

（一）上海杭州湾区

上海杭州湾区又称环长江口湾区，位于我国东部沿海地区，面向太平洋，由长江口、杭州湾等长三角地区的沿海湾区组成。湾区内的重要城市包括上海、宁波、杭州等，以江、浙、皖等省市为湾区发展腹地，向内陆地区辐射延伸。拥有上海、连云港、宁波舟山、温州等庞大的港口群及长江、京杭大运河等众多河流及其支流，水路交通发达。

上海杭州湾区内各城镇的工商业早在隋唐时都已经非常发达。商业、手工业区、运输业、旅游业等兴旺发达，饮食、租赁、旅馆、仓储、借贷、娱乐、修补等诸多服务性行业也发展迅速。南宋时各城镇的产业发展呈现出专业化的特点，并长期保持它的特色，这些特色甚至延续到现在。1842 年，上海被迫对外开放，1843 年开埠，外国资本和商品随着帝国主义的入侵也一起涌入，中国原料型产品开始向外出口，上海超越广州，发展成为全国乃至亚太地区最大的经济、金融和贸易中心。到 20 世纪 30 年代，通过大规模的基础设施建设互相连通，各城市之间联系紧密，南通、宁波等城市因港而兴发展成为次一级的重要城市，湾区城市群的雏形已经形成。2014 年，地区生产总值 12.67 万亿元，总人口达 1.5 亿。

2016 年，《长江三角洲城市群发展规划》提出打造世界级城市群。上海杭州湾区的城市群已成为我国实力最强的城市群，并跻身于世界一流湾区之列。

（二）环渤海湾区

渤海湾北起河北省大清河口，南到山东省黄河口，蓟运河、海河等河流连通内陆，与莱州湾和辽东湾"三湾相连"，形成了以京津为核心、以辽东半岛和山东半岛为两翼的城市群和港口群。

天津是渤海湾经济最早兴起的城市，元代设漕运、明朝设天津卫，到清朝初年，天津已经发展成为重要的水陆交通要地、商贸重镇和军事重镇。鸦片战争后，天津开埠促进了近代工业的大发展，洋务运动聚集了大量的近代工业。民国时期是天津近代工业的兴盛期，成为北方近代棉纺织业中心。

改革开放后，与环珠江口湾区和杭州湾区相比，渤海湾区内的各城市开放和发展相对滞后，直到"十一五"时期，天津滨海新区开始实行开放政策。环渤

海湾区辐射整个中国北方，东北三省的粮食、西北的煤炭和华北的石油都要从这里出发中转到世界各地，国外进口的商品也要经过这里进入中国的北方市场。对世界一流湾区经济和我国主要湾区经济的形成过程进行梳理可以发现，中外主要湾区经济的形成在地理禀赋、区域增长极、对外开放的引领效应方面具有一定程度上的共性特质，在形成原因、运作机制和功能使命方面存在差异。

二、国内湾区经济发展启示

（1）以开放促发展。湾区经济应该继经济特区之后，成为中国经济发展的区域引擎，充分发挥其扩散效应，辐射和带动腹地地区的对外开放和共同发展。

在过去40年的改革开放进程中，经济特区、经济技术开发区等率先开放的地区依托国家政策在我国区域经济发展中发挥着重要的引领作用。在新的历史条件下，自贸区经济、湾区经济，尤其是湾区经济，作为新的开放模式和发展理念，应当依托市场经济的制度优势成为我国新一轮对外开放和经济发展的区域引擎。同时，加快区域协同发展的体制机制和交通基础设施建设，尤其是加快湾区与腹地的高铁建设，实现快速通达，疏通要素资源向腹地转移的渠道，形成湾区经济引领、湾区与腹地协同发展的区域经济良性发展格局。

（2）以开放促改革。湾区经济应该具有特区、自贸区的叠加效应，从而担负起深化改革的历史使命，通过推动更高层次的湾区经济对外开放促进市场经济制度的完善和创新。

应以规划建设粤港澳大湾区为契机，充分发挥特区、自贸区的叠加效应，充分借鉴世界一流湾区经济的发展经验，重点推进制度创新，形成可复制、可推广的制度经验，以湾区经济对外开放促进和深化市场经济制度改革，反过来以深化改革和制度创新推动我国的对外开放从政策开放向制度开放转变、从外向型经济走向开放型经济，从而形成对外开放和深化改革的良性互动。

（3）湾区经济应该以正的溢出效应和要素集聚效应促进跨国界区域合作体的形成，从而改变中国在传统世界经济体系中的地位，确立共享繁荣的国际经济新秩序。

加强湾区经济之间和湾区经济城市群内部的交通联系，加大湾区经济核心城市与"一带一路"内陆城市之间的交通基础设施建设力度，实现互联互通和快速通达。以湾区经济的核心城市为结点，形成"一带一路"的"开放主轴"、发挥湾区经济强大的规模经济效应和辐射效应，利用好湾区经济内联外延的国际化平台功能，形成与"一带一路"倡议的深度对接，促进"一带一路"倡议的成功实施和跨国界区域合作体的尽快形成。

（4）湾区经济应该成为吸引国内外高端人才的政策特区，以自由、宽松、开放的制度和文化环境为世界提供中国机会，也应该成为科技研发的高地、高科技产业的集聚地和科技创新的沃土。

（5）湾区经济应该成为国家对外开放和经济发展的重要战略，通过加强顶层设计和规划，推动我国湾区经济的快速发展。

第三节　基于供应链理念的港口物流发展策略

基于供应链理念，发展港口物流不仅能够有效地实现湾区物流的基本服务，而且随着港口物流供应链的建立与完善，由此带来的港口经济发展还将成为引领湾区经济发展的一个经济增长级。

一、提高港口物流企业的核心竞争力

北部湾港港口物流企业的竞争力是多种多样的。鉴于北部湾港港口物流企业自身资源有限性，要提高港口物流企业核心竞争力，首先应该准确识别自身的港口核心竞争力要素，然后采取多种手段构建北部湾港港口的核心竞争力，并不断创新发展才能持续保持领先的竞争优势。

（一）准确识别港口物流企业核心竞争力要素构成

在企业竞争力研究中，那些企业特有的、足以胜过对手的市场预测、研究开发、市场营销、加工制作、经营决策、品牌战略、企业文化、战略管理以及企业的产品升级、制度创新等一系列的关键程序、能力、资源、机制均可看作是企业核心竞争力的构成要素。对港口物流企业而言，其核心竞争力复杂多样，识别其核心竞争力非常困难，因此需要采用适当方法、原则和途径来识别港口物流企业的核心竞争力。

为了能够准确识别北部湾港港口物流企业的核心竞争力，应该树立提升核心竞争力的基本理念。因为企业竞争力决定链条是理念—制度—技术—产品—市场，树立核心竞争力意识，是识别企业核心竞争力的前提条件（张新华和范宪在2002年提出）。由于北部湾港港口整体比较落后，更应该基于"一带一路"倡议加快建设背景，把握好东盟和国内广阔的市场空间，强化培育核心竞争力意识，尽早构建企业核心竞争力，否则等到众多竞争对手进入市场，发展的压力将越来越大。

要把握核心竞争力在精不在多的原则。一般而言，一个成功的组织，它的核心能力一般是 2~5 种，而不会是 25 种或 30 种。对此，建议广西北部湾国际港务集团还有集团下属各企业不断凝练自身优势，梳理出一套层次分明、结构合理、

重点突出的核心竞争力支撑体系。

明确港口物流企业核心竞争力的参数。在地方政府的支持下，广西北部湾国际港务集团成立以来，发展迅速，已经由单一的港口企业发展成为综合性港口集团，业务板块涵盖港口、物流、工贸、地产和投资5个方面（表6-1），目前拥有较多的资源条件和发展实力。但这并不意味着这种状态在市场竞争中已经占据优势，且可以一直持续。因为在全国企业500强排名中，上海国际港务（集团）股份有限公司一直领先于广西北部湾国际港务集团。与此同时，根据中国港口网公布的资料，上海港港口竞争力在全球3000多个港口的综合竞争力评估中排行前十，以绝对优势高居全国第一，而北部湾港在全国排名不仅靠后，而且还要面对越南、泰国、印度尼西亚等东盟国家港口的竞争。然而，要准确评估北部湾港口的核心竞争力，并非很容易地就能找到一套标准可以衡量和判别，需要深入分析港口企业的核心竞争构成参数。就目前来说，需要调查研究北部湾港口相对其他港口有哪些它们难以模仿和追赶的技术特长，或梳理出港口可以给企业客户提供的强势产品和优质服务。本研究发现，对北部湾港港口而言，目前可以重点关注科技研发能力与水平、港口资源丰裕度与开发的低成本、邻近东盟市场的区位优势等参数，可以作为判别北部湾港口如今是否具有核心竞争力的参数。

表6-1 广西北部湾国际港务集团的主要业务

业务板块	主要内容
港口	广西北部湾港是中国西南出海大通道的主门户，港区分布科学合理，服务功能齐全
物流	构建腹地货源物流网络，布局多式联运物流网络，优化物流节点，为客户提供全程供应链解决方案
工贸	依托集团物流和产业优势，引进并参与临港工业项目，打造专业的贸易体系，实现港—工—贸联动
地产	围绕集团现有土地进行开发，为港区老码头商业化改造和集团园区土地开发运营提供支撑
投资	对集团参股投资业务进行管理，稳步推进海外投资特别是东盟国家的投资

最后，要优化北部湾港港口核心竞争力的识别程序。

（1）对比国内其他港口的情况，分析北部湾港口自身的竞争力。

（2）选择适合高效的识别方法。常见的方法有市场调查法、专家打分法、综合评价法等，从北部湾港港口竞争力中寻找出支配北部湾港港口企业创新发展的主要资源和专门技术。这一过程需要注重识别结果的评估与修订。

（3）将北部湾港港口企业的重要工作制成流程图，以便发现港口企业目前具备的实践经验、重要资源和专门技术。因为对这些要素进行整合，才是构建北部湾港港口企业核心竞争力的关键。

（二）建设高效机制推动港口物流竞争力各要素合成发力

从供应链视角，港口物流竞争力提升应该是运输、仓储、装卸搬运、代理、包装加工、配送、信息处理等物流环节的有机结合，以整体服务能力提升为客户提供低价高效的物流服务，从而获得市场认可，形成其他企业难以取代的市场地位。只不过打造这条供应链实现竞争力的提升，需要各环节相关利益方的共同参与，才能使价值链背后的竞争力要素形成合力，从而促进港口物流企业核心竞争力的提升。广西北部湾港经过近几年的开发建设，内部体制机制逐步完善，港口物流基础设施、通航条件、港口物流信息服务都有很大提升，特别港口周边的生活性服务业，还有产业园区都在快速发展，为北部湾港港口竞争力的提升提供了前期基础。但目前北部湾港港口物流各环节之间的衔接还处于较低水平，突出表现为信息化、智能化水平还不高，其根本原因在于缺乏港口物流企业竞争力各要素合成发力的机制还有待完善。就推动港口物流发展的力量来源而言，有3种主要力量在发挥作用，分别是：各级政府、来自市场中提供物流服务的相关企业及物流服务的需求方。在市场经济中，市场中消费者根据自身消费需求和购买体验，对港口物流企业提供的服务进行选择，有些企业善于经营获得消费者认可存活下来，并且不断壮大，而有些则被市场淘汰出局。换言之，这个过程背后蕴含的含义是，在既有机制下，有些企业具有持续竞争力得以持续发展，有些由于没有构建自身的核心竞争力而经营失败。只不过，当我们从湾区经济发展视角来看港口物流发展时，只要北部湾港港口物流企业集群或者港口物流供应链的整体服务水平有所提高，那么相对而言，北部湾港港口的竞争力将会得到提升。

那么，针对市场经济中港口物流企业核心竞争力提升的需要，地方政府应该发挥政府宏观调控作用，引导港口物流供应链利益相关方相互合作，形成高效机制推动北部湾港港口物流竞争力各要素合成发力。对此，一是要高水平制定湾区港口物流发展规划，向市场释放促进港口物流合理布局，从而引导市场力量，根据自身资金实力和战略布局，进入北部湾湾区投资发展。二是要优化湾区营商环境，利用市场机制，促进北部湾港港口企业竞争力要素自发合成。在这个过程中，特别需要注意市场发挥作用的前提条件，就是北部湾湾区要加快优化自身的营商环境，在法律法规制定、工商行政管理、征税监管、质量检测、信用体系建设等方面加速改进以往官本位的思维，从顾客角度审查各项政府职能和工作流程。也只有在此前提下，港口物流企业才能基于价格机制，评估各项投资的成本与收益，做出投资决策。至于市场环境中，由于市场信息不对称、不完全带来的物流企业投资决策可能出现风险，从某种角度，管控风险较好的企业是其企业竞争实力强大的体现。三是要营造社会舆论，引导物流需求方加快消费转型升级，为港口物流企业打造竞争力提供高水平预期。国家竞争优势理论认为，极致的市场需求是形成国家竞争优势的一个重要因素，因为市场中存在挑剔的顾客，会迫使企业不断提升自己的经营能力，提供优质的产品或服务，从而赢得消费者认可。在北部湾湾区经济发展中，一直都存在规模庞大的物流服务需求，只不过目前由于地区经济发展水平低，人们收入水平不高，物流服务消费的要求不高。因此，要利用现有新媒体，在全社会引导整个湾区居民产生各种个性化、信息化、智能化、及时高效的物流服务需求，倒逼港口物流企业加快改善自身服务。

（三）鼓励企业创新发展保持核心竞争力

市场竞争中，企业是最主要的参与主体，也是在竞争中胜出后的直接获益者。因此，企业具有主动参与市场竞争的动力。只不过，也要承认，由于市场环境中存在的信息不对称、信息不完全问题，企业也会因未能准确把握机会或者不能很好地处理经营风险，就直接成为市场竞争中的失败者，致使市场中的企业不愿主动创新发展和转型升级，选择保守经营，固守原来的市场地位。对于那些不愿创新发展的企业，自然不利于北部湾港港口竞争力的提升，也势必不利于北部湾湾区经济发展。因此，鼓励港口物流企业通过自身努力，提升企业核心竞争力，对湾区经济发展至关重要。

就目前来看，北部湾湾区范围内，得益于国家的"一带一路"倡议，西部陆海贸易新通道建设，还有广西壮族自治区出台的诸多政策，已经蓬勃发展的互联网经济，这对北部湾港港口提升核心竞争力，实现做大做强提供了良好的外部发展机遇。需要注意的是，企业才是市场竞争的主体，也是湾区经济发展的核心力量。因此，一方面，需要政府采取有力的鼓励措施促进湾区港口竞争力提升。比如在北部湾湾区港口物流企业中，围绕港口物流供应链建设，就运输、仓储、装卸搬运、代理、包装加工、配送、信息处理等领域，选择企业规模大、市场份额高、市场增长率快等若干企业进行重点跟踪服务，鼓励龙头企业或领军企业采用合并或重组方式，兼并收购相关企业，打造北部湾港港口物流企业集团参与国际港口物流竞争力。同时，还要进一步完善资本市场为港口物流企业提供投融资服务，继续推进减税降费，组织各类面向港口物流企业的人力资源专题培训等。特别是针对一些高新技术企业和重点企业，对企业在航线开发和技术改造方面给予适当的财政补贴。另一方面，加强企业自身管理，准确预判市场行情，优化生产流程，持续改进经营方式，特别注重与供应链上下游企业之间的合作，形成合力参与市场竞争。

二、建立供应链合作伙伴选择机制

在港口物流供应链上，对应的是相关物流服务的价值创造。在港口竞争中，要实现供应链创造价值的最大化，将最优秀的企业吸引组成高效的供应链是不二选择。本节将探讨供应链合作伙伴的益处，然后提出建设港口物流供应链的建设方案和优化合作机制对策。

（一）准确把握供应链合作伙伴对推动港口物流发展的重要作用

与制造企业主导的供应链不同，港口物流供应链构建的目的在于提供一体化的综合物流服务，是一种服务型供应链。这种类型的供应链由供应商（货主）、运输商（船公司、陆上运输公司）、港口运营商、分销商、消费者（客户）等构成。由于供应链没有制造环节，因此服务型企业将主导供应链核心企业。另外，港口物流供应链是以契约的形式整合核心资源，关键在于功能的集成而不在于对资源的占有。因此，要构建多方共赢的北部湾港港口物流供应链，首先应明确，北部湾港港口物流供应链的合作伙伴将是一种基于契约的合作方式，各方不是"你死我活"的竞争关系，而是一种面对市场波动时的弱合作关系，对此，选择良好的合作伙伴对港口物流供应链功能的发挥至关重要。另外，各方在签订合作契约的基础上，需要发挥各自的功能，高效协同，为客户创造价值，提升客户满意度，将市场蛋糕做大，共同获益。

（二）高水平供应链合作伙伴选择机制的建设方案

建立高水平的北部湾港港口物流供应链合作伙伴选择机制。

首先，应明确合作伙伴选择机制的建设思路。即以客户需求为导向，在市场机制的引领下，以整合供应链上下游企业、运输商、业务外包方等合作伙伴功能为主线，加强与港口行政管理单位的沟通联系，实现港口物流供应链合作伙伴之间的合作共赢。

其次，坚持高标准、严要求、促发展的合作伙伴选择原则。因此，只有高标准，才能保证供应链各环节提供的是高水平、高质量的物流服务；只有严要求，才能确保每个合作伙伴，严格做好管理，主动加强与其他港口物流供应链合作伙伴的合作；也只有坚持促发展，才能使合作伙伴感觉到参与港口物流供应链建设的价值，同时获得期待的利益。

最后，选择有效的合作伙伴选择机制建设路径。一般而言，关于企业合作伙伴的选择，存在3种常见的方式：企业自主选择；委托第三方机构开展调查研究后，由第三方推荐企业采用；来自政府方面的督促和安排。前面两种更多的是市场机制在发挥作用，这种合作伙伴的选择机制主要是：在选择供应链合作伙伴时，企业为了能够更好地参与市场竞争，利用企业管理实践经验，或委托第三方咨询服务机构，对合作伙伴进行各项评估后做出选择。第三种合作伙伴的选择机制具有一定的被动性，不是基于企业行为收益最大化做出的安排，更多时候是政府出于特定目的而推进的一种行政安排。本研究认为，北部湾港港口物流企业要实现真正意义上的可持续发展，最终还是要选择以市场为主导的港口物流供应链合作伙伴选择机制。当然，我们不并非否定政府在其中可以发挥的作用，特别是在现阶段，由于市场难以克服信息滞后的缺陷，北部湾港口物流供应链提供的物流服务还相对落后于消费者对高质量物流服务的需求，这就需要政府发挥主动作用，引导各种资源进行合理配置。换句话说，就是相关港口管理部门应该主动搭建平台，引导港口物流供应链中的供应商（货主）、运输商（船公司、陆上运输公司）、港口运营商、分销商、消费者（客户）更好地沟通，在市场机制作用下相互选择，形成高水平的北部湾港口物流供应链合作伙伴关系。

（三）不断推进供应链合作伙伴选择机制的优化

如前所述，由于市场难以克服的信息不对称和不完全问题，有一些港口物流企业没有意识到自己的服务能力和水平已经不能满足消费者对高质量物流服务的需求，特别是对于一些具有国有性质或公有成分的企业，缺乏主动创新发展和做大做强的动力。因此，完全依靠市场来推进北部湾港港口物流供应链合作伙伴选择机制的优化是不切实际的。面对这种情况，就需要北部湾湾区相关管理部门优化营商环境，同时要求港口物流管理部门进行适当的引导，加快促进北部湾港港口物流供应链企业开展合作。

从长期来看，北部湾港港口物流供应链合作伙伴的选择机制最终还是以市场为主，为此，就需要从以下几个方面做好布局：一是从自治区层面出台加快北部湾港港口物流供应链建设的实施意见，为市场参与主体选择合作伙伴开展港口物流供应链建设提供政策依据。二是要加快国有企业市场化改革，鼓励民间资本参与国有企业的项目合作，乃至兼并重组。上述这些关键要素就应该成为北部湾湾区相关管理部门开展营商环境优化的着手点，对此，要加快筛查目前哪些方面还做得不到位，哪些要素已经严重影响本地区企业的经营发展，然后加以持续改进，从而不断促进港口物流企业在推进物流供应链合作伙伴选择时的便利化与法制化。

三、多方合力加快拓展港口物流供应链功能

要提升北部湾港港口物流供应链功能，不应该只是政府部门的一厢情愿，也不是个别企业的单打独斗，需要海关、税务、工商、质检等政府部门，还有物流企业、行业协会和消费者共同参与。对此，在政府层面，应该建立专门的机构，负责定期召集银行、海关、商检、保险、税务、工商、物流企业等单位开展会晤

交流，根据各部门提出的发展诉求和面临的问题，组织力量开展专题调查，然后形成拓展北部湾港港口物流供应链功能的实施意见，并提交上一级机构审议，争取在自治区政府层面形成一致意见并形成政策文件。这样才能推动各级部门加快办结港口物流发展的相关事务，也能吸引更多的社会资源流向北部湾湾区和港口物流供应链建设。

在企业层面，应该密切关注物流行业发展趋势，主动对接政府倡导的港口物流建设项目，如钦州、北海和防城港三市的临港物流园区，北部湾物流信息服务平台，中国-东盟港口城市合作网络建设等项目。同时，港口物流企业也应该不断完善自身的内部管理，做好市场预测，强化战略管理，专注营销策划，做优物流服务，通过提升企业自身的综合实力，以吸引外部资源与企业共同开发港口物流服务项目，实现产品、服务的持续升级和功能提升。

在物流协会层面，应该发挥作为协会成员之间联系纽带作用，多举办一些正式和非正式的会员活动，旨在促进港口物流供应链成员之间的信息交流。因为许多市场机会是在相互交流中发现的，也有许多合作项目是在不经意间的一次协会活动中达成的。其背后的经济学含义在于通过协会成员之间的交流，减少信息的不对称问题，以最大限度地获得更多市场信息，这将为北部湾港港口物流供应链拓展服务功能提供思路和方向。当然，物流协会所具备的能力不仅局限于组织内部活动，物流协会更应该成为行业对外的代言人，需要主动向政府和社会传递港口物流企业的声音，争取社会各界的支持，从而形成合力共同推动北部湾港港口物流供应链功能的拓展与提升。

四、建设港口物流服务供应链信息平台

随着信息技术的不断发展，物流服务供应链各环节产生的数据能够转换为计算机可以识别的信息。在此基础上，如果能够通过网络将众多物流信息、产品信息、资金、商业信息进行整合，再使用云计算对数据进行分析，将会产生巨大的商业价值。因此，建设港口物流服务供应链信息平台，将港口物流企业的物流、资金流、信息流、商流进行整合，然后为更多的企业提供信息与增值服务，实现从原材料到商品整个供应链过程的最优化和资源共享，对北部湾港港口物流发展起到重大的推动作用。

（一）充分挖掘港口物流服务供应链信息平台的建设条件

进入数字化时代，港口物流服务供应链建设面临着新的发展形势。主要表现在：用户需求的个性化和多样化日趋明显；基于互联网的信息交流已经非常广泛；以大数据和云计算为代表的信息技术不断出现和快速更新；以怡亚通为代表的综合性大型供应链信息平台正在快速发展。在这样的发展新形势下，建设北部

湾港港口物流服务供应链信息平台，一方面需要运用相关技术才能实现；另一面需要争取政府部门的支持，大力挖掘本地资源，加快物流供应链信息化建设，以跟上大型供应链信息平台的发展步伐。

在技术研发和投入方面，相对而言，北部湾湾区缺乏信息技术研发和产业化运用能力，还难以独立建设高端港口物流服务供应链信息平台。对比来看，现有的诸多互联网应用技术、信息通信技术、无人驾驶、智能机器人技术主要集中在高科技企业云集的京津冀、珠三角和长三角地区，这些地区制造业的发展以及催生出来的"智能物流+互联网"，其背后都有国内最高水平的研究机构、高等院校源源不断地为这些地区和行业提供技术支持和人才支撑。在这种条件下，要想加快构建北部湾港港口物流服务供应链信息平台，要想实现弯道超车，就需要联合国内高科技企业开展项目合作，这方面可以主动联系华为、京东、腾讯、阿里巴巴、百度等国内比较著名企业开展合作，利用这些企业在5G通信技术、智能物流、云计算服务、电子商务、区块链等方面的技术优势，优化北部湾港港口物流企业的服务流程和利用大数据的能力。

在人才队伍方面，现代物流已经逐渐向智能化、无人化方向发展，未来的港口物流服务供应链也将更多依靠物流网和智能设备主动识别、抓取物流信息，然后利用机器设备完成货物的分拣、包装、装卸和运输等操作。这个过程将不再需要低技能的劳动力，而是需要能够读懂机器语言和熟练操作机器设备的高水平物流人才。然而，目前北部湾湾区还不能大量培养这方面的高技能应用型人才，这就需要大力引进国内外高素质、高层次的物流供应链开发和管理人才，同时依托北部湾湾区相关院校，扶持这些院校开设相关专业和建设高水平的实践平台，加快培育本地人才队伍。

（二）高质量港口物流服务供应链信息平台的建设模式

高质量的港口物流服务供应链信息平台的最终建设形态应该是可以将物流服务集成商、功能型物流企业和客户企业连接成一个网络，系统内任意两个节点都能进行物流服务信息的共享、沟通及流程衔接，利用智能合约实现物流服务流程智能化，提高信息共享效率和服务透明度，在不确定的环境下构建一个互信共赢的物流服务供应链生态体系。不过要建设这种高水平的港口物流服务供应链信息平台，面临一个重要问题，是依托某一个北部湾湾区港口物流龙头企业自建，还是选择类似于怡亚通这种现有的第三方平台，还是通过政府引导，以市场化机制由多方合作共建物流服务供应链信息平台。

上述3种建设模式各有利弊，依托北部湾湾区某一个龙头企业自建港口服务供应链信息平台，好处在于企业独立经营、自负盈亏，更有动力加大技术研发和市场推广，在市场竞争中如果获得市场认可，将能够赚取丰厚的商业利益。不足之处在于要对接物流服务供应链上各方企业的信息系统，需要自建企业有足够的影响力。由于每个企业的诉求不一样，难度可想而知。直接选择第三方服务平台开通北部湾港港口物流服务供应链信息服务板块，好处在于能够快速生产和使用，使北部湾港港口物流企业快速获得商业利益；不足之处在于北部湾港港口物流活动产生的海量大数据不能直接归口于本地企业，这在未来的商业竞争中可能会失去主动权。特别是在与来自国外的第三方供应链信息服务平台合作时候，更应该关注可能的政治风险。

综合来看，通过政府引导，以市场化机制由多方合作共建的物流服务供应链信息平台建设模式，更适合北部湾港港口物流发展。这是因为利用大数据推动北部湾港港口物流供应链的升级和信息平台的建设，前提在于北部湾湾区范围内跨领域的数据共享和应用，如此才更有可能形成真正体现北部湾湾区港口物流行业的知识、适用于北部湾湾区的智能技术和服务，从而满足数字时代用户个性化和多样化的需求。但跨领域的数据收集单靠一个企业有些不切实际，后续的数据整理和分析，以及再商业化应用更是难以展开。在这种情况下，通过发挥政府宏观调控作用，以设立发展基金和财政补贴的方式，鼓励湾区本地企业主动对接国内高科技企业开展项目合作，然后引导合作项目嵌入政府智能化信息平台，快速打通部门之间、企业之间、政府部门和企业之间的数据壁垒，实现数据共享。再利用现代化的技术，比如云计算和区块链技术，将政府数据、社会信用数据、用户和消费者的物流需求信息、仓储企业的仓储管理数据、运输企业的在途运输及其他物流服务数据进行处理对接，再使用电子商务技术实现物流服务需求下单和订单操作。线下则采用现代化运输设备进行配送管理，如此便可以打造适用于北部湾港口物流发展的物流服务供应链信息平台。

第四节　基于内生增长理论的港口物流与湾区经济发展机理

新古典增长理论以收益递减规律为假设前提，导致经济在长期中的增长依赖于其模型中给定的外生技术变量，所以不能很好地解释经济的长期增长机制，而内生增长理论使解释经济持续增长成为可能。内生增长理论之所以是对新古典增长理论的一个突破，是因为其将技术变迁引入内生增长模型当中，而把技术变迁融入新古典框架会产生与假设相矛盾的问题。因为知识或新观念的创造带来了技术进步，而知识作为一种可以被社会共享的公共品就与新古典模型中完全竞争的假设前提相矛盾。内生增长理论认为要解释经济的长期持续增长，就要用技术进步的收益递增来消除新古典模型中的收益递减。

技术进步内生化的模型可大致分为：AK 模型、"干中学"模型、人力资本模型和包含 R&D 投入的模型。AK 模型对新古典增长模型中的技术因子做了修正，它被视为内生的经济变量，而且其构造的生产函数并不是报酬递减的。Jones（1990 年）、Rebelo（1991 年）等人论证了规模收益不变的生产技术足以实现经济内生增长。"干中学"模型是 Arrow（1962 年）提出的，他认为知识促进技术进步，而新知识的产生是通过人们学习和积累经验的结果。他强调了经验积累对于技术进步的重要性，当企业或生产者总结、积累了生产和投资的经验，这将有利于生产率的提高；当这种经验通过外溢被其他生产者或企业学习和吸收后，对于整个社会来讲将会产生递增的收益，带来经济增长。内生增长模型中对人力资本的引入是以 Romer（1986 年）、Lucas（1988 年）等为代表所提出和发展起来的。

Romer 于 1986 年提出生产要素理论，在他的理论中，资本、非技术劳动力、人力资本和社会上涌现的新思想将对经济增长产生重要的影响。Romer 认为知识对经济增长具有极为重要的作用，主要体现在以下 3 点：

（1）投资效益的提高源于知识的促进作用。

（2）作为经济增长的重要促进因素，知识本身也需要进行投资。

（3）投资对于知识具有重要的积极作用，同时知识对于投资也具有同样的正向作用。

Romer 的经济理论中放弃了导致新古典增长理论最终无法立足的假设（边际收益递减），他十分重视生产所需要投入要素的收益问题。传统经济增长理论将经济运行过程中所需要投入的要素归结为自然界现存的各类资源。但随着社会发展不断推进，知识经济时代的到来使人们意识到除了稀缺的自然资源对经济增长产生推动作用，知识本身的产生、发展和传播也会带来经济增长。传统物质社会的经济效益呈现出递减的特点，是由于物质本身的有限性。在知识经济时代，知识的运用和传播会使知识不断沉淀并发现新的知识，知识自身的特点决定了它将成为经济发展不竭的推动力，并且知识的掌握和运用成本低于物质资源的运输、投入生产，因此也就不再存在边际收益递减的情况。这一经济理论将人们带出了悲观的经济停滞、边际收益递减的境地，让人们看到经济在长期可持续的增长动力源泉，为人类社会经济实现稳定增长带来希望。

第七章
智慧化物流园区与城市经济发展

第一节 智能物流园概述

物流园区智慧化发展已成为必然趋势。智能物流园区具备很多典型的智慧化应用场景，如"无人仓""无人车配送""无人机配送"等，但智能物流园区建设不仅仅是设备设施的更新换代，更是园区运行方式、组织方式、互动方式、价值体现的革新与重构。

一、智能物流园的内涵

参考智慧城市和智慧园区的定义，在充分理解物流园区和智能物流内涵与特点的基础上，通创智能物流研究院认为智能物流园区可理解为：基于大数据、物联网、云计算、人工智能等新一代信息技术的运用，以智能化设施设备为基础，通过人、物、系统、资源等多方数据传递和交换，实现物流园区管理、服务、运营的全面数字化和智慧化。其内涵为通过管理智能化、服务便利化、运营智慧化实现园区内物流业务运行的降本增效和物流园区价值提升。

二、智能物流园区的主要类型

（一）集成服务模式物流园区

集成服务模式物流园区（仓储型园区）多为供应链类公司或者商贸物流平台建设和运营，通常集聚特定物流和关联服务资源，通过集成化的运作，为特定的服务对象提供一体化的物流服务，典型代表如京东物流园、菜鸟物流园区等。此类物流园规模相对偏小，功能相对单一，多为封闭式运作，建设运营的重点从基础的物业服务向智能物流服务、供应链集成服务等转变。这一类物流园区内由于有物流业务的智慧化运作作为内在驱动力，智慧化发展的水平相对较高，是智能物流园区发展相对成熟的类型。

（二）管理服务模式物流园区

管理服务模式物流园区多为物流地产商或物流公司建设和运营，多根据市场需求，依托物流园区的物理空间集聚某一类或几类物流资源要素为服务客户提供专业化的物流服务，如普洛斯物流园区、传化公路港、绍兴港现代物流园等。此类物流园区规模较大，园区多半封闭式运作，园区建设运营重点体现在物流营业场所租售、物业管理、增值服务等方面。此类物流园区的智慧化建设与发展水平参差不齐，头部园区和底部园区的发展水平差距较大。以普洛斯为代表的头部物流园区，园区的智慧化具备了较高的水平，2021年11月，普洛斯发布了业内首份《2021智能物流园区白皮书》，总结了其长期的资产运营服务经验和园区智慧化升级的前瞻性行业洞察，并以普洛斯宝山物流园为代表展示了新一代标杆园区，向行业开放标准。与此同时，国内存在着大量单一型物流园区，其在园区的智慧化发展基础方面尚存在欠缺，物业管理和相关服务的信息化及数字化都未实现，园区的智慧化发展存在较大差距。

（三）类开发区模式物流园区

类开发区模式物流园区多为由地方投资平台或管委会建设与运营，一般为城市或区域的交通与物流枢纽，集聚多种物流资源要素，为区域产业发展、城市生活提供综合物流服务，如重庆国际物流枢纽园区、嘉兴现代物流园等。此类物流园区具备规模大、开放式管理等特点，园区管理运营重点在资产（土地）管理、项目招商及公共服务等方面。由于缺少物流业务智慧化运作的内在驱动力和专业的智能物流人才，此类物流园区的智慧化建设与发展多处于起步阶段，仅部分管理功能板块（如物业管理、资产管理等）初步实现智慧化；园区缺少统一的"智慧大脑"，内部各系统尚未实现数据的互联互通。这一类物流园区作为国家物流枢纽的重要载体和组成部分，随着《国家物流枢纽布局和建设规划》和《"十四五"现代流通体系建设规划》的深入实施推进，此类物流园区的智慧化发展将迎来快速发展期。

第二节 物流通道的演化过程与构建框架

一、物流通道的属性分析

（一）物流通道的基本概念

物流通道的概念是21世纪初才出现的，是随着物流理论研究与技术发展而迅速兴起的，目前还没有一个统一的定义。

国内外各领域学者对物流通道进行了定义，它与运输通道的概念既相互联系又相互区别，两者在功能和内容上互为交叉。首先，运输通道既为旅客服务，也进行货物运输。而物流通道又不等同于货物运输通道，其服务功能除了物资的运输，还包括仓储、包装、装卸搬运、流通加工、物流信息等环节与内容，以及物流一体化、物流增值服务等。有学者提出，物流通道是运输通道的高级发展形态，并把旅客运输纳入了物流通道中。

国内有学者强调物流通道的实体系统，认为它是由公路、铁路、水运、航空和管道5种运输方式线路及物流节点设施设备组成的系统。这一界定可认为是狭义的物流通道定义。广义的物流通道，除了包括物流基础设施和设备的"硬件"系统，满足密集的物流需求，提供高水平的物流服务，还应包括由物流方案、物流组织、物流信息和技术等组成的物流运作"软件"系统。

物流集群是指提供物流服务的各类企业和业务共同位于某一特定地理热点地区，从集聚经济中受益，代表一种特殊类型的产业集群。物流集群与物流通道的概念也有关联。有学者认为，物流集群有多种形式，物流通道是其中一种类型，将运输通道视为管状的物流集群。也有学者认为，物流集群是绿色运输通道的枢纽，包括港口、物流中心和其他转运节点。

本书对物流通道做出以下定义。物流通道是指在一定的地域范围内，以满足大量、密集物流需求为导向，各类物流资源呈现的带状集聚空间形态，在带状地理空间上承载着密集的物流活动，并提供强大的物流服务能力。

（二）物流通道的内涵与特征

目前，业界对物流虽然没有一个统一的定义，但对其总的理解是一致的，主要包含以下3层含义：

（1）在不同区域尺度内，物流通道内的物流基础设施发达且密集，物流需求量大且稳定，各类物流服务企业或供应链服务集成商聚集。

（2）物流通道在物流网络中具有最优的可达性和最大的规模效应，以高水平的服务满足大量的物流需求。

（3）物流通道成为促进区域经济发展和空间扩展的主要力量之一。

（三）物流通道的技术经济特性

物流通道的技术经济特性可划分为形状特性、服务特性和技术特性3个方面，见表7-1。

表7-1 物流通道的技术经济特性

物流通道的特性	具体描述	影响的主要因素
形状特性	轮廓和地理走向特征	地理条件
服务特性	提供专业化与一体化的物流服务特征	社会经济因素
技术特性	物流作业和管理层面的技术应用特征	科技因素

1. 形状特性

形状特性主要指物流通道的轮廓和地理走向。物流通道的轮廓一般呈带状，在地理走向上呈线性分布。总体上，物流通道的形状特性呈现直线型特性。

2. 服务特性

服务特性是指物流通道提供的物流服务内容和水平的特征。随着物流专业化与一体化程度的深入，服务内容也从简单的运输、仓储，过渡到提供流通加工等增值服务，进一步能够提供专业化与一体化物流服务。物流通道在物流网络中一般具有最优的可达性与服务能力。因此，能够提供的物流服务也应该是物流网络中最全面和专业的。

3. 技术特性

技术特性指科技因素导致物流通道在物流运作和管理方面表现出来的特征。物流信息技术是物流现代化的重要标志。随着信息技术和物流技术的发展，实现了数据的快速、准确传递，提高了物流作业的效率。各类资源在物流通道联结的物流枢纽汇集并统一分散，因此物流通道规模经济效应显著，会产生和吸引大量密集的物流需求。物流通道要承担物流网络中较高比例的物流量，因此在物流作业和管理层面对先进物流技术都有较高的敏感性。

二、物流通道系统的一般描述

（一）物流通道系统的定义及基本架构

物流通道系统（LCS）是指在某一特定环境下，通过物流组织和物流方案的实施，以高水平的服务满足达到一定规模的、稳定物流需求的高度集成的复合系统。

物流通道系统以创造物流价值为目标，是社会系统和技术系统相互作用的结果。该系统是社会技术系统，由4个子系统构成。

1. 人员子系统

人员子系统（P）指系统中所有参与者。物流活动的参与者可分为物流的供给群和需求群。供给群指物流服务提供商、货物承运人，是物流通道内进行物流活动的具体实施者。需求群指物流活动中物品的托运人、收货人或货主，即物流需求者。物流通道由高效率的物流线路联结物流枢纽，物流设施发达，会吸引人才、物资、资金、信息和技术要素。因此，物流通道系统会形成物流需求与供给群的集聚。

2. 技术子系统（technological subsystem）

技术子系统（T）指由一系列物流技术要素构成的子系统，是物流通道内物流活动的载体和技术保证。

3. 组织设计与管理子系统

组织设计和管理子系统（M）指物流通道的规划设计、管理部门，一般由政府相关职能部门通过提供资金支持和出台相应的政策，来引导和推动物流通道的规划建设、运营管理。

4. 环境子系统（environmental subsystem）

以上子系统相互影响、相互作用，还受到包括政治、经济、社会、技术和自然等外界环境子系统（E）的影响。

（二）系统的结构类型

根据不同的分类标准，物流通道有不同的类型，本书提出以下3种类型。

1. 狭义和广义的物流通道

狭义的物流通道是指公路、铁路、水运、航空和管道5种运输方式线路及物流节点设施设备组成的系统，强调其实体系统的构成。

广义的物流通道是指包括物流设施和设备的实体系统，以及为了顺利实施物流方案和开展物流活动而进行物流计划、组织和管理的运作系统。

2. 空间尺度划分

根据不同的区域空间尺度，可将物流通道分为国际或国家物流通道、区域物流通道、城市物流通道。这3类不同区域跨度的物流通道有明显的层级关系，服务范围和功能地位也不同（表7-2）。

表7-2　不同空间尺度的物流通道

空间层次	区域范围	空间尺度	连接的枢纽	主要功能作用	典型案例
国家或国际物流通道	跨国或全国	大尺度	国家或国际重要物流枢纽	国际或全国物流网络中的骨干通道	"一带一路"倡议下的国际物流通道、欧洲西北部城市群货运通道
区域物流通道	城市群	中尺度	城市群区域内物流枢纽	区域物流网络中骨干通道	芝加哥都市区39号州际公路物流通道、四川省大件运输通道
城市物流通道	城市或都市区	小尺度	城市内部重要的城市物流枢纽	城市物流网络中骨干通道	美国阿拉米达货运通道

国际物流通道主要由海运、大陆桥运输或多式联运组成，如"一带一路"倡议下的国际物流通道，是以港口、航空口岸为中心，以铁路、公路、水路为网络的立体化国际物流通道。

区域物流通道属于中尺度区域范围。比如毗邻美国芝加哥市区，依托39号州际公路的物流通道，其设施包括6条跨州高速公路、7个机场、6条主要铁路线和沿伊利诺伊河分布的多个内河港口，而且聚集了大量的物流企业。2004年I-39物流通道协会成立，该协会依托芝加哥地区和中西部地区的物流设施，提供覆盖整个供应链的全面物流服务。又比如我国依托长江航运形成的新的长江物流通道；四川省建设了联结德阳市重型机械生产基地和乐山市港口的大件运输通道。

城市物流通道联结城市物流枢纽，满足城市内部不同组团之间大量且集中的物流需求。比如，联结洛杉矶市区与洛杉矶港和长滩港的阿拉米达通道，全长20英里，投资24亿美元，1997年开始建设，2002年建成并投入使用，将货运列车与地面交通以及客车运行分离，有效避免了城市交通堵塞。阿拉米达货运走廊全长32千米，将洛杉矶港、长滩港与内陆铁路场站联结，合并了4条铁路支线，开挖了16千米的地下渠道，消除了200多个平行交道口，使交通延迟损失降低90%，对缓解港城矛盾作出了极大的贡献。我国现在多数大城市也在规划建设联结城市区域内大型物流枢纽和节点的快速货运通道。

3. 结构形态划分

从物流线路联结物流枢纽的结构形态来看，物流通道主要有串联、并联和混联型3种。

串联型物流通道由一种方式的一条路径联结物流枢纽。若该路径某段出现拥堵或中断，整个通道就会拥堵或崩溃。串联型物流通道的可靠性和安全性都很低。

并联型物流通道由多种方式和多条路径联结物流枢纽。这种类型的物流通道稳定性最高，基于不同方式的技术经济特征与不同路径走向，可以满足不同层次的物流需求。

混联型物流通道是指既有串联又有并联的结构方式。

三、物流通道的形成及演化

（一）物流通道的形成机理

为了更直观地解释物流通道的形成机理，基于迈克·波特的钻石模型和交通运输走廊形成的钻石模型，毛敏（2005年）提出了物流通道形成机理的钻石模型。

（二）物流通道仿生自组织演化过程

物流通道系统是一个具有非线性特性、远离平衡态、具有耗散结构的自组织系统。它的发展演化是在随机涨落的影响下，从低级到高级、从简单到复杂的过程。基于自组织理论，将物流通道系统看作一个有生命的组织，下面具体阐述其仿生自组织演化过程。

1. 微观层面自组织演化过程

微观层面指物流通道个体演化过程，类似生物种群的生命周期。本书用物流通道4阶段生命周期模型来描述，即形成期、成长期、成熟以及更新或衰落期。

（1）形成期。物流通道是地域系统和物流系统发展到一定阶段才产生的。它的形成受自然地理、历史条件、产业布局以及政治等多种因素的影响。当然，物流需求是物流通道的前提基础。此阶段的物流通道，一般表现为运输服务方式单一，物流基础设施和物流企业集聚效应还不明显，物流服务能力还达不到物流网络中骨干的要求，主要提供物流基本功能。

（2）成长期。此阶段，物流通道的物流服务水平提高，逐步成为物流网络的骨干，开始发挥承担大规模物流量的作用。此阶段的物流通道中，物流基础设施和物流企业集聚效应开始凸显。

（3）成熟期。此阶段，物流通道系统总体处于均衡格局，各子系统间不断协调发展。物流通道以"质"的进一步提高为主要特征，并逐步拓展其服务功能。这个阶段是物流通道生命周期中相对均衡状态的稳定时期，但并不是静止不变的终极状态，而是系统动态演化中的某种中间状态。

（4）更新或衰落期。当某个物流通道发展到一定阶段，经过临界点，开始不能满足更高层次物流需求，或者由于其他新兴物流通道的出现，原有物流通道受到冲击，这时如果条件成熟，物流通道将出现突变。这是物流通道从稳定态经过不稳定态向新的稳定态跃迁的过程。一般有两条突变途径：一是原有的物流通道逐渐衰亡或消失；二是物流通道出现更新，发展转变为更高级的物流通道。

比较典型的例子是，随着陆上运输方式的发展，历史上知名的"黄金水道"在20世纪都开始逐步衰落，但进入21世纪，随着经济转型、能源危机以及水运的发展，各国的"黄金水道"又焕发生机，重新作为重要的物流通道，促进所在地域经济发展形成经济走廊受到关注。2016年6月，扩建后的巴拿马运河正式通航；扩建工程使这条运河的通航能力翻番，运载1.3万~1.4万个标准集装箱的大型货轮可以通行其中。还有我国三峡工程建成运行以来，长江航运发展迅猛。

2. 宏观层面自组织演化过程

物流通道系统是社会—技术系统，服从社会—技术系统进化的序列。物流通道进化的动力，不仅包括社会经济变革，也包括技术革命，尤其是物流和信息技术革新。在层次更高的物流需求、不断发展的物流技术的带动和引领下，物流通道系统也在不断进化（表7-3）。

表7-3 物流通道系统演化阶段子系统特征分析

系统演化阶段	人员子系统（供给群）	技术子系统				组织设计与管理子系统
		速度	运输服务方式	运载工具（驱使力）	服务内容	
古代物流通道的雏形	无承运人	低速	单一的运输服务方式	船（自然力和人力）马、牛等（畜力）	物品的仓储、运输初级服务	组织设计与管理工作处于较原始的低级层次
初级物流通道	承运人	中低速	某种运输方式占主导地位	轮船、汽车、火车（蒸汽动力）	物品的仓储、运输基本服务	组织设计与管理工作处于较低层次
现代物流通道	货运代理、承运人	中高速	多式联运	轮船、汽车、火车、飞机、管道（电力）	综合性的专业化、一体化的物流服务	物流节点选址和布局、运输方式和线路选择、物流技术设备的选用等
智能物流通道	专业物流服务提供商、供应链集成商	超高速	多种运输方式构成的无缝物流链	智慧专用物流通道（通信技术、人工智能）	可视化、智能化、数字化的物流服务	大数据驱动下的可持续物流组织方式与运营模式

（1）古代物流通道的雏形。产业革命以前，物流活动整体水平低，联结有较大物资交流的两地域的运输线路，虽然承担了较大规模的物流量，但还不是物流通道，只是物流通道的雏形。此阶段的物流几乎都是由于政治、军事的需要，提供的是物品的仓储和运输等初级物流服务。古代物流通道的雏形主要依托自然地理条件。如埃及的尼罗河、中国的长江、俄罗斯的伏尔加河、美国的密西西比河等，都形成了古代的"黄金水道"。另外，也有人工修建的古代物流通道雏形案例，如中国古代的京杭大运河。

（2）初级物流通道。自18世纪第一次工业革命后，交通运输在动力和手段上取得了重大突破。在陆路，依靠蒸汽机为火车提供动力；在水路方面，发明了用蒸汽机驱动的轮船。第二次工业革命使电力、钢铁、铁路、化工、汽车等重工业兴起，石油成为新能源，促使交通迅速发展。随着公路、运河和铁路的修建，港口和陆上运输衔接形成水陆运输网。工业革命促进了城市的兴起和发展，开始形成新的工业区。此阶段主要是经济地理因素催生了物流需求，如市场和原料产地间会产生大量物流需求。因此，形成了多种运输方式，但仍是以某种运输方式为主的初级物流通道。此阶段，物流通道提供的还是仓储和运输这种基本的物流服务。

（3）现代物流通道。20世纪末21世纪初，进入工业化、信息化和经济全球化的时代，需要对贸易和生产要素进行优化配置，推进贸易投资便利化、深化经济技术合作、促进区域经济一体化，最终实现区域经济和社会同步发展。在这样的背景下，随着物流系统和信息技术的发展，形成了现代物流通道。此阶段，物流通道开始提供综合性的专业化、一体化物流服务。依托铁路的专项铁路物流通道和地下物流通道这类专用物流通道越来越受到人们的关注。

（4）智能物流通道。21世纪以来，3D打印技术、机器人、无人机、物联网、区块链、人工智能等新兴技术蓬勃发展，这些新兴技术和大量实时数据将改变全球供应链上的制造和服务运营，也会推动物流行业产生深刻变革。2017年，我国快递企业如菜鸟、京东、申通等都开始大规模使用智能仓储分拣技术，并涉及各种无人设备、无人仓、无人机、无人车、机器人配送等人工智能技术。创新物流组织方式与运营模式也越来越受到重视。未来，物流通道的发展方向是智能物流通道，提供的是可视化、智能化、数字化的物流服务。其特点是，减少环境和气候影响，同时通过应用可持续物流解决方案提高物流的安全和效率。

四、物流通道的构建框架

物流通道系统的构成要素可分为有形要素和无形要素，各构成要素见表7-4。

表7-4 物流通道系统的构成要素

有形要素	物流基础设施与设备	物流基础设施	公路、铁路、水路、航运、管道物流线路
			物流枢纽
		物流技术设备	运输工具、载运设备
			仓储设备
			装卸搬运、流通加工设备
			信息处理、通信设备
	物流需求群		货主、收货人、托运人等
	物流供给群		提供物流服务的主体：承运人、第三方物流企业、物流服务提供商等

续表

无形要素	规划建设	物流通道规划、物流枢纽布局规划、物流设备的选用
	控制与管理	物流组织方式与运营模式
	要素流	物流、信息流、资金流、技术交流等

结合物流行业的特点，物流通道系统的构建应确定4个支点，构筑3个平台。4个支点包括：物流通道实体系统；物流通道规划设计系统；物流通道运行系统；物流通道信息系统。

物流通道实体系统主要指通道内的物流基础设施设备，这是物流作业的载体，开放的物流枢纽应是公用型、社会化的物流基地、物流中心和配送中心。物流通道规划设计系统对构建合理高效的物流网络、引导企业的物流战略决策、优化物流资源配置起关键作用。物流通道运行系统是实现物流通道正常运行的保障，同时它又为物流服务商提供支持。物流通道信息系统的支持、保障是现代物流业最大的优势和最显著的特征。

3个平台为：政策平台、市场平台、资金平台。政策平台主要是指政府应建立统一的物流通道发展推进结构，制定统一的物流通道规划，对物流通道的基础设施建设给予政策支持。市场平台主要是指进一步开放物流市场，引导企业的物流战略决策、优化物流资源配置，运用市场机制整合资源。资金平台主要是指政府在土地、税收、政策性资金、信贷等方面的支持。

第三节　物流通道的内部运行机制

一、物流通道内部运行机制的内涵

（一）运行机制的内涵

机制一词最早源于希腊文，原指机器的构造和动作原理，现已广泛应用于各领域，成为各学科广泛使用的专业术语，其含义引申为事物之间比较稳定的相互联系、相互作用的过程和方式。

正常的生物机体（如人体）具有随外部条件变化，自动迅速做出调整适应外界环境的能力。研究机制的目的是把握系统的运行规律，通过制定良好的运行策略，使系统不断动态调整和优化，实现特定的目标和功能。

运行机制是指系统在运行发展中，各因素相互作用的过程和原理。

（二）物流通道内部运行机制的概念

物流通道内部运行机制是指系统运行中所遵循的规律或所形成的模式。具体而言，就是物流通道系统在形成与发展过程中，各内部组成要素的相互作用过程和原理。

物流通道内部运行机制的研究，主要梳理系统构成要素功能及相互关系，从理论层面揭示物流通道系统内部的运行规律。

二、物流通道的三螺旋结构内部机制分析

（一）物流通道内部三螺旋结构模型

通过引入生物学中的三螺旋概念，亨瑞·埃茨科瓦茨首次提出使用三螺旋模型来分析政府、产业和大学之间关系的动力学，并用以解释政府、企业和大学三者在知识经济时代的新关系。美国遗传学家理查德·列万廷使用三螺旋来描绘基因、组织和环境之间的关系。自此，三螺旋理论被认为是一种创新结构理论。

本书借鉴三螺旋理论来分析物流通道形成与发展的内部动力机制，提出物流通道系统内部运行的三螺旋模型。在物流通道形成与发展过程中，技术子系统、人员子系统、组织和管理子系统分别构成三螺旋中的一个链，技术子系统构成技术链，人员子系统构成市场链，组织设计与管理子系统构成政策链，三者呈现三螺旋结构状态，在相互作用中发展并推动物流通道螺旋上升。该模型旨在揭示通道内部三个螺旋体之间的相互作用及对通道系统演进的动力和途径。

在三螺旋结构中，三种要素各自的力量并不是越大越好，而必须是协调的。在一定的空间和时间内，每种力量都会有相应合理的区间，可以分别界定一个最低和最高的阈值。

最低的阈值是某领域的最低突破点，如技术链中不取得基本物流技术的突破就不会有现代物流需求与服务，基本现代物流技术的确立和物流服务能力则是现代物流通道形成与发展的基本突破点。宋元时期，正是由于造船和航海技术的进步促使中国具有远航能力，才能在当时通过海上丝绸之路与世界几十个国家有了贸易往来。当然，政策链也要提供基本的保障，如古代陆上丝绸之路受到沿途国家政治、经济的影响，一直处于不稳定状态。唐朝安史之乱后，陆上丝绸之路开始衰落，其作为东西交流的主要通道地位逐步被海上丝绸之路取代。

最高的阈值可理解为最大可能结果，在一定时期里，某要素已经达到或超过最高阈值，但另外两个要素还未达到相应水平或还未突破最低阈值，各要素之间发展不协调，不能相互支撑，整个系统也不能继续向前发展。比如技术上大量投入或已具备成熟的技术条件，但由于市场需求和政策准备不足，不能得到市场和

政策的支持，也会阻碍物流通道的形成与发展。

（二）物流通道三螺旋结构演进的动力与路径

物流通道三螺旋结构演进的动力，包括技术链的技术推动力、市场链的需求拉动力、政策链的政策带动力。与上述推动力相对应，物流通道三螺旋体演进的主要路径有以下 3 条：

1. 技术推动型

物流的技术创新和技术突破，推动了物流产业的转型和发展。现代物流通道的形成主要就是在技术推动下才诞生的。18 世纪，蒸汽机车和火车的发明改变了货物运输的方式，大幅提高了工业原料的运输效率，促进了工业革命的发展；19 世纪，管道运输石油的方式助推了美国经济的腾飞。我国河北雄安新区和武汉长江新区等地的规划设计，都引入了城市地下物流系统这一前瞻性概念。2019年，京东发布了"地下胶囊管道配送"概念，可见地下物流通道也会在技术的推动下逐步实现。

2. 需求拉动型

物流通道形成的原动力是物流需求，物流通道的形成一定依赖于持续的物流服务需求。大量集中的物流需求的提升，以及物流服务提供商的发展，会拉动物流通道的形成，这也是物流通道形成的主要路径。

比如最大的港口与腹地最重要的内陆中心之间，由于有大量集中的物流需求的集散和交流，会形成物流通道。

3. 政策带动型

政策是物流通道形成与发展的主要保障，相关政策法规等可以引导、协调、服务物流通道的形成发展与运行保障。随着土地和基础设施越来越稀缺，影响物流通道形成与发展的相关政策可能变得更加重要。

我国相继出台了一系列政策和措施，优化物流业发展环境，从而带动各类物流通道的发展，这也是政策带动的效应。市场链、技术链和政策链三个螺旋体之间通过自组织相互协调，使系统整体向更高级更有序的方向演化。技术螺旋体负责提供技术支持；市场螺旋体中的需求力在前方拉动螺旋体；政策链提供政策保障。三个螺旋体各自形成不同的系统力，然后形成系统间的合力，最终形成总的系统合力，推动系统向前发展。

三、物流通道的资源集聚机制分析

（一）物流通道资源集聚的内涵

物流资源在某些区域的集聚现象，是物流产业发展呈现出的一种日益明显的现象，已受到国内外众多学者的关注。

美国麻省理工学院全球供应链研究中心主任尤西·谢菲教授是第一位系统开展研究物流集群的专家，他在《物流集群》一书中指出，物流集群与硅谷的 IT 产业集群、佛罗伦萨的艺术集群相类似，是一种物流活动高度密集的直观的经济地理现象。

物流通道的资源集聚是指以物流需求为指向，围绕物流价值链，各类资源在特定带状地理空间上的集中与整合。物流通道中资源集聚的目的是形成一个各类资源相互联系与流通的高效物流综合体。

（二）物流通道资源集聚机制

1. 物流通道资源集聚的要素和资源分析

要素和资源向物流通道集聚，主要包括以下 3 类：

（1）物资，或者说是物流需求。物流需求是社会经济活动派生出来的一种次生需求。物流需求的集中，会产生高信息密集、低搜寻成本的经济效应。

（2）各类物流资源。各类物流资源包括物流设施设备、物流企业、物流技术、物流信息以及物流人才等软硬件资源。物流资源的集聚能够使参与集聚的企业获得集聚经济效益、更低的交易成本、更高的共同学习能力和更多的隐性知识交流，还能带动经济增长，强化地理集中的重要性。

物流企业不仅承担了大量传统的货物装卸功能和服务，而且吸引了许多相关服务，包括配送中心、货运代理、卡车运输公司、货运代理、集装箱修理设施和包装公司。

（3）资金。物流通道一般同时会成为各公司总部的聚集地、金融中心和贸易中心。物流金融能聚集资金，服务现代物流体系。

2. 物流通道资源集聚经济效应分析

马歇尔（1920 年）在他的经典著作《经济学原理》中解释了基于外部经济的企业在同一区位集中的现象。迈克·波特关注竞争优势和集群促进创新。Van Den Heuvel（2013 年）基于马歇尔集聚经济观点说明了物流企业的集聚优势：劳动力市场，提供专业劳动力；投入共享，整合物流需求、降低运输成本、促进多式联运服务的发展；知识溢出，企业间的互动学习与创新。

Sheffi（2012 年）也指出，物流集群的独有特征，使其在集群形成和对经济增长的贡献方面具有独特性。物流通道资源集聚，具有支持规模经济、范围经济和密度经济方面的作用。此外，物流通道还为交通、信息和通信技术以及其他专业工作提供了一系列就业机会，而且由于支持其他行业，使经济基础多元化。物流通道资源的集聚也有可能通过包括劳动力在内的各种资源来改进合作伙伴关系。

基于外部性和新经济地理理论，各种要素和资源向物流通道集聚，集聚经济效应主要来源于经济外部性、柔性专业化效应和技术创新与扩散（表7-5）。当各类资源积聚到一定程度，也会产生集聚不经济效应，包括地租、通勤、拥挤和其他纯粹的不经济。

表 7-5 物流通道资源集聚的经济效应与集聚不经济效应

物流通道资源			具体表现
集聚经济效应	经济外部性	货币外部性	低成本的物流设施和物流信息平台的共享；物流劳动力市场共享；物流需求集中，高信息密集、低搜寻成本
		技术外部性	物流技术外溢
	柔性专业化	内部柔性专业化	物流技术、物流系统和管理的柔性化
		外部柔性专业化	物流企业之间既竞争又协作的、水平的网络组织提高交易效率、降低交易成本
	技术创新与扩散		获取学习经济；提高共同学习能力；增加隐性知识交流
集聚不经济效应	市场拥挤效应		市场拥挤、基础设施拥挤，导致竞争加剧、盈利能力下降
	要素瓶颈效应		过度集聚带来要素资源不能满足需求，制约发展

在信息技术与网络经济的影响下，物流通道的资源集聚机制可以认为是基于价值链的物流资源的整合与重组，会产生明显的规模经济、范围经济和密度效应。因此，物流通道应注重集聚优势内在能力的提升，确立物流通道集聚优势导向的发展战略。

3. 物流通道资源集聚的阶段分析

由于资源集聚存在集聚经济与集聚不经济效应，物流通道的资源集聚会呈现阶段性特征，具体可划分为以下3个阶段。

（1）点状集聚阶段。这个阶段，各类资源向某个点或某些点集聚，表现为形成物流枢纽或物流中心城市。物资在枢纽进行汇集然后统一分流，汇集由运输和物流服务提供商的货运流程，提供非常方便的物流协同解决方案，从而降低单位运输成本和存储成本，在网络干线上形成规模效应，提高物流资源的利用率。

物流枢纽进一步集聚可以形成物流极。物流极点通过强大的多式联运定位与集群优势相结合，对物流站点产生区位拉动作用。物流极发展到更高级别就形成物流集群。物流集群创造了一个良性循环，产生了规模效应，这确保了多式联运同步带来的高生产率以及货物流与托运人物流的兼容性。

（2）带状集聚阶段。劳动力成本、土地成本、土地可用性、拥堵程度、相对于服务市场的位置、劳动力心态和生产力以及政府政策等方面的地理差异，这些内容是决定物流场所集聚还是扩散的因素。国外学者研究发现，物流设施和配送中心在大都市区开始呈现"蔓延"现象，而物流活动在城市群区域呈现"极化"现象。这是当通道联结的两端枢纽资源集聚导致拥堵、土地利用效率降低、运输成本增加等问题出现时，各类资源有从两端枢纽沿着通道扩散的态势，这时就进入物流通道的带状聚集阶段。在带状集聚阶段，物流通道两端枢纽之间的相互作用，会导致通道内多个次级物流枢纽或大型物流池的发展。

（3）区域化集聚阶段。这个阶段，通过一些战略将通道两端的枢纽或物流集群更紧密地联系起来，扩大了通道的辐射范围。区域化集聚阶段使物流通道发展具有更高的地理尺度，即超出枢纽和通道干线周边。区域化阶段的特点是，通道上多个物流枢纽、平台、集群在功能上相互依存，甚至带动通道所依托的区域共同发展，最终形成一个区域物流网络。

四、物流通道与轴辐式物流网络经济分析

（一）轴辐式网络的内涵

轴辐式网络最早应用于美国航空业，目前它的应用已经涉及多个领域。轴辐式网络使用少量枢纽节点来作为集中、分配网络流的中心，通过合并网络流，可以使用相对更经济的大型网络设备，以更高的服务频度来提供网络服务，而网络用户则可以从更高的服务密度中受益。在这个过程中，通过枢纽实现网络流合并产生的规模经济是其中的主要因素。

在物流领域，全连通网络是指任意两个物流节点之间都相互联结，可以进行直通运输的网络布局模式。轴辐式网络将一个或多个物流节点设立成为物流枢纽，而枢纽周边较小的物流节点之间没有直通运输线路，都是通过枢纽进行中转完成衔接的。

（二）轴辐式物流网络的经济分析

轴辐式网络是一种能有效整合物流资源、提高物流资源利用效率、降低物流成本的网络结构。全连通物流网络中各节点的物资不经中转直接到达目的地；而双枢纽轴辐式网络中，节点物资需要在一个或两个枢纽中转后再抵达目的地。

轴辐式网络中各物流节点的物资先向枢纽汇集，然后分流，虽然可能增加中转成本，但可以形成规模经济效应，提高物流资源利用率，从而降低单位运

输成本、存储成本和分拣成本。同时，还可以产生集群效益，提高物流企业竞争力和市场占有率，满足客户的多样性需求，带动所在区域及城市的经济发展。由此可见，轴辐式物流网络系统具有规模经济、范围经济和密度经济的优势。

也有学者指出，物流业务量是决定物流网络结构的首要决策变量。物流量较小时，宜选择轴辐式网络。随着物流量的增加，各节点之间物流量足够大时，适合选择全连通网络。

第四节 城市群经济发展与区域物流通道的外部运行机制

一、区域物流通道空间尺度的界定与外部运行机制的内涵

（一）区域物流通道的空间尺度

我国四大城市群的核心区域，目前都已形成人口、资金、技术资源集聚，基础设施密集的狭长地带。物流资源是否依托城市群的核心区域呈带状集聚，形成物流活动密集和强大物流服务能力的物流通道系统。

长三角城市群中的沪宁合杭甬发展带成为吸聚最高端要素、汇集最优秀人才、实现最高产业发展质量的中枢发展带。粤港澳大湾区城市群包括香港特别行政区、澳门特别行政区和广东省广州市、深圳市、珠海市、佛山市、惠州市、东莞市、中山市、江门市、肇庆市。京津冀城市群以北京和天津为首，成渝城市群以成都和重庆为首，形成了联结双核的京津发展带和成渝发展带，都是典型的双核结构模式。

根据我国城市群的空间尺度，本书研究的区域物流通道尺度界定在 100～400km 范围内。

（二）物流通道外部运行机制的内涵分析

物流通道外部运行机制是指物流通道系统与所依托的地域系统或外部环境相互联系、相互作用的过程和方式。它是物流通道系统作为一个物流自组织系统，与外部环境之间形成的良性互动。

本书研究的是区域物流通道与所依托的城市群系统之间，相互联系、相互作用的过程和方式。将区域物流通道与城市群经济发展进行深层次关联分析，揭示了区域物流通道的外部运行机制。

二、城市群经济发展与物流产业集聚度分析

(一) 城市群经济发展分析

1. 城市群是中国重要的经济增长极

根据数据显示,四大城市群的 GDP 总量占到了全国的一半。但通过国外发达城市群的发展案例,我们预计四大城市群的经济占比还将有提升的空间。中国四大城市群中,有两个城市群的实力更为突出,那就是长三角城市群和粤港澳大湾区。据悉,长三角城市群被誉为全球第六大城市群,而粤港澳大湾区被誉为全球第四大湾区。2020 年,粤港澳大湾区、长三角城市群、京津冀城市群、成渝地区双城经济圈四大城市群以约全国 7.3% 的土地面积,聚集了 32.24% 的人口,创造了 46.7% 的国内生产总值,成为推动全国经济发展的重要增长极。长江三角洲城市群的 26 个城市 2020 年 GDP 破 20 万亿元,占全国 GDP 比重超二成。除京津冀城市群外,另外三大城市群在 2020 年 GDP 同比增长均超全国整体水平,其中成渝城市群同比增长 4.87%,增速超过其他城市群,凸显了我国西部地区蓬勃的发展活力和成长潜力。

反映经济密度的地均 GDP 指标,四大城市群都远远超出全国平均水平;四大城市群拥有的规模以上工业企业数量占全国的 47.2%,说明我国四大城市群是我国经济发达、人口密集、产业化集中程度较高的区域。2021 年,《中华人民共和国国民经济和社会发展第十四个五年(2021—2025 年)规划和 2035 年远景目标纲要》《成渝地区双城经济圈建设规划纲要》明确成渝地区双城经济圈全国高质量发展的重要增长极和新的动力源战略地位,成渝全国经济发展"第四极"战略定位锚定,由此我国进入了以粤港澳大湾区、长三角城市群、京津冀城市群、成渝地区双城经济圈四大增长极联动赋能全国经济高质量发展的新阶段。

2. 城市群是中国科技创新高地

我国城市群科技创新体系不断发展,四大城市群研发费用和有效发明专利数量都占到全国的 60% 以上。中国社会科学院生态文明研究所与社会科学文献出版社共同发布《城市蓝皮书:中国城市发展报告 No.15》(以下简称蓝皮书)。蓝皮书称,相较于"十一五"和"十二五"末,"十三五"末中国城市群科技创新维度指数虽然在城市群间有所差异,但均有所提高。从科技研发人员总规模看,2020 年京津冀城市群科研人员总数最多,为 102.14 万人,占所有城市群科技研发人员数的 23.3%;长三角和粤港澳大湾区占比分别为 21.26% 和 11.82%,三大城市群科技研发人员总数占比达到 50% 以上。第一财经根据蓝皮书数据计算了科技研发人员十年(2010—2020 年)增量。从增量数据看,长三角、京津冀、粤港澳大湾区分别以 43.32 万、41.06 万、36.36 万居前三位。从科技研发人员数

增速看，粤港澳大湾区是对科学研发人员最具吸引力的城市群之一，其科技研发人员总量十年增幅为235.5%，年均增长率达12.87%，居城市群之首；科研人员数量十年增幅居第二、三位的城市群是呼包鄂榆（111.2%）和成渝（93%）。

（二）城市群物流需求与物流产业集聚度分析

物流需求是社会经济活动特别是制造与经营活动所派生出的一种物的移动和存储的服务需求。我国城市群地域辽阔，针对我国城市群发展的实际情况，对城市群内的物流需求和物流产业集聚度进行分析很有必要。目前，我国四大城市群的物流需求与物流产业集聚呈现出以下特征。

1. 城市群物流需求总量和规模较大

作为线上线下融合的重要载体，快递主要数据与四大城市群的经济指标同频共振。货运量反映了生产和消费等多个领域的综合结果，由于消费活动在城市群地区占主导地位，快递更能反映消费品被最终消费的实际情况，可以通过快递业务量来反映城市群的物流需求总量与规模。2020年，四大城市群的快递业务量占全国的六成，特别是长江三角洲城市群快递业务量占全国超三成，粤港澳大湾区占比接近两成，二者总和已超全国总量的一半。与生产力（快递业务量）在四大城市群集聚不同的是，快递的投递量在我国分布更为均衡，京津冀和成渝城市群的投递量比重与人口比重基本相当。粤港澳大湾区劳动力回流带动快递揽收和投递提速，2021年月均业务量同比增长21.8%，月均投递量同比增长25.68%，双双位列城市群第一。而成渝城市群则继续释放消费购买力，2021年月均投递量同比增长21.16%。京津冀、长三角、粤港澳、成渝城市群的机场货运吞吐量占比为71.4%，四大城市群之间的航空货运量占全国35.8%。除了航空货运量在全国占有绝对优势外，公路和水运货运量都没有优势。一方面，机场主要集中在城市群中的特大城市；另一方面，可以说明城市群的货运比非城市群地区的货运有更高的单位价值和更低的货运量，这与国外发展规律一致。Gifford等人（2011年）对美国大都市区域调查已经得到这样的结论，批发贸易和出版业在大都市地区的货运中占主导地位。

2. 东部三大城市群物流产业集聚效应

产业集聚效应呈下降趋势，成渝城市群物流产业集中化和规模化程度提高很快，呈现出显著的集聚效应。物流产业集聚度是一个量化的概念，测量方法较多，包括区位基尼系数、赫芬达尔—赫希曼指数（HHI）和埃利森—格兰泽指数（EGGCI）、区位熵（location quotient，LQ）等。其中，区位熵又称专门化率，由哈盖特（Haggett）首先提出并运用于区位分析中，由于需要数据较少且易获取，应用最为广泛。区位熵通过产值或就业反映产业在某个区域的相对专业化程度，可用于检验不同尺度下物流产业集聚程度，计算公式如下：

$$LQ_{ij} = \frac{e_{ij}/e_j}{E_i/E} \tag{7-1}$$

式中，LQ_{ij} 为 j 地区 i 产业的区位熵；e_{ij} 为 j 地区 i 产业的就业人数；e_j 为 j 地区的总就业人数；E_i 为全国范围 i 产业的就业人数；E 为全国范围总就业人数。

区位熵越大，表明产业在该地区集聚程度越高。一般而言，$LQ>1$ 则认为产业专业化程度高，在全国具有竞争优势。目前我国物流产业很多专业数据较缺乏，因此采用《中国城市统计年鉴》中交通运输、仓储与邮政业就业人数表示物流产业的就业人数。

我国四大城市群东部地区的三大城市群 LQ 比较稳定，几乎等于1，与全国平均水平相当。这是由于近年来，随着物流技术的发展，东部三大城市群物流产业机械化和自动化水平提高，采用物流就业人数表征的物流产业区位熵与其他产业比，集聚程度并没有太大优势。而成渝城市群的 LQ 增幅大，地处西部的成渝城市群物流基础条件相对落后，近年来物流产业集中化和规模化程度提高很快，呈现出较显著的集聚效应。

长三角中的上海和南京，珠三角中的广州和深圳，京津冀中的北京和天津，成渝中的成都和重庆，历年来均是 $LQ>1$ 的核心枢纽城市。四个城市群 $LQ>1$ 的城市显著增多。城市群中多数城市的 LQ 都略有下降，而成渝城市群多数城市的 LQ 呈现上升趋势。这与我国多数特大城市用地紧张有关，同时也表明东部城市群的物流产业开始向外扩张和蔓延，物流资源已经进入轴状集聚和区域集聚阶段。

3. 城市群物流活动相对集约程度

相对集约程度呈增大趋势，而京津冀城市群物流活动由核心枢纽城市向外疏解扩张，相对集约程度下降。

区位熵指标 LQ 未考虑不同城市区域面积差异，将地域面积与物流产业集聚程度之间的影响关联起来，引入产业密度区位熵指标，通过产值或就业密度，反映产业在某区域的相对集约程度。LDQ 值越大，说明产业空间分布上越集中。计算公式如下：

$$LDQ_{ij} = \frac{e_{ij}/s_j}{E_i/S} \tag{7-2}$$

式中，LDQ_{ij} 为 j 地区 i 产业的密度区位熵；e_{ij} 为 j 地区 i 产业的就业人数；s_j 为 j 地区的土地面积；E_i 为 i 产业全国就业人数；S 为全国的土地面积。

采用《中国城市统计年鉴》中交通运输、仓储与邮政业就业人数表示物流产业的就业人数。四大城市群物流产业集聚度在全国都处于领先水平。物流产业密度区位熵 LDQ 的排序是长三角>粤港澳>京津冀>成渝。珠三角9个主要城市，区域面积小，用地相对紧张，单位土地面积的物流产业承载量大，物流产业相对集约程度最高。除京津冀城市群，其他3个城市群物流活动的相对集约程度都呈增大趋势。

比如京津冀城市群14个城市中的12个城市物流产业密度区位熵 LDQ 都在下降，说明物流产业相对集约程度下降。特别是首都北京，饱受人口拥挤、交通拥堵、公共资源紧张等"大城市病"的困扰，近年来开始有序疏解自身非首都功能，严控新增人口，因此物流产业密度区位熵 LDQ 迅速下降。河北廊坊和河南安阳2个城市的 LDQ 在增加，尤其是地处京津物流通道中间位置的廊坊市，其 LDQ 不降反升，增速超过100%。这也说明北京和天津的物流产业集聚，开始从点状集聚，沿京津之间的通道向周边卫星城市扩张和蔓延。

4. 物流产业的就业集聚

物流产业的就业呈空间集聚，东部三大城市群物流产业空间集聚稳定，西部成渝城市群物流产业空间集聚程度更高。

与收入基尼系数反映收入分配的不均等程度类似，产业区位基尼系数可以刻画产业空间分布的不均匀程度。区位基尼系数的取值范围为0到1，值越大，表明产业在空间上的分布越不均匀。换言之，产业的区位基尼系数越大，产业的空间集聚程度越高。将物流视为一个整体产业，以物流产业就业人数的份额来计算我国四大城市群内物流产业的区位基尼系数。通过观察这一系数的变动，便可清晰地观察到城市群内物流产业集聚的分布情况。计算公式如下：

$$G = \frac{1}{2n^2\mu} \sum_{j=1}^{n} \sum_{i=1}^{n} |Y_j - Y_i| \qquad (7-3)$$

式中，G 为物流产业区位基尼系数；Y_i 为研究区域中 i 地区物流产业规模（就业人数、产值或增加值）占研究区域总物流产业规模的比重；Y_j 为研究区域中 j 地区物流产业规模（就业人数、产值或增加值）占研究区域总物流产业规模的比重；μ 为研究区域中各地市物流产业规模比重的平均值；n 为研究区域中城市的数量。

采用《中国城市统计年鉴》中交通运输、仓储与邮政业从业人数表示物流产业的就业人数。四大城市群区位基尼系数都大于0.6，表明四大城市群中物流产业的空间分布都不均匀，集聚化程度较高。我国东部三大城市群的 G 值近10年时间变化不大，说明这三大城市群的物流产业空间集聚已经趋于稳定，物流资源已经进入轴状集聚和区域集聚阶段。而西部的成渝城市群物流产业空间集聚还处于点状集聚阶段，空间分布不均匀。核心城市成都和重庆具有交通区位条件优越、物流需求量大，是大型物流企业西部区域总部和电子商务企业西部地区总仓库的主要集聚地，成为吸纳物流就业的主要区域，导致成渝城市群内物流产业集聚程度和空间分布不均匀。

（三）区域物流通道的识别

为更直观地显示城市群中物流资源集聚的经济地理现象，下面用城市群中各城市的物流产业密度区位熵 LDQ，来表征各城市的物流业务集聚强度。

长三角 26 个城市中，上海物流集聚强度最强，浙沪核心地区城市表现出较强的物流集聚力。目前形成了联结安徽合肥以及苏浙沪核心地区城市（包括南京、镇江、常州、无锡、苏州、上海、嘉兴、杭州、绍兴和宁波）的多枢纽物流通道，在沪宁合杭甬城市带上，可称为沪宁合杭甬物流通道。

珠三角 9 个城市中，深圳物流集聚强度排名第一。城市群中形成了联结广州、东莞和深圳的珠江口东岸物流通道，以及联结佛山、中山和珠海的珠江口西岸物流通道，这 4 个城市的物流集聚强度远远超越其他 5 个城市。

京津冀 13 个城市中，北京和天津物流集聚强度显示明显的双核模式，物流产业相对集约程度远远超越其他 11 个城市。联结北京和天津形成了双核京津物流通道。

成渝城市群 15 个城市中，成都和重庆物流集聚也有明显的双核模式，物流集聚程度远远超越其他 13 个城市。联结成都和重庆形成了典型的双核成渝物流通道。其中，成渝城市群中重庆共有 27 个区（县），21 个区（县）在重庆 1 小时经济圈，根据常住人口的比例，分别估算重庆市相应区域的交通运输、仓储与邮政业从业人数，得到重庆 1 小时经济圈内 21 个区（县）物流集聚强度为 22.36，明显高于其余 6 个区（县）的 3.57 水平。

上述说明，物流产业密度区位熵 LDQ 可以作为表征物流集聚强度的重要指标之一。根据该指标可以较清晰地识别物流通道的空间布局。四大城市群的物流通道与城市群中的核心地带是一致的。四大城市群 65 个城市群中，LDQ 排名前 25 位的城市均位于四大城市群中的物流通道上。LDQ 排名前 10 的城市都是区域物流通道联结的两端物流枢纽城市。

三、区域物流通道的廊道效应分析

（一）物流通道廊道效应的内涵

物流通道不是单纯的物流基础设施，在不同区域尺度，物流通道具有明显的规模经济效应，吸引物资、资金、技术和信息向物流通道集中并扩散，从而促进物流通道所在地域产业和经济的发展。本书采用廊道效应这一概念来描述物流通道作为物流网络骨干，对所在地域产生的影响。

将区域物流通道抽象为一条连接至少两个中心城市（枢纽点）的束状物流

动脉，借鉴经典力学及引力场理论对物流通道产生的廊道效应进行分析。廊道效应包括流通效应和场效应。

1. 流通效应

城市群中的枢纽城市同时也是城市群的物流枢纽。物流通道的基本功能就是快速输送大量物资。物流通道的流通效应主要体现为：加速通道内要素的流通速度，加强物流通道所联结区域之间的联系。简言之，物流通道具有大规模、高效率、高服务水平的优势，是流通阻力最小的路径。

2. 场效应

物流通道的场效应是指围绕物流通道周围一定范围内存在着效应梯度场。物流通道可抽象为一条连接一个或多个物流节点的"聚合线"，物流枢纽和节点是物流产生与吸引地，物流模拟成质点的移动。

根据牛顿经典力学框架下对引力场的定义，质点周围将产生引力场。将物流通道视为一条具有质量的线，将物流通道对周围地区产生社会经济活动影响的作用称为"场效应"，效应梯度场称为"效应场"。借鉴经典力学理论，用引力场来描述物流通道效应场的空间作用形态，以及效应场强度的分布。效应场是指在物流通道所依托的地域实体一定范围内，存在各类要素集聚、社会经济联系紧密的地域空间。效应场内是各类要素集聚和社会经济活动频繁的地带。

（二）物流通道流通效应分析

如图 7-1 所示，两个物流枢纽（Hub）H_A 和 H_B 之间由干线连接，也就是物流通道，是网络中的"轴"。枢纽周边有物流节点 O 和 P 的物资在物流枢纽进行集散。物流节点与枢纽间是普通线路，也就是网络中的"辐"。物流节点间的线路属于网络中的支线。

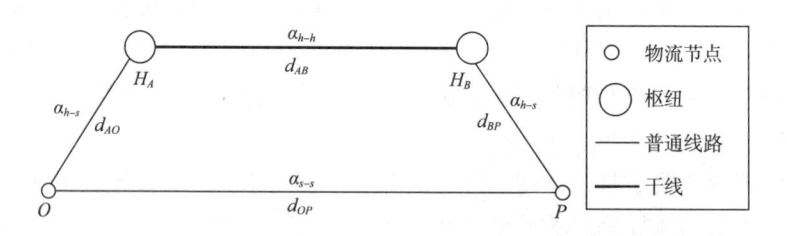

图 7-1 物流通道的流通效应示意图

在不同研究领域，可达性有不同的内涵，其度量方法也有很多。这里借鉴 Koenig（1980 年）对交通运输领域可达性的定义，认为可达性是在物流网络中从一个节点到另一个节点的容易程度，可用重力度量法对可达性进行衡量。重力模型法的思想来源于物理学的万有引力定律。重力模型法将空间上各吸引点的空间效应随距离而衰减与各吸引点自身的引力规模结合起来衡量可达性水平，吸引点和度量点之间的作用力规模越大、距离越小，可达性水平越高。地理学领域有著名的 ArcGIS 软件系统也采用重力模型法来定义空间上某一点的可达性。计算公式如下：

$$A_{ij} = \alpha_{ij} \cdot \frac{M_i M_j}{d_{ij}^2} \qquad (7-4)$$

式中，A_{ij} 为物流节点 i 与 j 之间的可达性；α_{ij} 为物流节点 i 与 j 之间的可达性系数；d_{ij} 为物流节点 i 与 j 之间的距离；M_i 为物流节点 i 规模；M_j 为物流节点 j 规模。

物流通道联结物流网络中的物流枢纽，物流枢纽在规模和资源集聚程度都是物流网络中最大的。枢纽（Hub）的质量是大于普通物流节点的质量，即 $M_h > M_c$。根据大道定理，物流通道上路径的可达性系数大于"辐"线上可达性系数，大于支线上的可达性系数，即 $\alpha_{h-h} > \alpha_{h-s} > \alpha_{s-s}$。

最小阻力面模型（minimum cumulative resistance，MCR）能较好地反映物质从起源地到目的地的运动可能性和趋向性。

参考该模型，物流节点间的物流阻力，可以表示为：

$$F_{ij} = d_{ij} R_{ij} \qquad (7-5)$$

式中，F_{ij} 为物流节点 i 与 j 之间的物流阻力；d_{ij} 为从物流节点 i 到 j 之间的空间距离；R_{ij} 为从物流节点 i 出发到 j 点的空间转移过程中的阻力系数。

取 $R_{ij} = \frac{\lambda}{A_{ij}}$，$\lambda$ 为可达性阻力转化系数，A_{ij} 为物流节点 i 与 j 之间的可达性；则式（7-5）可以转化为：

$$F_{ij} = \frac{\lambda d_{ij}^3}{a_{ij} M_i M_j} \qquad (7-6)$$

可以得到图 7-2。

由图 7-2 可以看出，当距离相同时，可以得到 $F_{h-h} > F_{h-s} > F_{s-s}$，即网络中通道干线上的物流活动阻力小于"辐"线上的物流活动阻力，小于支线上的物流活动阻力。由此证明，物流通道具有大规模、高效率、高服务水平的优势，是物流网络中物流阻力最小的路径。

进一步参考能量守恒定律，可以给出物流活动的时间公式：

$$T = \frac{F \cdot d}{p} = \frac{\lambda d_{ij}^4}{\alpha p M_i M_j} \qquad (7-7)$$

式中，T 为物流活动（主要指位移）所需时间；F 为物流活动阻力；d 为物流活动发生的距离；p 为开展物流活动的物流设施和工具的输出功率。

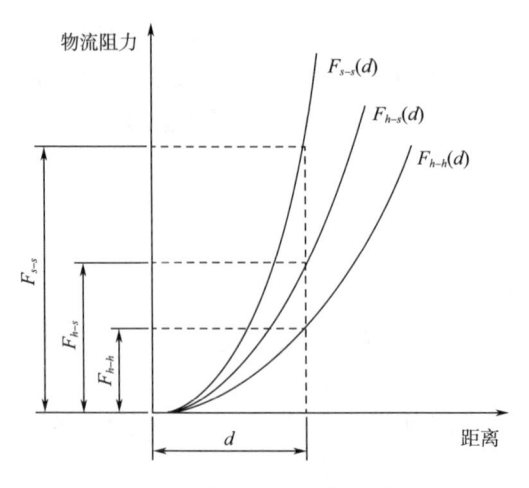

图 7-2 物流阻力变化示意图

（三）物流通道效应场分析

1. 物流通道的节点效应场分析

物流枢纽对外部有吸引、辐射能力，相当于一个质点，因此单个物流枢纽的效应场可利用质点引力场来表示。物流枢纽城市对外部吸引、辐射能力，可用质量点的质量 M 来表示，与城市的人口规模和经济实力等有关。可用物流枢纽城市发生、吸引的物流量作为量化物流枢纽的规模大小、外吸引和辐射能力的指标。根据万有引力模型，以物流枢纽为圆心，则效应场中任意点的引力场强度为：

$$E = G\frac{M}{r^2} \tag{7-8}$$

式中，E 为效应场中任意点的引力场强度；G 为比例系数，与场介质的地理、资源、经济实力、政策环境等因素相关；M 为场源（物流枢纽城市）发生和吸引的物流量；r 为效应场中某点到场源（物流枢纽城市）的实际可达距离。

由式（7-8）可知，场源经济实力越强，发生和吸引的物流量越大，即质点的质量越大，场源对周围的经济辐射能力越强，引力场的场强越大。引力场的场强遵循距离衰减定律，形成以场源为中心的同心圆效应梯度场。

区域物流通道通常联结两个及以上物流枢纽城市。因此，需要对双枢纽的效应场进行研究。假设城市 H_A 和 H_B 之间存在互补性，可将城市 H_A 和 H_B 简化成两个同质同量的节点，节点周围为均质地域。它们相互作用的效应场可用一对等质等量的节点引力场表示，如图 7-3 所示。

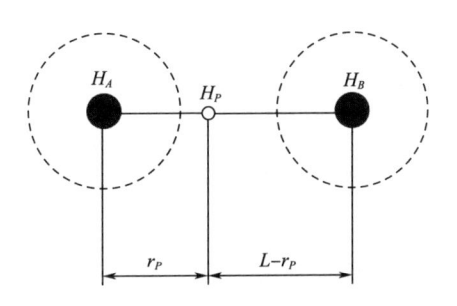

图 7-3 两个相同质量节点相互作用的引力效应场

设 $H_A \to H_B$ 为场强正方向，如图 7-3 所示，在双节点效应场中间地带的 H_P 点，与 H_A 节点的可达距离为 r_P，与 H_B 节点的可达距离为 $L-r_P$，H_P 点处场强为：

$$E_P = \frac{G_B M_B}{(L-r_P)^2} - \frac{G_A M_A}{r_P^2} \tag{7-9}$$

在经济实力水平相当的双枢纽场源 1/2 节点处，场强最小，场强大小为 0。枢纽场源的引力作用在 1/2 节点最小。因此，在联结两个枢纽的物流通道 1/2 位置的资源要素未被吸引到两端枢纽的场源去，反而最容易形成新的聚合质点，发展成为区域新的次级物流中心城市。

2. 物流通道的线效应场分析

基于引力模型，物流通道中物流线路作为具有质量的线，会对物流通道沿线周边的任一资源点位生成引力场，在周边点位与场线构成的平面上（图 7-4）。

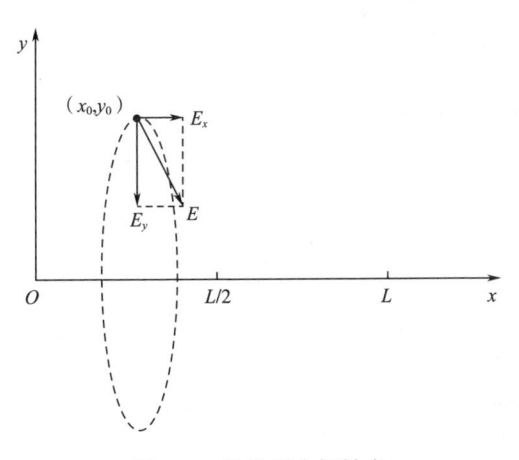

图 7-4 线的引力场效应

设 x 轴正方向为水平力正方向，y 轴负方向为垂直力的正方向，物流通道中第 i 条线路的场强 E_i 由方向平行于物流通道的水平场强 E_{x_i} 以及方向垂直于物流

通道的垂直场强 E_{y_i} 共同组成。

$$E_{x_i} = \int_0^L \frac{Gm_i \frac{dx}{L}}{(x-x_0)^2 + y_0^2} \times \frac{x-x_0}{\sqrt{(x-x_0)^2 + y^2}} \quad (7\text{-}10)$$

$$= \frac{Gm_i}{L} \left(\frac{1}{\sqrt{x_0^2 + y_0^2}} - \frac{1}{\sqrt{(L-x_0)^2 + y_0^2}} \right)$$

$$E_{y_i} = \int_0^L \frac{Gm_i \frac{dx}{L}}{(x-x_0)^2 + y_0^2} \times \frac{y_0}{\sqrt{(x-x_0)^2 + y^2}} \quad (7\text{-}11)$$

$$= \frac{Gm_i}{Ly_0} \left(\frac{L-x_0}{\sqrt{(L-x_0)^2 + y_0^2}} - \frac{x_0}{\sqrt{x_0^2 + y_0^2}} \right)$$

式中，L 为物流通道长度，也是通道中第 i 条线路的长度；G 为比例系数，与场介质的自然、经济和政策环境等因素相关；m_i 为物流通道中第 i 条线路的物流资源量与承担的物流量。

由此可以得到物流通道中第 i 条线路的引力场强 E_i。

$$E_i = \sqrt{E_{x_i}^2 + E_{y_i}^2} \quad (7\text{-}12)$$

假设物流通道中一共有 n 条平行的线路，根据引力场强度的叠加原理。此时物流通道效应场中任意点的场强可表示为：

$$E_x = \sum_{i=1}^n \frac{Gm_i}{L} \left(\frac{1}{\sqrt{x_0^2 + y_0^2}} - \frac{1}{\sqrt{(L-x_0)^2 + y_0^2}} \right) \quad (7\text{-}13)$$

$$E_y = \sum_{i=1}^n \frac{Gm_i}{Ly_0} \left(\frac{L-x_0}{\sqrt{(L-x_0)^2 + y_0^2}} - \frac{x_0}{\sqrt{x_0^2 + y_0^2}} \right) \quad (7\text{-}14)$$

$$E = \sqrt{E_x^2 + E_y^2} \quad (7\text{-}15)$$

垂直场强 E_y 的方向是从场线周围任意一点垂直指向场线，即场线对于周围任意一点存在引力，会使周围资源点向场线集聚。水平场强 E_x，根据式（7-13）可以看出当且仅当 $x_0 = L/2$ 时，即场线中垂线上任意一点的水平场强为 0，其余点水平场强方向均平行于场线且指向场线中垂线，表明场线产生的引力场会令周围资源点向场线中垂线集聚。最终，场线周边资源点受总场强 E 的影响，会集聚在场线中点或中点附近。若物流通道沿线共有 k 个节点城市，那么有 $\sum_{i=1}^n m_i < \sum_{j=1}^k M_j$，表示物流通道上所有线路的物流量应小于所有沿线城市节点产生和吸引的物流总量。

3. 物流通道点、线效应场的叠加

物流通道由点、线构成，因而物流通道产生的效应场是节点效应场与线效应场的叠加。当两个同质同量的城市物流节点之间有干线连接形成物流通道时，线路与两个物流节点的效应场发生叠加。根据式（7-10）和式（7-12）可知，在物流通道的1/2处，点的场强和线的场强强度都是最小的，因此宏观上会形成图7-5（a）中纺锤形的带状效应场。若物流通道沿线已经形成了多个物流节点时，物流通道效应场的宏观空间形式如图7-5（b）所示。

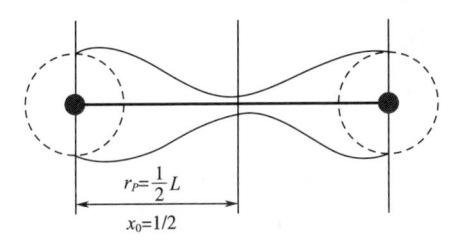

（a）同质量双枢纽物流通道的引力效应场

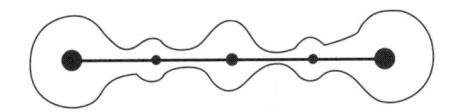

（b）多节点物流通道的引力效应场

图7-5 物流通道引力效应场示意图

（四）物流通道廊道效应的点轴发展过程

点轴系统理论将增长极理论和生长轴理论有机结合起来，指出产业的集聚与扩散往往是沿着阻力最小的方向，即交通轴线展开的。

效应场中强度量差产生的人口、物资的流动力称为效应场力。以物流通道为观察坐标，效应场力包含了极化力和扩散力。极化力产生集聚效应，是使效应物（人口、物资、技术、资金等资源）集聚的过程，是场效应在某一区位空间的发生与发展；扩散力产生扩散效应，是使效应物极化过程累积到一定程度后向外分散的过程，是场效应在空间中的必然结果。图7-6以双枢纽物流通道为例，描述了物流通道廊道效应点轴发展过程。

（1）出现H_A、H_B两个较大规模的城市物流枢纽，两个枢纽之间形成可达性较好的物流干线，这是双枢纽物流通道形成的初级阶段，如图7-6（a）所示。

（2）由于物流通道的场效应，物流通道周围一定范围内存在着效应梯度场，效应场中强度量差会产生各类资源集聚和扩散的效应场力。此阶段以极化效应为主，表现为点的集聚。人口、物资、资金、技术等资源等向物流通道两翼的物流

枢纽城市 H_A、H_B 集聚，使 H_A、H_B 两城市物流枢纽规模不断扩大。流通效应加强了 H_A、H_B 两城市之间的联系，枢纽城市之间物流通道的可达性和服务水平进一步提高，如图 7-6（b）所示。

（3）当极化过程累积到一定程度，出现集聚不经济现象时，物流通道场效应以点的扩散效应为主。H_A 和 H_B 枢纽城市的人口、物资、资金技术等开始向外进行辐射和传播。物流通道两翼枢纽场效应沿着物流通道扩散。物流通道流通效应进一步加速、加强了场效应（包括极化效应和扩散效应）在物流通道上的轴向传播。在经济实力水平相当的双枢纽物流通道的 1/2 处，容易形成区域新的次级物流中心城市 H_C，如图 7-6（c）所示。

（4）由于物流通道场效应的极化和扩散效应交替作用，以及流通效应的加速作用，在物流通道枢纽 H_A 和 H_B 的 1/2 长的 1/2 处 H_D，也将形成一个次于 H_C 点等级的物流枢纽。物流通道沿线开始形成物流基础设施最发达、可达性最高、人口和资源集中的发展轴。物流通道就进入带状集聚阶段，如图 7-6（d）所示。

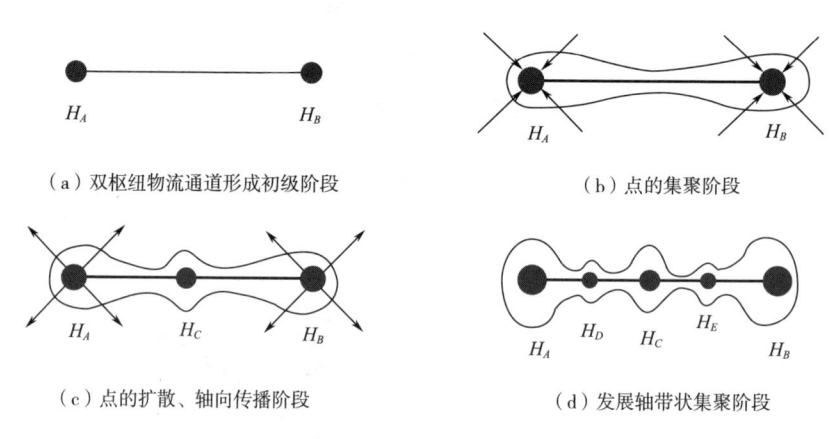

（a）双枢纽物流通道形成初级阶段

（b）点的集聚阶段

（c）点的扩散、轴向传播阶段

（d）发展轴带状集聚阶段

图 7-6 物流通道廊道效应的点轴发展过程

四、区域物流通道与城市群的耦合效应分析

（一）区域物流通道与城市群耦合的概念

耦合是物理学的一个基本概念，是指两个或两个以上的系统或运动方式之间相互作用、相互影响的现象。

区域物流通道与城市群是两个开放的系统，两者之间的耦合是指这两个系统相互作用、彼此影响以至协同的现象。一方面，区域物流通道的形成与发展离不开所依托的城市群地域系统；另一方面，区域物流通道作为基础设施发展轴、产业发展轴和经济发展轴对城市群的发展有引导作用。

(二）区域物流通道与城市群的耦合机理

1. 功能

我国的城市群要发展成为资源配置合理、均衡发展、生态环境良好的网络化城市群，需要达到以下功能。

（1）打破区域内部空间壁垒，加速区域一体化与协同发展，建设共享平台，使城市群的竞争力不断提高。

（2）立足城市群各城市的比较优势，优化城市群的空间结构。

（3）统筹协调资源开发利用和生态环境建设，提高城市群资源环境承载力。

2. 途径

区域物流通道的发展目标是发挥廊道效应，在物流网络中具有最优的可达性与服务能力。从功能层上看，其内容除包括基础设施发展轴这个基本功能外，还要充分发挥其廊道效应，成为区域的产业发展轴和经济发展轴。区域物流通道与城市群相互影响的关系可定义为耦合关系。两者耦合效应的主要有以下两条途径：

（1）充分发挥物流通道基本的物流网络骨干功能，通过可达性、企业布局和物流设施选址、土地的集中开发等方式来加强城市群与区域物流通道之间的关系。具体措施是通过相关措施，使达到物流供给和需求的均衡。

（2）充分发挥物流通道的廊道效应，使区域物流通道作为基础设施发展轴、产业发展轴和经济发展轴，与城市群的发展相互协调。微观层面上从土地规划、企业布局和物流设施选址等方面实现耦合效应。发挥区域物流通道的区位优势和对土地开发的引导作用，有效地引导资源的合理配置，促进城市群产业布局和空间结构的优化。同时，提高城市群对内对外的可达性，便利各类资源的流通和交换。另外，城市群经济的发展会产生大量的物流需求，促使物流通道的形成与发展。

第五节　成渝城市群经济发展与成渝物流通道的运行

一、成渝城市群经济发展分析

成渝城市群是西部经济基础最好、经济实力最强的区域之一，电子信息、装备制造和金融等产业实力较为雄厚，在国内外均具有较强的影响力。人力资源丰富，创新创业环境较好，统筹城乡综合配套等改革经验丰富，开放型经济体系正在形成，未来发展空间和潜力巨大。

（一）城市群经济增长快，在全国的经济地位不断提升

2021年成渝地区双城经济圈实现地区生产总值73919.2亿元，同比增长8.5%，经济增速较上年提高4.5个百分点，其经济总量占全国比重为6.5%，占西部地区比重为30.8%，比西部地区平均水平高出1.1个百分点，经济发展增速领跑西部。成渝城市群生产总值占全国的比例也呈上升趋势，在全国的经济地位不断提升。虽然成渝城市群与东部三大城市群相比还有较大差距，但仍是中国西部经济实力最强的区域。

近年来，随着电子商务的发展，成都和重庆电子商务交易规模扩大并保持高速增长态势。特别是成都作为西部商贸中心，拉动消费力度强。2020年成渝地区双城经济圈社会消费品零售总额达到34553.6亿元，同比增长17%，增速比全国高4.5个百分点。

（二）经济和人口分布不均衡，成都和重庆双核地位明显

成渝城市群幅员辽阔，不同城市在面积、人口分布、经济发展水平、地形地质条件等方面存在很大差异。重庆和成都两个城市的核心地位非常突出。

2014年国务院印发《关于调整城市规模划分标准的通知》，以城区常住人口为统计口径，城区常住人口100万以上500万以下的城市为大城市，其中300万以上500万以下的城市为Ⅰ型大城市，100万以上300万以下的城市为Ⅱ型大城市；城区常住人口500万以上1000万以下的城市为特大城市；城区常住人口1000万以上的城市为超大城市。按照这个划分标准，成渝城市群中重庆和成都属于超大城市，南充和达州属于特大城市。

此外，城市群中只有重庆市主城9区和成都市常住人口比户籍人口多，人口集聚力强，重庆主城9区和成都市以外的地区劳动力流失都较为严重，是劳务输出的重要地区。2022年重庆户籍人口3414.7万，常住人口3213.3万，差值高达200万。

（三）城市群城镇化水平

总体呈增长趋势，2017年首次超过全国平均水平，内部差距大。地处西部的成渝城市群，近年来城镇化发展总体保持稳步上升趋势。2011~2019年，成渝城镇化水平从45.3%提高至57.3%，年均增长1.5个百分点，超过同期全国的1.2个百分点的增长速度，而增速来源主要是县级层面——县域城镇人口增长速度高达5.6%，不仅超过全域平均速度，更远高于地级市市区层面年增2.7%的速度。重庆和四川省内部城镇化发展差距大，重庆主城9区和成都市进入了城镇化发展成熟阶段。而城市群中四川省其余14个地级市城镇化水平都低于城市群平均水平；成渝城市群内重庆27个区县有11个县城镇化水平低于城市群平均水平。

二、成渝物流通道特征分析

（一）成渝城市群物流资源配置与通道特征分析

1. 城市群各城市物流资源配置差异大，沿成渝物流通道带状集聚

2022 年，在成渝地区双城经济圈口岸物流体系合作共建签约仪式上，公布了首批 12 个成渝地区双城经济圈协同共建重点物流园区名单。西南（自贡）国际陆港榜上有名，成为四川省入选的 6 个重点物流园区之一。首批共建重点物流园区名单共 12 个，包括重庆陆港型国家物流枢纽、成都国际铁路港、重庆空港型国家物流枢纽、重庆果园港国家物流枢纽、遂宁西部铁路物流园、西南（自贡）国际陆港、达州秦巴物流园区、万州新田物流产业园、泸州西南商贸物流园、荣昌川南渝西综合物流园、广安华蓥市物流园区、重庆渭沱物流园。其中，成渝物流通道上的重庆、成都和遂宁单个物流园区平均占地规模较大。成渝城市群公路密度高于城市群平均水平的有重庆、成都、自贡、遂宁、内江、资阳、南充和广安。除南充和广安外，公路密度高于成渝城市群平均水平的城市均位于成渝物流通道上，可以说明成渝物流通道是城市群中物流基础设施的带状集聚地带。

2. 成都和重庆的双核枢纽地位明显

2021 年，成渝双向货物运输量达 3.79 亿吨，其中公路运输约 3.6 亿吨，占总运量的 95%。重庆市人民政府办公厅印发《重庆市推进多式联运发展优化调整运输结构工作方案（2021—2025 年）》（以下简称《方案》），将大力发展多式联运，推动各种交通运输方式深度融合，进一步优化调整运输结构，提升综合运输效率，降低社会物流成本，促进节能减排降碳。按照《方案》要求，到 2025 年，全市运输结构调整取得显著成效，基本形成大宗货物及集装箱中长距离运输以铁路和水路为主的发展格局。与 2020 年相比，铁路货运量增加 2300 万吨左右、增长 120% 左右，铁路货运量占比力争提高至 3% 左右；水路货运量增长 12% 左右，港口货物吞吐量中"铁水联运"量比例达到 15%，集装箱"铁水联运"量年均增长 15% 以上。

2021 年，成渝城市群快递业务 68230 亿元，成都市快递业务收入实现 165.69 亿元，占成渝城市群总收入的 0.24%；重庆快递业务收入实现 103 亿元，占成渝城市群总收入的 0.15%；快递业务量表征的物流需求总量与强度，说明成都和重庆的双核物流枢纽地位明显，与人口和经济的双核地位一致。同时，也表明成都比重庆更具有明显的商贸中心特征。

3. 成渝高速公路发展不均

成渝南线高速公路拥挤，特大货车和中货车占比高；成渝北线遂渝高速较通

畅、速度快，小货车占比较高；成渝中线的发展后劲足。位于成渝物流通道南线的成渝高速公路技术标准低、里程长，而北线和中线的高速公路里程相对较短，特别是位于中线的成安渝高速公路技术标准高，里程最短。由于成渝高速公路最早通车，拥挤程度高，特大货车和中货车占比很高。而成渝北线的遂渝高速目前较通畅、速度快，小货车占比较高。

根据四川省公路交通量统计分析报告，2021年四川省等级公路线路里程数为384891.34公里，较上年增加了5630.95公里，同比增长1.48%，其中高速公路线路里程数为8608.34公里，较上年增加了468公里，同比增长5.75%，占2.24%，等外公路线路里程数为14007.59公里，较上年减少了1103.08公里，同比下降7.3%。

货车流量排名靠前的路线为：成都绕城高速（G4201）、遂内高速（S11）、成自泸高速（G4215）、老成渝高速（G76+G85）、成遂渝高速（G42）、成绵广和成雅高速（G5）、广南高速+南渝高速（G75）。除了成绵广高速的绵阳—广元段与广南高速（广元—南充）不在成渝城市群范围内，其他均在成渝城市群的范围内。货车占比排名靠前的路线依次为：遂内高速（S11）、宜宾—叙永公路（S309）、南部—仪陇公路（S204）、广元—巴中—达州—万州高速（G542）、都汶高速（G4217）、成自泸高速（G4215）、成乐高速（G5012）。

其中，遂内高速货车占比高达85%。遂内高速是连接川南和川北的主要通道，属于成渝城市群的腹心地带，是成渝物流通道内联结成渝南线、中线和北线的横向通道。根据四川省公路交通量统计分析报告，四川省出川方向中，重庆方向的车流量最多，占到出川车总车流量的41.3%，说明成渝之间依然是成渝城市群里面交流最频繁和物流量最大的地带。根据以上分析，成渝通道中三条轴线的功能与定位分析见表7-6。

表7-6 成渝通道中三条轴线的功能与定位分析

发展轴线		高速公路	在成渝物流通道中的功能与定位分析
成渝南线	成都—内江—重庆	成渝高速（1996年）	主要承担成渝之间中短途货运，经由通道与川南城镇密集区之间的货运需求，以及进城市群南向的货运需求
成渝北线	成都—遂宁—重庆	成遂渝高速（2007年）	主要承担成渝之间中短途货运，经由通道与南遂广城镇密集区之间的货运需求以及进城市群东向的货物需求
成渝中线	成都—安岳—重庆	成安渝高速（2016年）	快速轴线，主要承担成渝之间直通货运需求，以及中长距离对外货运需求

回顾成渝物流通道南线和北线的发展历程，当物流通道中仅有成渝南线的成

渝高速公路时，位于成渝南线 1/2 处的内江市，在成渝物流通道中发挥着次级物流中心的重要作用。随着成渝北线的成遂渝高速的建成，运输里程缩短、技术标准提高，位于成渝北线 1/2 处的遂宁市，地处成渝城市群的核心地带，成为区域新的次级物流中心城市，在成渝物流通道上发挥着重要作用。而内江在区域物流通道中的物流中心作用有所下降。这正好印证了物流通道中廊道效应的点轴发展过程，是物流枢纽场效应在物流通道上的轴向传播结果。成渝物流通道上，物流基础设施布局和直通物流分担量将逐步呈现从成渝南线向成渝北线和中线转移的趋势。

2016 年年底建成通车的成安渝高速公路位于成渝中线，技术标准高，里程短。随着成都新机场的建设和简阳市行政区划的调整，未来成渝中线的发展后劲最足，将成为城市群中物流企业和物流节点布局的重点轴线。位于成渝中线 1/2 处的安岳，地处成安渝高速和内遂高速的交汇处，可以预见将成为区域新的次级物流中心城市。

（二）成渝城市群中物流企业空间布局分析

1. 成渝城市群物流企业研究样本

2005 年 3 月 23 日我国正式发布《物流企业分类与评估指标》（GB/T 19680—2013），对物流企业的分类原则、物流企业的类型和评估指标进行了规定。此标准适用于界定、分类、评估、规范、管理物流企业，并能系统地反映出物流企业的综合能力，物流企业可划分为 5A、4A、3A、2A、1A 五个等级。5A 级最高，1A 级最低。按不同业务功能，我国物流企业分为运输型、仓储型以及综合服务型物流企业。标准自颁布实施以来，通过中国物流与采购联合会的 A 级物流企业综合评估工作得到了全面贯彻实施。伴随 A 级物流企业评估工作的持续有序推进，目前 A 级物流企业评估已成为社会各界了解和评判物流企业的重要依据。本书选取中国物流与采购联合会公布的城市群内 A 级物流企业进行研究。成渝城市群 1~27 批 A 级物流企业统计级分布情况见表 7-7。

表 7-7 成渝城市群 1~27 批 A 级物流企业统计及分布情况

序号	城市	5A	4A	3A	2A	1A	合计	比例/%
1	重庆	5	10	23	7	—	45	17.9
2	成都	5	34	76	10	—	125	49.8
3	自贡	—	1	2	2	—	5	2.0
4	泸州	—	1	15	5	—	21	8.4
5	德阳	—	—	2	3	—	5	2.0
6	绵阳	—	—	5	—	—	5	2.0

续表

序号	城市	5A	4A	3A	2A	1A	合计	比例/%
7	遂宁	—	1	1	3	—	5	2.0
8	内江	—	—	1	—	—	1	0.4
9	乐山	—	1	5	—	—	6	2.4
10	南充	—	2	3	1	—	6	2.4
11	眉山	—	2	3	1	—	6	2.4
12	宜宾	—	1	3	3	—	7	2.8
13	广安	—	—	—	2	—	2	0.8
14	达州	—	1	3	—	—	4	1.6
15	雅安	—	—	1	2	—	3	1.2
16	资阳	—	2	1	2	—	5	2.0
合计		10	58	145	38	0	251	100.0
比例/%		4.0	23.1	57.8	15.1	0	100.0	

资料来源：根据中国物流与采购联合会公布的数据整理。

截至2019年12月，成渝城市群共有251家A级物流企业。成渝城市群内的物流企业多数是4A、3A、2A级的中等水平，占总量的95.6%。其中，67.7%的A级物流企业分布在重庆和成都两大城市。代表水平最高的5A级物流企业只有10家，都位于成都市和重庆市（表7-8）。

表7-8 成渝城市群5A物流企业基本情况

所在城市		5A物流企业名称	主要业务
成都	1	四川长虹民生物流有限公司	干线运输、国际货代、仓储配送一体化、供应链管理体系、信息化管理体系、个性化物流等
	2	四川安吉物流	物流方案策划、货运代理、普通货物运输、集装箱运输、三级危险品运输、仓储配送和货物包装分拣、国际国内货运代理、汽车销售、汽车维修检测、驾驶培训等
	3	中国铁路成都局集团有限公司	铁路运输代理、仓储、装卸、配送等
	4	准时达供应链管理有限公司	货运代理、报关报检、市场运营和大件运输
	5	成都中铁西南国际物流有限公司	铁路运输代理、仓储、装卸、配送、大件国联、五定班列、运贸一体化经营等

续表

所在城市		5A 物流企业名称	主要业务
重庆	1	长安民生物流	整车物流、零部件仓储配送、取货物流报税物流、包装物流、轮胎分装
	2	重庆轮船（集团）有限公司	保税物流、滚装运输、集装箱运输、危险化学品运输等
	3	重庆保时达报税物流有限公司	航空物流、保税仓储、报关报检、质押监管、物流咨询服务等
	4	重庆港务物流集团有限公司	港口、航运、商贸物流及其延伸服务
	5	重庆公路运输（集团）有限公司	大件、危化品运输、道路客运及综合商贸配套开发

2. 成渝城市群 A 级物流企业空间分布情况

通过统计成渝城市群内所有的 A 级物流企业的坐标位置，可以得到 A 级物流企业在城市群各城市的数量和等级分布情况。采用 Arc GIS Pro 软件生成 A 级物流企业空间布局热力图，用亮度反映区域 A 级物流企业密度。

成渝城市群 A 级物流企业的空间布局整体上与城市群规划空间格局吻合。成都和重庆两大枢纽城市集聚的 A 级物流企业最多，泸州市排第三。说明泸州市作为长江上游重要的港口城市，世界级白酒产业基地，物流区位优势逐步凸显。以长江黄金水道形成的长江城市带，以及成德绵乐城市带是最重要、最活跃的两条发展带，A 级物流企业也主要沿这三条发展带分布。另外，成渝物流通道外的 A 级物流企业高亮度区域分别位于川南城镇密集区、南遂广城镇密集区、达万城镇密集区。

在成都和重庆双核带动下，成渝物流通道上的成渝北线、中线和南线三条轴线，是成渝城市群发展的"脊梁"。成渝物流通道上的 A 级物流企业主要分布在成渝北线和成渝南线这两条发展轴沿线，成渝中线的 A 级物流企业还未形成明显的集群效应。其中，成渝物流通道北线中间位置的遂宁市也属于高亮度区域，集聚了较多的 A 级物流企业。说明物流资源已经开始从成都和重庆两大枢纽的点状集聚沿着物流通道扩散，开始出现轴状集聚的端倪。根据第 4 章提出的物流通道廊道效应点轴发展过程，遂宁市会发展成为成渝城市群新的次级物流中心城市。但与城市群其他城市相比，2017 年遂宁市的物流产业区位熵 LQ 和物流产业密度区位熵 LDQ 都不高。这是因为遂宁市的物流企业规模较小，物流就业空间集聚程度还较低，需要进一步提高物流产业的集聚程度。

此外，还有较多的 A 级物流企业分布在重庆市的渝北区和长寿区。这是由于重庆北站和重庆江北国际机场这两大物流枢纽都位于渝北区。而长寿区是西部地区的典型的传统工业中心，资源性加工特点突出。自长寿区成为经济技术开发区来，形成了大型天然气化工产业集群，打造了石油化工和新材料加工的产业集群。与此同时，长寿港承担着重庆主城港区绝大部分作业量，有 18 个供 3000 吨级货运船舶停靠的泊位，吞吐能力常年达到了千万吨。所以渝北区和长寿区有集聚了各类 A 级物流企业，为大型集群产业提供高效、便利的服务。

（三）成渝城市群物流节点空间布局分析

借助百度地图应用程序编程接口（API）坐标拾取功能，分别以物流中心、配送中心、快递转运点等为关键词搜索成渝城市群内的物流节点，筛选出其中具有代表性的快递行业、加工制造业、商超、连锁便利店、服装、食品批发行业的有效数据共计 1949 条，记录整理这些物流节点的 API 坐标，并以地名、经度、纬度整理成 Excel 数据表格。根据已生成的成渝城市群内物流节点的坐标，采用 Arc GIS Pro 软件生成物流节点空间分布的热力图，用亮度反映区域各类物流节点的密度。

物流节点热力图比物流企业热力图密集，呈现围绕中心城市布局，由城市向外蔓延和扩张的态势。以消费者为基础的经济需求是物流节点布局的直接原因。成渝城市群物流节点布局与 A 级物流企业布局总体情况类似，说明成渝城市群中物流节点和 A 级物流企业空间布局具有较强的一致性。成都和重庆两大枢纽城市集聚的物流节点最多。物流节点沿着成渝主轴、长江城市带和成德绵乐城市带，以及川南城、南遂广和达万三大城镇密集区分布凸显。从成渝城市群物流节点热力图上看，成渝城市群基本形成了物流网络化格局。聚焦成渝物流通道，物流节点也主要分布在成渝北线和南线，各类物流节点在成渝中线也还未形成明显的集群效应。但未来成渝中线的发展后劲十足，将成为城市群中物流企业和物流节点布局的重点轴线。

三、成渝物流通道与成渝城市群耦合效应分析

（一）成渝物流通道功能拓展与城市群产业调整分析

成渝城市群内产业集中度较高，作为老工业基地，成渝城市群装备制造业基础发展基础比较雄厚，汽摩、重装、船舶等多个产业链集群已经形成，以信息产业为主的新产业发展迅猛。但成渝城市群幅员辽阔，不同城市在面积、人口分布、经济发展水平、城镇化水平、地形地质条件等方面存在很大差异，特别是城

市群中小城市产业发展与成都和重庆的差距非常大,未能充分利用各城市的资源,城市群各城市的产业分工协作还不是很合理。

根据《成渝城市群发展规划》,"十三五"期间,成渝城市群内产业集群分布规划情况见表7-9。说明目前成渝城市群已经开始立足城市群各城市的比较优势,促进产业分工协作,规划形成创新驱动的特色产业集群。

表7-9 成渝城市群产业集群分布情况

序号	城市	所在城市发展带	特色优势产业布局	代表性企业
1	重庆	成渝发展主轴 沿江城市带	装备制造业产业集群; 战略性新兴产业集群(以两江新区为引领); 特色资源加工业基地(长寿精品钢铁加工基地、万州特色盐化工基地綦江—万盛—南川轻质合金及玻璃新材料加工基地); 农林产品加工业基地(江津粮油加工基地、涪陵—万州榨菜加工基地忠县—长寿沿江柑橘加工基地、合川城郊农副食品加工基地、潼南农副产品加工基地、丰都优质牛深加工基地、渝北—巴南乳制品基地); 旅游商务休闲产业集群	长安集团、嘉陵集团、太极集团、华邦制药、宗申动力等共29家上市企业
2	成都	成渝发展主轴 成德绵乐城市带	装备制造业产业集群; 战略性新兴产业集群(以天府新区为引领); 农林产品加工业基地(成德绵乐雅中药产业集群、成都眉山家具产业集群、成都遂宁食品产业集群); 旅游商务休闲产业集群	川化股份、四川汇源光通信、四川成发航空科技、四川全兴等共29家上市企业
3	资阳	成渝发展主轴	装备制造业产业集群	资阳南车资阳机车、资阳市南骏汽车、四通车辆制造
4	绵阳	成德绵乐城市带	装备制造业产业集群; 农林产品加工业基地(成德绵乐雅中药产业集群)	四川长虹电器、九洲电器集团、四川湖山电子、四川新希望农业、绵阳高新发展集团、丰谷酒业

续表

序号	城市	所在城市发展带	特色优势产业布局	代表性企业
5	德阳	成德绵乐城市带	装备制造业产业集群；农林产品加工业基地（成德绵乐雅中药产业集群）	东方机电、四川金路集团、蓝星石化科技、四川宏达
6	乐山	成德绵乐城市带	装备制造业产业集群；特色资源加工业基地（乐山盐磷化工和冶金建材基地）、农林产品加工业基地（成德绵乐雅中药产业集群、乐山皮革纺织产业集群）；旅游商务休闲产业集群	四川东泰产业、四川金顶集团、峨眉山旅游、乐山电力、乐山菲尼克斯半导体四川东风电机厂、长城电器集团宁格朗电气、四川长征药业
7	眉山	成德绵乐城市带	农林产品加工业基地（成都眉山家具产业集群）	南车集团眉山车辆厂、眉山制动科技股份有限公司、启明星电解铝厂、通威集团金象化工
8	雅安	成德绵乐城市带	农林产品加工业基地（成德绵乐雅中药产业集群）；旅游商务休闲产业集群	雅安市明山区名邛茶厂、兆山水泥、雅境茶业
9	泸州	川南城镇密集区	装备制造业产业集群；农林产品加工业基地（泸州—宜宾—遵义白酒金三角加工基地）；旅游商务休闲产业集群	泸州老窖、四川泸天化、郎酒集团、长江起重机厂、长江液压件厂北方化工集团
10	宜宾	川南城镇密集区	装备制造业产业集群；农林产品加工业基地（泸州—宜宾—遵义白酒金三角加工基地）；旅游商务休闲产业集群	宜宾五粮液、四川长江包装控股、宜宾纸业
11	自贡	川南城镇密集区	装备制造业产业集群；特色资源加工业基地（自贡盐化工基地）	四川托普软件、东方锅炉集团、四川大西洋焊接材料、东新电碳
12	内江	川南城镇密集区	特色资源加工业基地（内江钒钛新材料基地）	四川方向光电、巨腾国际

续表

序号	城市	所在城市发展带	特色优势产业布局	代表性企业
13	南充	南遂广城镇密集区	特色资源加工业基地（南充石油天然气精细化工基地）；农林产品加工业基地（南充丝绸纺织集群）	同人华塑、四川金宇汽车城集团
14	遂宁	南遂广城镇密集区	特色资源加工业基地（遂宁精细化工基地）；农林产品加工业基地（遂宁纺织产业集群、成都遂宁食品产业集群）	四川美丰化工、华润锦华、四川明星电力、四川沱牌曲酒
15	广安	南遂广城镇密集区	农林产品加工业基地（广安特色农产品加工基地）	四川广安爱众、四川安泰茧丝绸、四川康信东旭生态农业
16	达州	达万城镇密集区	特色资源加工业基地（达州清洁能源基地）；农林产品加工业基地（达州苎麻产业基地）	金恒机械、四川东柳醪糟、四川川东电缆

资料来源：特色优势产业布局来源于《成渝城市群发展规划》（发改规划〔2016〕910号）。

目前成渝城市群的空间结构还处于典型的点轴式空间结构形态，还未形成网络空间结构的成熟城市群。成渝城市群结构正在由原来的一轴向"一轴两带、双核三区"空间发展的阶段。

（二）成渝物流通道与城市群区域经济耦合效应

通过耦合度评价成渝物流通道与成渝城市群区域经济发展之间相互联系的程度，分析成渝物流通道与成渝城市群在不同时段的耦合状态。

1. 耦合度计算方法

一个耦合系统的子系统由若干个指标组成，设子系统 i 有 n 个指标，分别为 $x_1, x_2, \cdots, x_n$，利用 min-max 标准化归一法，功效函数可表示为：

$$d_{ij} = \frac{x^{ij} - x^{ij}_{\min}}{x^{ij}_{\max} - x^{ij}_{\min}} \tag{7-16}$$

式中，d_{ij} 为系统 i 指标 j 的功效值；$x^{ij}_{\min}$ 为系统 i 指标 j 的最小值；$x^{ij}_{\max}$ 为系统 i 指标的最大值；x^{ij} 为系统 i 指标 j 的值；d_{ij} 为目标达成的满意程度，$0 \leq d_{ij} \leq 1$。

子系统 i 中的所有指标对该子系统的总贡献为：

$$U_i = \sum_j \lambda_{ij} d_{ij} \tag{7-17}$$

式中，λ_{ij} 为子系统 i 指标 j 的权重。

则区域物流通道与城市群区域经济两个系统间的耦合度为：

$$C = \sqrt{\frac{U_1 U_2}{U_1 + U_2}} \tag{7-18}$$

耦合度 C 值越大，说明物流通道系统与城市群区域经济系统的协调水平越高，反之则协调水平低。但也会出现两个子系统的耦合度值都较低得分却相近的情况，从而出现协调水平较高的"伪协调"。因此，需要进一步构造不仅能够评价区域物流通道与城市群经济交互耦合的程度，而且能够反映两者实际各自发展水平对总系统贡献大小的耦合协调度模型：

$$\begin{cases} D = \sqrt{C \times T} \\ Y = aU_1 + bU_2 \end{cases} \tag{7-19}$$

式中，D 为耦合协调度；T 为综合调和指数，反映两者的整体协调效应或贡献；a，b 为待定系数。

考虑到耦合度有两个极限值，可以根据两者耦合度取值的不同，构造耦合度 C 等级标准，具体见表 7-10。

表 7-10 耦合度等级标准

耦合度值 C	$0 < C \leq 0.3$	$0.3 < C \leq 0.5$	$0.5 < C \leq 0.8$	$0.8 < C \leq 1$
耦合度等级	低水平耦合	颉颃	磨合	高水平耦合

鉴于成渝物流通道与成渝城市群区域经济相互促进相互影响的因素，取 $a = b = 0.5$。耦合协调度 D 的取值标准见表 7-11。

表 7-11 耦合协调度评价标准

序号	耦合协调度	协调等级	序号	耦合协调度	协调等级
1	0~0.09	极度失调	6	0.50~0.59	勉强协调
2	0.10~0.19	严重失调	7	0.60~0.69	初级协调
3	0.20~0.29	中度失调	8	0.70~0.79	中级协调
4	0.30~0.39	轻度失调	9	0.80~0.89	良好协调
5	0.40~0.49	濒临失调	10	0.90~1.00	优质协调

2. 指标选取

成渝城市群共 16 个城市，城市群经济系统 U_1 评价指标体系和权重见表 7-12。

表 7-12 成渝城市群经济系统发展评价指标体系和权重

子系统	一级指标	权重	二级指标	权重
成渝城市群经济子系统 U_1	综合经济发展	0.45	GDP 总量	0.12
			人均 GDP	0.08
			社会消费品零售总额	0.13
			进出口总额	0.05
			财政收入	0.03
			城镇化率	0.04
	产业发展	0.26	第二、三产业产值的比重	0.09
			第三产业的比重	0.17
	人力资源	0.17	年末就业人员	0.11
			大学生毕业数	0.06
	开放程度	0.12	外资利用总额	0.12

成渝物流通道联结成都和重庆两大枢纽，途经资阳、内江和遂宁三个城市，统计沿线五个城市的相关指标与成渝城市群进行比较，作为表征成渝物流通道系统 U_2 发展的指标。成渝物流通道系统发展指标体系和权重见表 7-13。

表 7-13 成渝物流通道系统发展评价指标体系和权重

子系统	一级指标	权重	二级指标	权重
成渝物流通道子系统 U_2	设施发展轴功能	0.16	通道沿线城市交通运输固定资产投资与城市群交通运输固定资产投资的比值	0.16
	可达性功能	0.54	通道公路路网密度与城市群公路路网密度的比值	0.05
			通道沿线城市总货运量占城市群总货运量的比例	0.10
			通道沿线城市货运需求强度与城市群货运需求强度的比值（货运量/生产总值）	0.14
			通道沿线城市快递业务量占城市群总快递业务量的比值	0.15
			通道沿线城市人均快递业务量与城市群人均快递业务量的比值	0.10

续表

子系统	一级指标	权重	二级指标	权重
成渝物流通道子系统 U_2	发展轴功能	0.03	通道沿线城市生产总值占城市群生产总值的比值	0.30
			通道沿线城市货运、邮电业总产值占城市群货运、邮电业总产值的比值	0.13
			通道沿线城市城镇化率与城市群平均水平的比值	0.05
			通道沿线城市交通运输、仓储邮政业人数占城市群的比值	0.08

3. 系统耦合度效应评价

成渝城市群经济系统与成渝物流通道系统发展水平相当。目前，成渝物流通道作为区域物流网络的骨干，基本能满足城市群区域经济发展的需求，且两大系统相互作用关系强。成渝城市群经济发展缓慢上升。但成渝物流通道在同时期发展变化不大，说明这个时期，成渝物流通道的基础设施建设没有太大变化。成都和重庆两大枢纽"十三五"期间规划了多个大型物流园区和枢纽，但目前多个项目还在建设之中。可以预见，随着成都和重庆两大枢纽，以及成渝物流通道沿线城市，特别是中间节点城市遂宁、内江和资阳等城市物流基础设施的建设，包括既有物流园区的扩能和后期项目的跟进，以及最新规划建设的重大物流项目的建成与投入运营，未来几年成渝物流通道还会有较大发展。

成渝城市群区域经济系统与成渝物流通道系统的协调度级别不高，处于中级协调，并呈缓慢上升趋势。说明两大系统整体协同效应还有待高，还未形成高水平的良性互动和联动发展态势。

综合评价结果，对成渝城市群和成渝物流通道发展提出以下建议。

（1）加快成渝城市群重点物流基础设施的建设，推动智能物流驱动下的创新物流组织方式与运营模式的应用，提升成渝物流通道的服务能力和水平。突出成渝物流通道的规模效应和资源优势，进一步发挥成渝物流通道对城市群经济发展的带动和关联效应。

（2）完善和优化成渝城市群区域物流网络，促进区域物流网络平台建设。政策大力支持引导成渝物流通道发展的同时，不能忽略整个区域物流的发展，须完善和优化整个区域物流网络的基础物流设施,最终实现城市群经济发展与区域物流网络的深度融合。

(3) 构建成渝城市群的协同信息公共服务平台。将城市群各个产业与物流业的信息进行整合和共享,使各行业的业务流程紧密联系,从而提高物流运作效率和增值服务,加强城市群的凝聚力和竞争力。

第八章

物流与供应链金融发展

第一节 物流企业主导的供应链金融

随着物流业的发展，物流服务价值链逐渐延伸，如提供采购、销售、电子商务、金融等衍生服务。其中，物流业供应链金融服务是物流衍生服务的重要组成部分，是物流与资金流结合的产物。目前，物流业供应链金融在中国快速发展，使其成为物流企业和金融企业拓展发展空间、增强竞争力的重要领域，也使"物流、资金流和信息流结合"从概念变成了现实。

一、物流金融产品的基本运作流程

（一）垫付货款业务

垫付货款模式下，在货物运输过程中，发货人将货权转移给银行，银行根据市场情况按一定比例提供融资。当提货人向银行偿还货款后，银行向第三方物流供应商发出放货指示，将货权还给提货人。

（二）仓单质押业务

仓单质押模式下，融通仓不仅为金融机构提供了可信赖的质物监管，还帮助质押贷款主体双方较好地解决了质物价值评估、拍卖等难题。在实际操作中货主一次或多次向银行还贷，银行根据货主还贷情况向货主提供提货单，融通仓根据银行的发货指令向货主交货。

（三）保兑仓业务

保兑仓模式下，制造商、经销商、第三方物流供应商、银行四方签署"保兑仓"业务合作协议书，经销商根据与制造商签订的《购销合同》向银行交纳一定比率的保证金，该款项应不少于经销商计划向制造商在此次提货的价款，申请开立银行承兑汇票，专项用于向制造商支付货款，由第三方物流供应商提供承兑担保，经销商以货物对第三方物流供应商进行反担保。银行给制造商开出承兑汇票后，制造商向保兑仓交货，此时转为仓单质押。

作为企业需要将沉淀的存货资金盘活，作为金融机构的银行考虑的是如何控制风险，那么就需要了解抵押物、质押物的规格、型号、质量、原价和净值、销售区域、承销商等，要查看权利凭证原件，辨别真伪。这些工作超出了金融机构的业务范围，此时金融机构便需要物流企业的帮助。

二、物流企业主导的供应链金融模式

从物流的角度看，一条完整的供应链上几乎所有的节点企业都要与物流企业发生物流、信息流和资金流等方面的联系。这对以第三方龙头物流企业作为融资平台而非核心企业为平台的"1+N"供应链融资模式，与商业银行对接合作开展供应链金融业务，提供了一个很好的基础。

物流是线下闭环最重要的一环，物流企业对于整个供应链的平稳运作至关重要。该模式下，物流龙头企业可以开发不同行业的产业链，向商业银行等金融机构推荐不同产业链上的优质企业。某种程度上物流企业成为银行产品销售的渠道商，或者说银行成为物流企业向客户提供金融增值服务的附属机构。物流企业不仅代表银行管理和控制抵质押物，还对受信企业的经营活动实施某种程度的现场监测，为银行提供预警信号，并在应急处理中扮演重要角色。

此外，物流企业还可以在精确控制抵押物的基础上，通过其下设的商业保理公司、融资租赁公司、小额贷款公司、投融资平台等为上下游企业提供供应链金融相关服务，而商业银行或 P2P 平台则对接物流企业，为其提供资金和其他金融服务，物流企业可以同时获得物流服务收入与金融服务收益。

第二节 中国物流与供应链领域的投融资

一、当前物流与供应链行业投融资存在问题

（一）部分细分行业价格战激烈，企业盈利持续受压

中国物流行业的整体集中化程度在不断提升，但当前仍处于较为初级阶段，细分赛道集中度较低，且同质化竞争激烈，即使是集中度较高的快递行业，也在竞争压力下单票均价持续走低，导致行业利润空间被挤压。预计后期可以通过提升服务质量来进行逐步提价。

（二）资本向成熟企业集聚，中小企业存活困难

资本对于经营稳健的成熟企业越加青睐，也愿意助力其进行全国甚至全球化

的网络布局拓展。此外,随着行业政策的不断规范,原来在细分赛道下的区域型中小企业,通过超载、避税等不规范手段谋求生存的现状将面临革新,中小企业生存压力越来越大,很多企业难逃倒闭或被并购的命运。

(三)盈利模式单一,抗风险能力较差

单一业务类型企业,在面临行业系统风险时受波动较大。同时,随着企业规模不断扩大,管理成本、运输成本也随之上升,因此,部分企业通过向其他细分赛道跨界来拓展新业务,以获取新的收益来源。例如,当前伴随快递业逐渐走向成熟,百世、顺丰等大型快递企业都在向零担和快运业务延伸;与之相反,快运也在向快递拓展,例如德邦、佳吉、远成等。

(四)行业较难出现新商业模式,落地困难

从物流行业的门槛来看,行业的准入门槛较低,但形成规模效应很难,需要投入巨量资金来进行全国化的网络布局。因此,新加入行业的玩家在现有存量市场中较难崭露头角,除非走通新的模式,才有崛起的可能。

前端商流的变化将深刻影响到后端物流服务企业的走势。未来伴随连锁型品牌占比不断提高,社区生鲜团购在全国化布局,对应要求的物流全国化网络体系的构建也将进一步提升,头部企业的变化将带动全国范围内相关行业的联动,只有紧随商流变化趋势的企业才可实现不断的服务迭代。

二、物流与供应链行业的投资逻辑

(一)物流与供应链行业投资中要避免的误区

物流赛道的投资中,往往会碰到让人看上去"怦然心动"的投资,标的企业提供的材料在企业未来的高成长性、模式创新、科技融入等方面给予了多种"诠释"。面对五花八门、新颖别致"核心竞争力"的阐释,投资人要善于"拨开云雾"。

误区1:适合美、欧、日等国家和地区的,也同样适合中国。

美、欧、日的模式不一定适合中国企业的发展方向。以美国为例,中美两国在国情、地理经济结构、人口分布、产业结构、行业集中度、法律、文化等各维度都不尽相同,这使得中国物流费用在 GDP 占比高于美国,但物流费用率大幅低于美国,美国较好的盈利模式在中国未必能实现。

误区2:综合物流,就意味着物流服务越多越好。

通过实践证明,适度的垂直服务好于太过广泛的横向服务,在做服务加法时要科学衡量该服务投入产出的性价比,只有能摊薄平均运营成本、平滑管理成本并显著提升收费水平的服务,才是值得企业去增加的服务。

误区 3：传统货品的子赛道，没有投资机会。

只要市场的需求足够大，企业的商业模式能切中行业要害，则都是可关注、可投资的好企业，比如中国需求量很大的传统产业都亟待互联网的升级，能有效实现行业降本增效的产业互联网企业都是值得关注的标的。

误区 4：具备科技含量越高的企业，越是好标的。

物流是传统的行业，科技可以为之有效赋能。但投入产出要匹配，切忌喧宾夺主，例如人工智能在粗放型物流服务中的应用就不一定会形成规模经济，在进行投入前需对其产出做综合的考量。

误区 5：处于风口赛道，风险相对较小。

处于风口赛道的，由于受到投资人的追捧可能出现估值虚高的情况，一级和二级市场估值严重倒挂。可以在投资中努力寻找处于"半山腰"的赛道，既没有形成较大的"泡沫"，又在市场存在一定的流动性。

误区 6：行业集中度低，乱序竞争的赛道，没有投资机会。

行业纷繁复杂、环节众多不一定是坏事，此类赛道中往往存在很多的痛点，说明行业需要行业秩序整合者和更加专业的统筹者的出现，而有眼光的资本往往愿意助力有潜力的企业在竞争中脱颖而出，成为赛道中真正的领军企业。

误区 7：评判企业营销渠道是否优秀，要看它是否能拿下行业龙头客户。

企业的渠道拓展未必攻克"下游的 TOP5/10"才算优秀。相反，处于行业 TOP5/10 的企业多数都有自己的完整供应链渠道，而且在商务谈判上话语权较为强势，企业很可能有名无利。反而，深耕第二梯队下游客户的企业、巩固了此类客户源可能也是长久之道。

误区 8：主业外，增值服务越多越好。

增值服务种类并非越多越好，对于企业来说，做比较优势的服务，合理适度就足够，可以减少不必要的销售成本和管理成本。此外，还要评估企业对于产业链相关业务的整合能力。没有金刚钻，不揽瓷器活。

误区 9：赛道或标的营利性不足，没有投资机会。

财务投资赚钱与否重点关注 3 点。

（1）交易时静态估值。

（2）交易后资金是否带来估值质的变化（如取得资质、获得政府背书、与强大伙伴形成业务协同等）。

（3）企业后期盈利能力的成长性。因此，只要标的估值较低、有潜在质的飞跃、业务高速成长、周转迅速，依然是"好交易"。

误区 10：用供给的投放，来推测未来的收入规模。

计算投资标的的未来收入规模时，标的企业往往会提供广阔的供给拓展空间数据，而这些数据不能完全作为收入预测的依据，还要充分考虑渗透率的因素。真实存在以及企业能获取的需求才是收入判断的核心依据。

（二）物流行业投资逻辑

从物流子赛道的切入角度来看，通过以往经验梳理了以下4点核心要素：

1. 顺势而为——子赛道要符合中国经济转型的方向

转型方向一，科技创新推动社会进步，并给予传统行业赋能。科技具有深度赋能的估值明显高于单纯传统业务，如供应链物流与智能交通PE倍数大约为37倍，浅度赋能的综合物流与快递行业PE倍数为24~29倍，而传统的公路运输、航空运输、港口、铁路等运输行业PE倍数为12~20倍。

转型方向二，先进制造业成为经济中"生产领域"的新引擎。传统制造业投资同比增速为2.5%，但高端制造业投资同比明显高于此，其中计算机及办公设备制造业、医药、航空以及电子通信设备制造业的同比增幅则在4.7%~10.8%。

转型方向三，消费升级成为经济中"生活领域"的新动力。中国当前社会结构中，中产阶级数量为2.3亿，占比为21%，未来20年，中产数量将会增加到6.3亿。根据"28原则"，未来80%的消费将由中产阶级产生，精确服务于其消费需求的企业将迎来持续增长。

2. 痛点解决——要能真正解决行业的深刻痛点

对于物流行业的痛点来讲，1.0级主要为基础需求，重点在于便捷高效、安全准时、成本低廉等企业运营层面的各项诉求；2.0级则为升级需求，重点在解决方案、资金融通、资源获取等企业进阶发展的更高级需求。当前在互联网、信息化的科技手段加持下，对于2.0升级的需求已成为行业目前生意模式关注的主流。

3. 成长性好——子赛道规模与成长性要好

物流子赛道所在行业的成长性包含三个方面，其一为底层货品所在行业的成长性要高，规模基数与增长速度二者兼备，如生鲜食品、线上商品、医疗产品等细分领域；其二为底层货品所在行业周转速度快，如服装、快消等高周转行业；其三为底层货品所在行业SKU多、专业性强，如汽车及零部件、危险品、工业品等。

4. 产业链乱——产业格局与产业链混乱

从横向看，产业格局"集中度低、竞争激烈"也未必是坏事，对于短期来讲较难有好企业显现，但未来进入整合期后，优秀企业必将水落石出；从纵向看，产业链"链条冗长、环节众多"也未必是坏事，在各环节错漏交接处，才诞生更多行业需求，成就更具有实际问题解决能力的企业。物流企业能在综合化、增值化、专业化、高端化等物流服务领域不断精进者,将在纷繁复杂的产业格局中脱颖而出。

基于此,我们观察到以下子赛道将受到更多投资者的关注:从垂直领域来看,生鲜、电商、装备、汽车、化工品、服装、医疗等行业的物流服务企业;从模式上来看,智能物流类企业、供应链金融企业等也是关注重点。

(三)投资项目逻辑

在满足以上子赛道的行业初步筛选条件后,从投资企业标的层面来看,投资人主要关注以下维度。

1. 硬实力

硬实力主要体现在企业运作时的外在环境,如硬件设备、区位条件、相关政策等。硬件设备的水平为业务开展的基础依托;企业业务核心所处的区域经济水平、运输体系网络是硬实力的核心元素;区域政策、企业与政府的合作关系等,都是企业硬实力不可或缺的部分。

2. 软实力

软实力体现在企业的业务模式、行业地位、营销渠道、品牌口碑、精细化运营等方面。企业的业务模式需实现可持续发展;企业为龙头企业或处于先发优势地位;拓展渠道要有清晰的营销策略和渠道,若有稳定大客户资源则可加分;企业形成一定的品牌效应,客户对企业物流服务路径形成依赖;企业内部软件系统是效率的核心;精细化管理体系也是重要保障。

3. 赋能空间

赋能主要体现在项目现有基础上的纵向赋能,以及与投资方之间横向合作与协同。针对项目已有基础投资方可在纵向上除资金支持外,对业务的优化、渠道的梳理、发展战略的明确等,在横向上可进行业务资源导入、合作伙伴引荐、资本运作等,实现对企业的多重赋能。

4. 交易细节

从交易环节来看,交易时间、风险合规性、投资期限、标的估值、退出条件等都关系到投资人最终的投资收益表现。

三、物流与供应链发展趋势及展望

(一)投资关注点的变化

当前形势下,投资人关注点有3点:第一,企业的现金流情况,主要体现在经营性现金流是否为正,筹资现金流是否充裕;第二,科技互联网的赋能程度,能有效地结合科技互联网实现行业降本增效者可以更好地生存和发展;第三,从长期来看，与商流契合的物流模式将实现更好的表现，中国的商流从电商到新零售，再到社区团购、直播渠道，交付模式不断升级迭代，未来的物流逻辑一定需要符合商业新形态的交付模式。

（二）各细分赛道发展趋势

目前，中国物流行业当前所处阶段相当于美国的黄金物流十年阶段。纵观美国物流行业发展历程，美国 20 世纪 90 年代后，有 60 多家物流企业上市，每个细分赛道都有 3~5 家企业上市，上市后再进行横向整合，后来 20 多年都未曾超越当时的高峰。中国物流行业现阶段相当于美国 20 世纪 90 年代时期的水平，各细分行业龙头初现，仍有大量的可投资机会存在。

各子赛道的头部企业可获得结构性增长机会部分，运营能力不佳的企业将退出市场，行业优秀代表企业可获得更高份额。下面对一些细分子赛道的未来发展趋势进行分析。

1. 快递

近三年快递行业依然保持高速增长率，行业的集中度明显上升，单票收入持续下降，价格竞争仍在持续。疫情前期影响在途货物运送，以及复工后的成本上升；长期在底层需求托底下仍保持较大的上涨态势，后续发展动力较强。

2. 零担快运

零担快运行业格局分散，区域型专线为主，上万家企业规模都较小，年收入上百亿企业仅德邦物流一家，大量同质化服务造成快运行业竞争激烈。但当前行业处于缓慢的整合过程中，且传统小票零担面临快递行业的跨界威胁，价格竞争压力会在一定时间持续，与此对应快运企业盈利能力仍将继续承压。

3. 整车物流

整车物流基于计划性合同物流客户的生意模式，整体发展阶段已进入平稳期，盈利空间较小，并且随上游快递和快运整合加速，也将面临更多价格下行压力，但其中能通过并购快速扩大规模形成行业一定地位者可关注。

4. 仓配

当前仓配行业格局已初步形成：电商仓配系（菜鸟系、京东系）、三方仓配系（上海发网供应链管理有限公司为主）、独立快递系（顺丰、德邦为代表）三大阵营，独立第三方仓配企业中短期将受益于电商业务的持续高速发展。从长期看，仓配行业形成壁垒需要紧贴商流，强化供应链管理深度，不断提高客户黏性，对于能深度切入商流、可提供供应链金融等多维度服务的仓配服务商长期看好。

5. 末端配送

近几年在即时消费需求的带动下，末端配送每年保持 30% 以上的增长率，受外卖和快递市场驱动，长期增长动力充足。疫情前期业务受影响，逐步恢复消费后将迎来继续增长，但也需警惕经济下滑导致消费总量收缩的潜在风险。

6. 物流科技

伴随电商高速增长，其大规模、频率高以及 SKU 众多等特征，决定其对物流配送体系需进行有效的需求升级，并且国家政策也在积极助推物流科技行业向智能化、信息化、标准化方向发展。疫情加快市场智能化需求，人力成本的上升将驱使企业对物流科技场景应用的尝试加强，未来物流信息化、智慧化的趋势更加明朗，但也需要注意物流科技手段在替代上的性价比优势是否明确。

四、物流企业作为融资中介的融资服务模式

在这种模式中，物流企业、银行和需要贷款的企业都直接参与到了整个融资过程中，物流企业在其中起到了中介的作用。

（一）仓单质押业务模式解析与风险分析

1. 模式解析

这种模式可概括为生产经营企业先以其采购的原材料或产成品作为质押物存入融通仓并据此获得合作银行的贷款，然后在其后续生产经营过程中或质押产品销售过程中分阶段还款。

2. 风险分析

仓单质押作为传统储运向现代物流发展的一个延伸业务得到了越来越多企业的认可。同时，它也被看作是一种金融产品。但一旦贷款企业偿还借款出现问题，风险也必然会转移到业务链中的其他相关利益者，即银行和物流企业身上。

（二）海陆仓融资模式解析与风险分析

1. 模式解析

海陆仓融资业务主要应用在进出口业务中，海陆仓业务是指在传统"仓单质押"融资模式基础上，发展成为综合"货物在途运输质押融资监管"模式与"仓单质押"模式为一体的，基于企业商业贸易与供应链条，从货物启运地至目的地，"仓储质押监管、陆路运输监管、铁路运输监管、沿海运输监管、远洋运输监管"等任意组合的供应链全程质押融资监管模式。

2. 风险分析

物流企业在这些业务中起着质押物监管和价值评估的作用，由于涉及进出口业务，而且需要物流企业全程监管，所以物流企业在评估质押物的价值时面临着汇兑风险，汇兑风险和商品的市场风险会对价值产生影响。除此之外，还需要面临的风险有：产品是否适合质押，物流环节是否安全可靠。因为如果贷款企业未来无法按时还款，产品将被拿来拍卖，所以还要考虑市场流通性问题。

（三）保兑仓业务模式解析与风险分析

1. 模式解析

保兑仓与仓单质押业务的不同点在于仓单质押是先货后票，保兑仓是先票后货。概括来说，就是银行在买方客户交纳一定的保证金后开出承兑汇票给生产企业，生产企业在收到银行承兑汇票后把生产的产品发到银行指定的物流企业仓库，货到仓库后转为仓单质押，物流企业根据银行的指令分批放货给买家。

2. 风险分析

对于物流企业来说，因为要提供承兑担保服务，根据货物的销售情况和库存情况按比例决定承兑金额，有必要防范担保风险。在这种模式下，风险主要来自担保对象，即贷款企业，尤其是中小企业。

（四）供应链融资模式解析与风险分析

1. 模式解析

供应链融资是银行以核心企业为中心，通过对于核心企业的资信分析，在风险可控的基础上，为核心企业的上、下游企业提供一种综合性的金融服务。供应链融资的基本模式是"$1+N$"模式，其中"1"指 1 个核心企业，N 指核心企业的 N 个上、下游企业。

2. 风险分析

对于物流企业来说，尤其是作为其中的核心企业时，当银行的资金进入到供应链后，物流企业不仅要管理整个供应链的物流、信息流，还要管理现金流，监管银行这笔贷款的流向和用途，要保证这笔资金对供应链的发展是有帮助的，物流企业监管的范围变广了，风险也随之变大。

五、物流企业作为资金供应方的融资服务模式

物流企业作为资金供应方是指银行没有直接参与到整个融资过程中，具体包括两种形式：一种是银行授信模式，银行是间接参与；另一种是自用金融模式，银行完全没有参与。

（一）银行授信模式

1. 模式解析

银行授信就是物流企业按照银行关于信用担保的相关规定提供信用担保，银行据此把一定的贷款额度授给物流企业，物流企业可以利用这些贷款向客户提供质押贷款和结算服务，而银行不直接参与贷款和结算项目的具体运行。

2. 风险分析

由于银行和贷款企业之间已经没有直接的关系，因此来自贷款企业的风险全

部由物流企业来承担。在这个业务中，物流企业既是债权人又是债务人，对银行来说是债务人，相当于接受了银行的投资，并且只能把这笔资金用于物流金融业务，有还本付息的压力和风险。

（二）物流企业自营金融模式

1. 模式解析

随着物流企业在融资过程中参与程度的不断加深，对于实力雄厚的第三方物流企业，可以集信用贷款提供者和物流金融服务提供者于一身，开创物流金融融资的自营模式。在第三方物流企业的物流业务流程中，当第三方物流企业为发货人承运一批货物时，第三方物流企业首先代提货人预付一半货款；当提货人取货时则交付给第三方物流企业全部货款。

2. 风险分析

在这种业务模式中，物流企业完全以自由资金从事物流金融业务，集银行和物流监管的角色于一身，作为债权人面临的风险也达到了最大。为了保证其投入企业资金的安全性，物流企业应该要规定企业资产流动性指标的数值。

第三节 互联网供应链金融管理

在经济全球化、服务全球趋势不断加快的背景下，消费者不断变化的需求对企业供应链金融形态的要求越来越高，互联网供应链金融呈现出多样性融合服务。本章分为互联网供应链金融概述、供应链多样性融合服务、客户归属与供应链服务底层化、现金流量周期是价值回路的绩效表现、供应链产业的多生态化5个部分。主要包括：互联网供应链金融的理论基础，传统与新型企业供应链的模式，互联网下供应链金融多样性的融合，供应链服务底层化分析，现金流周期对企业发展绩效的体现，互联网带动生态化供应链的发展融合等内容。

一、互联网供应链金融的含义

互联网供应链金融，是在互联网技术的影响与融合下，将原有的供应链金融运作模式从线下通过优化和突破，逐步达到线上运行。由于我国互联网信息技术、大数据、云计算、人工智能等技术也在日新月异的飞速发展，使数据在我们日后生产生活中的价值越来越突出。核心企业、物流公司、第三方支付、软件服务商都拥有着大量的统计数据，能够同供应链金融进行对接。供应链金融以信用为出发点，基于真实的交易来展开信用评级，使得核心企业、物流公司、供应商、生产商都可以利用发达的信息系统来实现合作，从而加速数据的整合。由各数据之间的相互衔接，数据难以造假，因而能真实地反映企业的经营情况。而互联网模式下的供应链金融正是将原有的供应链金融内各主体（核心企业、上游企业、下游企业、物流、商流、信息流、金融机构等）的信息进行归纳与整理，从而提高各主体之间粘连性，提高各主体之间信息互通的实效性，提高供应链金融业务办理的效率的一种具有创新性的供应链金融的前沿领域。在这种互联网模式背景下，参与主体除了核心企业、金融机构、物流仓储企业外，还增添了供应链金融服务平台。

二、互联网大数据分析能力与供应链多样性融合服务的关系

（一）资源基础理论

资源基础观认为企业所拥有的价值的、稀缺的、难以模仿的和不可替代的资源可以为企业带来竞争优势，实现绩效的提升。也就是说，企业绩效可以被看作资源组合的函数，如果企业的资源是异质性的、独特的、难以模仿或复制的，企业就可以为顾客提供差异化的产品或服务，给顾客带来比竞争对手更大的价值，实现竞争优势。其中企业资源的价值性、稀缺性、难以模仿性和不可替代性（VRIN）的程度决定了企业利用这些资源实现绩效增长的可能性。而可以为企业带来竞争优势的资源主要有实体资源、组织资源和人力资源3类。其中实体资源包括原材料、设备和技术等；人力资源包括企业员工的知识、经验和关系等；而组织资源则包括组织架构、计划、控制和协调系统，以及组织内外部关系等。

早期资源基础理论的研究主要围绕企业资源产生竞争优势的来源进行展开，研究总结企业拥有的资源必须满足异质性、不完全流动性、事前限制竞争、事后限制竞争等4个条件才能产生竞争优势。后来的研究更指向性强调能力在获取竞争优势中的核心作用，即企业对关键性资源的管理能力是获取企业竞争力的重要因素。通过对资源基础在运营管理领域的应用进行总结，一些学者认为企业资源的差异化在实现企业竞争优势方面有着重要作用，企业应首先识别出其所拥有的独特、差异化的且对于竞争对手而言是很难获得和复制的资源，然后充分利用这些资源，挖掘它们的价值。

随着信息技术的发展，学者们开始从互联网资源的分类及给企业带来竞争优势的来源角度展开研究，认为互联网资源包括互联网基础设施、互联网人力资源和互联网无形资源。互联网资源和其他战略和组织资源等互补资源共同作用才能给企业带来竞争优势，也就是互联网与供应链的融合服务。在互联网发展壮大的今天，大数据时代，数据已经成为企业最重要的资产，是不可模仿、不可替代的重要资源，丰富的数据资源是企业大数据应用实践的基础，能够为企业带来竞争

优势的资源。同时，企业对有形资源、人力资源和无形资源的整合和管理可以发挥大数据的商业价值，给企业带来竞争优势。大数据被普遍共同认为具有资源异质性属性，是企业获得竞争优势的重要战略性资源，并通过对大数据战略性资源属性的分析，得出大数据是一种具有异质性战略资源，通过整合企业组织能力与异质性战略性资源，提供全面复合型供应链的服务支持，将多态化供应链相融合，为企业增大可持续性的竞争优势区间。

（二）互联网大数据分析能力的研究

信息技术的高速发展，移动互联、电子商务、社交平台的普及应用，行业内海量数据不断涌现，传统的数据分析、处理技术已很难处理这些海量的、多类型的和高度复杂的数据。因此，与大数据相关的大数据技术、大数据工程和大数据应用迅速成为信息科学领域的热点话题。大数据是一种信息资产，具有体量大、数据增长速度快、数据类型多样、价值稀缺性、真实性的特性，需要特定的技术和分析方法将其转化为价值，作为一种新兴信息技术架构，其本质仍是一种信息技术。因此，大数据技术可以看作是传统IT的升级，企业大数据应用实践获取商业价值的过程离不开已有的IT基础。大数据作为新兴技术革命的产物，最重要的一点是，其更强调其强大的数据分析能力以及对新型数据分析工具的应用能力，如通过数据提取—转换—加载工具、在线分析处理、可视化工具等进行数据挖掘、统计分析和预测分析的能力等，提升企业的竞争力。其次，在当前大数据时代背景下，海量的、高度复杂的、多类型的数据是大数据分析面临的主要对象，即是当前的数字环境促使企业改革其现有的技术能力、管理能力和人力资源能力等以适应环境的变化。最后，大数据环境下，系统分析处理的不仅是企业内部产生的数据，更多的是企业外部，包括第三方平台所获得的关于行业环境、消费者行为和心理、政府政策等非结构化、实时的数据，更加关注外部环境对企业的影响，旨在通过解读外部数字环境变化来作出及时响应，使企业供应链趋于多样化的融合，直接时效地呈现企业发展良莠不齐的趋势。因此，在大数据时代，利用互联网数据能更加动态、更系统、更开放地感知市场环境的变化，在优化企业管理决策、提升企业经济效益方面发挥着重要的作用。

(1) 大数据的概念衍生。BDC是近几年才提出的一个新兴概念，学术界还没有给出一致性的定义。大部分国外学者以IT能力为基础，用"big data analytics capability"即"大数据分析能力"来描述企业大数据应用对企业的影响。一些学者基于大数据特点和企业大数据活动实践总结对BDC的概念进行界定，总结两种路径来界定BDC，从资源基础观、动态能力理论来解释BDC。其中，基于资源基础观的视角，一些学者强调了大数据基础设施的重要性。基于动态能力观的视角，学者更强调企业对大数据资源的组织和部署能力。

（2）大数据能力的构成维度。关于 BDC 维度的研究，大部分国外学者进行了维度探索，构建了一个大数据分析能力模型，包括 IT 基础设施能力、大数据管理能力和大数据技术人才 3 个维度，其中 IT 基础设施主要指管理多个数据源的能力，大数据管理能力主要指根据数据分析结果进行精准预测以提升业务绩效的能力。大数据分析能力包括 IT 基础设施能力、对大数据技术人员的管理能力及根据数据分析结果进行决策的能力。根据上述基础研究，BDC 被划分为基础设施能力、员工专业能力及相关设施能力 3 个维度。还有学者认为 BDC 培育应当从大数据基础设施建设、大数据战略设计、内外部数据整合及精细化运营和分析等角度出发，提出了 BDC 6 大维度：大数据平台构建、数据管理与资源整合、产品与运营分析、企业精细化运营、数据产品规划和企业分析决策能力。

通过文献梳理可以发现，国外学者们基于 IT 能力对 BDC 维度的探索主要涉及大数据基础设施、大数据管理和大数据人力资源 3 个方面；国内学者关于 BDC 的研究大部分从资源整合的角度进行展开，维度划分差异较大，但仍离不开技术和能力两个方面。

（三）BDC 能力和供应链多样性融合服务

要做好互联网供应链金融，就要从客户价值系统入手，提供融合性服务，做出努力和变革。由于市场环境不断变化，企业间竞争愈演愈烈的背景下，融合性的概念在供应链管理领域受到越来越多的关注，大部分学者倾向于集成型供应链，也称作整合型供应链。

三、互联网与平台型商业模式

（一）连接与平台

与线下商业中介相比，互联网上以平台为中介的交易过程使用计算机和手机等终端设备，并通过这些设备与网络平台 Z 相连接，网络平台 Z 存储了所有交易的信息，即所有数据。显然，将这些网络平台与买卖双方以及投资人和借款人的电脑和手机等终端设备相互联结的基础是计算机与互联网技术，其本质是上节说的"连接"。"连接一切"是成为互联网时代的一个发展趋势，它试图通过信息技术的广泛扩散，将世界万物连在一起。一般来说，各种互联网公司都希望成为"连接器"式的平台，掌控连接一切的技术标准、信息和数据，不仅连接计算机、用户，也连接人和各种服务，甚至物与物。设计互联网的原初目的之一就是将不同的计算机及其使用者连在一起，形成一个没有中心的网络，不过，后来形成的以平台为代表的互联网形态却有所不同，成为一个更加倾向于中心的网络，并由此建立能够获得利润的商业与金融体系。在这类体系的形成过程中，"连接一切"成为颠扑不破的真理和维系体系运转的基础。

就目前来看，以计算机和互联网技术为基础形成的经济与金融的各种营利性活动，基本的做法是建立一个网络平台，并通过网络平台联结相关经济主体，如商务活动中商品买卖双方、金融活动的投资人和借款人等。因而，需要说明问题有：什么是网络平台？网络平台与线下的商业中介和金融中介等的区别是什么？为什么在目前阶段基于计算机和互联网技术的生意往往是网络平台形式？下面对这些问题作简要说明。

作为一种经济现象，互联网平台或网络平台属于平台经济的范畴。平台经济是基于现代计算机科学和电子信息技术发展而逐步发展起来，使用虚拟或真实的交易空间或场所，促成双方或多方供求之间进行交易，且具有相关技术流程和规则规范的一种经济经营模式。其中，平台本身可以不生产产品，但要促成双方或多方供求之间的交易，并通过收取恰当的费用或赚取差价而获得收益。

在经济体系中，网络性运营企业往往作为一个中介平台，将消费者和供应商联结在一起，形成平台型商业模式。一般来说，平台型商业模式是指以信息交流和交易中介为核心业务，通过向多方参与者提供产品和服务，以获得收入和利润的一种商业模式。相关案例在生活中非常常见，如报纸、信用卡、游戏平台等，它们都有一个共同的特征，那就是通过中介平台将两个有着供需关系的群体连接起来，如报社连接了读者和广告商，信用卡连接了消费者和商家，游戏平台使得游戏开发商和玩家取得了联系。这些中介平台，许多开始时是线下的具有中介性质的平台，其中有些属于基础设施，如电信、电力等，有些是联结生产者和消费者的平台，如大型商场、银行卡网络、金融中介、房地产中介、媒体等。在互联网兴起后，则出现网络平台，如互联网网络、软件中的操作系统、搜索引擎（信息搜寻者与信息提供者）、电子商务、互联网金融、就业网络、创业网络平台等。

不过，值得注意的是，线上平台模式（或网络平台）与线下的基础设施中介、商业中介和金融中介等线下平台模式（有些文献称为经销商）相比，具有明显的区别。

一是在领导与控制方面，虽然网络平台和线下平台都是联结消费者和供应商等双方的经济主体，但在联结的过程中，线下平台往往发挥着领导与支配作用，在对处于平台双方的经济主体进行服务的同时，也对处于平台双方的经济主体进行管理、监督和指导等，因而线下平台往往是一个具备较强的领导与控制倾向的中心化的机构。与线下平台不同，网络平台基本上不发挥领导与支配作用，更多是通过各种计算机程序和算法等，为处于平台双方的经济主体提供服务，讲究注重娱乐场景的设置，进行匹配优化，提高资源配置效率。当然，在目前网络平台的发展过程中，也会出现一些发挥领导与支配作用的、具有中心化倾向的网络平台，但在平台的相互竞争中，同时也由于互联网的特性，即使是中心化的网络平台，也与线下平台也有所不同。

二是在定价方面也具有差异。一般来说，在经营模式中，具有重要意义的是定价权，下列图形表示两种模式具有不同的定价权。就定价来看，在经销商模式中，经销商往往具有定价权，经销商对买家和卖家分别进行定价，以取得自己收益的最大化。但在平台运营商模式中，平台往往不负责定价问题，由卖家进行定价。

（二）平台经济理论：双边市场的基本模型

对于这种平台模式，从法国图卢兹大学的一些学者的研究开始，形成了新的产业组织理论：平台经济理论。和传统微观经济学中厂商与消费者无直接接触地形成供求关系和市场均衡不同，平台经济理论认为，厂商和消费者必须接入一个平台，才更方便，但厂商与消费者为平台支付的费用不均衡，通常厂商负担平台全部成本，而消费者可以免费甚至可享受补贴使用。当然也有平台对两端都收费。

值得注意的是，在平台经济理论出现以前，在经济学理论研究中，就存在关于市场中介的理论，有的文献也称为经销商理论，如对百货商店、银行等的研究。一般来说，在经济学基础理论中，基本上不研究百货商店、银行等实物与金融中介或中介机构，往往认为消费者直接从生产者购买商品，或借贷者直接从投资者那里获得资金。如作为经济学最基础课程的微观经济学，其所建立的消费者理论、生产者理论，以及一般均衡理论等都不涉及各种实物与金融中介。显然，这种理论与现实经济的实际状态有差异，因而有一些学者对这些问题进行研究，其中较有代表性的理论是斯普尔伯提出的中间层理论，以及经销商理论等。

不过，传统经济中的各种实物与金融中介或中介机构与互联网兴起后形成的平台有许多不同。有些文献也把互联网平台（以下简称平台）称为中介或中介机构，但是，它们之中的差异需要注意。一些文献对这两种理论——中间层理论和平台经济理论进行了比较分析。

对于平台来说，不管是哪种平台，如果平台在两边均面临相关群体，则为双边市场，如果平台在多边面临一些群体，则为多边市场。关于双边市场的判定标准问题，国内外很多学者都做了相关的研究。一般来说，满足下列条件可以称为双边市场。

（1）连接异质性的两个群体。
（2）可以给对方提供交叉的网络外部性。
（3）通过平台的建立可以提升交易的效率。

在经济经营模式中，定价权十分重要。在这方面，双边市场与普通市场的定价方式较为不同，可以简单地运用垄断型双边市场理论模型来说明。

双边市场经营者考虑的核心问题是如何给平台双方提供的服务定价。由于存在跨边网络效应，平台拥有者需要同时考虑平台两边的需求曲线的弹性。

以上是对双边市场理论的简要介绍。如果在前一章关于实物商品交易形式和金融商品交易形式中融入这种理论，或者进一步以马克思的资本流通和资本循环理论为基础，思考这一理论的相关观点和方法，对于我们理解互联网经济与金融问题具有一定的帮助。一般，这种平台理论模型可以看成上一章我们阐述的以马克思的资本流通和资本循环理论为基础建立的实物和金融商品交易模式的一种具体模型。

在经济科学中，除了双边市场等平台经济理论外，还有一些既存的经济学理论对于研究平台型商业模式也具有一定的作用，如博弈理论、机制设计理论、拍卖理论和匹配理论等。在电子商务、互联网金融以及共享经济模式出现以前，这种经济学理论就已经形成，并获得发展。到了互联网时代，这些理论又有新的意义，成为备受重视的经济学理。

四、供应链金融的市场风险管理策略

（一）搭建内部风险控制机制

对互联网供应链金融体系进行风控管理的主体是互联网供应链金融企业，我国的互联网供应链金融企业在风控管理中，主要通过建立和完善内控机制，对互联网供应链金融业务进行中的风险做出事先预警、实现事中管控，并弥补事后由于风险发生导致的后果。互联网供应链金融中最核心和最基础的一环就是对企业内部的风险管控，主要是基于互联网供应链金融企业具备互联网和金融的双重特质，其面临的风险相比传统金融行业更为多元化。

在内部风险控制机制的设计过程中，操作风险的防范是最关键的。因为在互联网供应链金融中，其授信环节和内部控制模式是涉及整个供应链的，一般而言，供应链中所有企业的经营情况、财务数据和交易信息都融合在一起，银行通过对这些信息的整体把控，实现最后的交易审核和完成，那么各企业针对自己的情况，供应链中核心企业和银行根据供应链中的情况，都分别会设计出一个具有针对性的内部管理流程和信贷流程风险管控模式。

一个全面的风险控制管理系统整体框架，必须有扎实的内部控制基础，作为企业发生各类风险时做出应对措施的参考模型。

一般情况下，互联网供应链金融企业会对自身的组织架构、战略目标和经营特点，并结合外部宏观环境，以内部风险控制模型为参考依据，制定出适合自身的企业内部风控机制。企业会以分工原则和分离制约原则为宗旨，对企业业务运营、管理运营和支持活动额分别进行独立审计，能够高效透明的实现企业内部控制，对企业风险管理和互联网供应链金融业务风险管理达到行之有效的成果。

另外，人力资源管理体系的构建，也是内部风控管理机制重要的一环，因为企业内控工作和制度的有效推进是高度依赖员工的，一套完善有效的人力资源管理体系能够促进企业内部人员的内控意识，优化内部资源配置，也是一个有效降低操作风险的手段。

（二）构建信息技术风险管理体系

互联网供应链金融具备互联网行业的特性，所以运用互联网信息技术对互联网供应链金融的运作进行风险管控至关重要，也是目前我国互联网供应链金融风控常用手段。一般的互联网金融企业，都配备 CIO 首席信息官这个核心管理岗，其主要职责就是负责通过信息技术手段对互联网金融企业运作进行风险管理，通过对各个信息系统中的资产进行风险识别，评估资产安全程度和风险程度，制定不同的安全保障措施，将潜在的信息技术风险损失降到最低。

近年来，我国互联网供应链金融交易信息技术系统主要有认证技术、加密技术、安全电子交易协议和反黑客等技术。因为相比传统金融行业的风险，互联网供应链金融面临的技术风险是其最主要风险，随着目前这类信息技术的发展，我国互联网供应链金融的运作和参与企业，面临技术风险造成的影响已经被大幅降低。

（三）基于大数据技术的风险管理模型

随着行业发展，互联网供应链金融的外部市场环境更加复杂，对互联网供应链金融企业的风险管理要求也日益增高，在通过内部风险管理控制和常用信息技术手段进行风险防范的基础上，大数据技术的引入也逐步提升了我国互联网供应链金融行业的风险识别和计量水平。互联网供应链金融的大数据技术原理，主要是通过机器学习手段，从海量金融行业和非金融行业的数据信息中，找出相互之间的关联，结合大数据相关关系分析技术和机器算法模型，挖掘海量数据背后隐藏的风险。

目前国内主要是将互联网供应链金融参与企业和电商平台等收集的海量交易信息作为大数据风控手段的基础，通过互联网大数据分析模型和第三方校验对数据真实性进行判断，评估企业的信用评级。大数据技术的风险管理模型，主要通过数据采集、信息分析与挖掘和数据应用等多层次体系来实现。

参考文献

[1] 戴小廷,王雪艳,央吉. 商业智能原理、技术及应用 [M]. 北京:机械工业出版社,2022.

[2] 汪莹,樊九林. 应急物流管理 [M]. 北京:应急管理出版社,2022.

[3] 周兴建,黎继子. 现代物流管理概论 [M]. 2版. 北京:中国纺织出版社,2022.

[4] 朱传波,陈威如. 数智物流:柔性供应链激活新商机 [M]. 北京:中信出版社,2022.

[5] 彭国超,邢飞,刘彩华. 工业人工智能创新与应用 [M]. 北京:科学出版社,2022.

[6] 陈栋. 物流与供应链管理智慧化发展探索 [M]. 长春:吉林科学技术出版社,2021.

[7] 周斌,沈火林,袁小明. 信息化建设EPC总承包管理:智慧物流园区创新实践 [M]. 北京:人民邮电出版社,2021.

[8] 刘伟华. 智慧物流生态链系统形成机理与组织模式 [M]. 北京:中国财富出版社,2021.

[9] 赵启兰,张力,卞文良. 物流创新能力培养与提升 [M]. 北京:机械工业出版社,2021.

[10] 张博强,姚万军,孙朋,等. 智能物流装备与专用车辆技术 [M]. 北京:冶金工业出版社,2021.

[11] 缪兴锋,别文群. 数字供应链管理实务 [M]. 北京:中国轻工业出版社,2021.

[12] 袁国宝. 数字经济新基建浪潮下的经济增长新引擎 [M]. 北京:中国经济出版社,2021.

[13] 王猛,魏学将,张庆英. 智慧物流装备与应用 [M]. 北京:机械工业出版社,2021.

[14] 黄志峰,丁玉珍,宁鹏飞. 智慧冷链物流发展研究 [M]. 北京:中国财政经济出版社,2021.

[15] 薛威. 智慧物流实训 [M]. 北京:高等教育出版社,2021.

[16] 姚林,王军生,赵珺,等. 钢铁生产能源与物流控制 [M]. 北京:科学出版社,2021.

[17] 黄颖,何金聪,蒋俊杰. 物流系统仿真与应用:微课版 [M]. 北京:清华大学出版社,2021.

[18] 陈丰照,梁子婧. 物流实验实训教程 [M]. 2版. 北京:清华大学出版社,2021.

[19] 刘治彦,丛晓男,丁维龙. 中国智慧城市建设研究 [M]. 北京:社会科学文献出版社,2021.

[20] 彭中阳,王国钰. 大交通时代:行业数字化转型之道 [M]. 北京:电子工业出版社,2021.

[21] 施云. 智慧供应链架构:从商业到技术 [M]. 北京:机械工业出版社,2022.